U0068296

山海探穹

卜一 著

石油開發簡史

四川自貢的「燊海井」

德雷克Edwin L. Drake（右）與其二號井

洛克菲勒（John D. Rockefeller）

巴庫地區早期用人力挖坑採油

諾貝爾兄弟公司在巴庫的油井

早期荷蘭皇家公司在印尼的運油碼頭

1894年在美國德州Corsicana鑽第一口井

阿拉斯加Prudhoe Bay油田

緬甸石油公司在伊朗（亦為中東）的第一口發現井

早期近海石油作業

早期在蘇門答臘的鑽井

1901年1月10日，紡錘頂盧卡斯1號井噴油

古代中國鹽井與天然氣生產

戰國末年首在廣都鑿井採鹵的李冰

灑鹽屋內景

制鹽作業

灑鹽屋外景

四川自貢深度超過1000米的「燊海井」

四川鹽井採鹵工具

鹽井圖一

四川鹽井鑽井工具

鹽井圖二

四川鹽井井下工具

抗戰期間自貢鹽井作業興盛

四川鹽井打撈工具

石油工業是從哪裡開始的？

德雷克（右）與其二號井

複製的德雷克一號井

今日油溪風光

當年用於救火的大砲

寧靜的泰特斯威爾（2007年）

繁華的泰特斯威爾（1884年）

德州石油開發

最早在美國德州Nacogdoches使用的Tripod鑽井機

在美國德州Corsicana鑽第一口生產井

1900年，Corsicana油井林立

早期德州的輸油管與員工

1901年1月10日，紡錘頂井噴出驚人的油柱——「Lucas gusher」

今日紡錘頂井紀念碑

1904年紡錘頂可容三百萬桶的油池

1924年Baytown Goose Creek的近海油田

Joiner（左）與地質師 Lloyd（中）攝於 Daisy Bradford #3井前

東德州油田發現數日後，人潮湧入Daisy Bradford #3井場

1903年紡錘頂油田景觀

如今猶在產油的Daisy Bradford #3井

阿拉斯加石油開發

夏日的Prudhoe Bay油田

Prudhoe Bay油田近海作業

Cook Inlet氣田海上鑽井

夏日的阿拉斯加油管

Prudhoe Bay油田冬日極光美景

清管及檢修的裝置（pigs）

Prudhoe Bay油田的油氣處理廠

冬季的阿拉斯加油管

48英寸的輸油管與散熱的熱管（heat pipe）

產油經管道輸到Valdez港，再用大型油輪運往加州等美國西海岸或遠東

中東石油開發

1908年5月26日，一股高達幾十米的油氣柱由伊朗西南部的Maidan-i-Naftan平原蘇里曼寺的探井噴出。這口井打開了中東豐富的油藏

1927年10月15日，伊拉克的Baba Gurgur #1井噴出巨量石油

伊拉克最大（世界第三大）的油田——Rumail油田

中東石油鉅子——亞美尼亞（Armenia）富豪Calouste Gulbenkian

1938年3月，「達曼迪第7號井」（Dammam well #7）噴出了大量的油，開啓了沙烏地阿拉伯豐富的油產

1938年2月23日在科威特完鑽的第一口發現井——Burgan #1 井

1990-1991年，伊拉克入侵科威特，大量油井受損

1948年發現巨大的沙烏地阿拉伯Ghawar油田，這是如今世界最大的常規油田

1958年在Abu Dhabi發現Umm Shaif海上油田

1940年1月，Qatar的Dukhan No.1井發現商業性油產

波斯灣Qatar與伊朗共有的South Pars/North Dome氣田是現今世界最大的天然氣田

1931年10月16日在巴林島發現油藏的第一口井

▌近代中國石油與天然氣開發

孫越崎先生在「延1井」現場工作

老君廟1號井

新疆克拉瑪依風城超稠油油田

早期渤海油田

西氣東輸管道

長慶的靖邊氣田

光緒三十三年（1907年）在陝西延長縣
鑽的「延1井」

玉門老君廟

新疆克拉瑪依油田黑油山露頭

大慶油田早期發現井噴油

上世紀末的大慶油田

上世紀末四川的天然氣大包車

綺麗甲天下的大溪地

以「世界最美之島」著稱的Bora Bora島

海中的茅屋（Bungalow over the water）

彩色繽紛的潟湖（Lagoon）圍繞著崢嶸翠秀的山嶺

筆者幫助土著以木椿鋪在路上，推船下海

Moorea島上Opunohu山坡的Marae古跡

Otemanu山巒與豔麗海天相襯──Bora Bora的招牌景色

《叛艦喋血》中的馬龍白蘭度與Tarita Teri'ipaia

▎黑龍江與大興安嶺的北國風光

漠河縣城西林吉鎮市區

燒毀半個臺灣大的五‧六大火慘案

中國的最北端

中國最北的原始村落——北紅村

黑溜溜的黑龍江

美麗多姿的大興安嶺

▌呼倫貝爾的草原風光

中俄分界額爾古納河，兩岸草原綠茵滿　臨江的小村落，清晨濃霧濛濛中許多年
野，樹木蒼翠，人煙稀少，靜謐幽雅　　輕人騎馬自得

天蒼蒼、地茫茫、風吹草動見牛羊　　祭敖包是蒙古民族盛大的祭祀活動之一

中國第四大淡水湖——呼倫湖　　　　火車裝滿俄國木材進入中國滿洲里

▎夜郎焉知貴州山水賽天下

萬峰林

大七孔景區的天生橋

獨山深河橋

小七孔景區

西江苗寨

鎮遠古鎮

黃果樹瀑布的水簾洞

梵淨山

興義馬嶺河峽谷

綺麗的花東縱谷

花東縱谷

赤柯山金針花

知本半山之晨

廢棄的蘇花公路故道

成功三仙台海岸

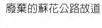

風雨雲霧中的鹿野高臺

冰封雪飄遊班芙

太平洋鐵路的最後一根釘

破冰大炮、以毒攻毒

班芙鎮

露易絲湖冰封雪飄勝景

夏日的露易絲湖

瑪麗蓮夢露班芙流芳

訪琉球、懷釣魚臺

那霸久米至聖廟（孔廟）

波之上神宮

琉球古王城——首里城

複製的古琉球向明朝朝貢的船

國際名人通區

七歲的女孩Tomiko Higa
舉著一隻白旗，緩緩走出
躲藏多日的洞穴

▍宗喀巴與塔爾寺

八寶如意塔

大金瓦殿供奉的宗喀巴像

塔爾寺佈局和諧，保存完整，工藝精美

酥油花館陳列的「文成公主赴藏圖」

大金瓦殿

小金瓦寺

袁世凱墓，而今安在哉？

袁林的引道

六柱五拱的石雕大牌坊

高聳的碑亭內有一石刻大型龜（屃），
背負一大石碑，其上刻有徐永昌題「大
總統袁公世凱之墓」

景仁堂大門

袁世凱墓塋

毛澤東1952年來袁林參觀所乘坐的美製
吉普車

▌尋訪太平天國永安建制舊蹤

太平天國封王建制的永安城

現尚保留一部分的永安城牆

團冠嶺上的西炮臺

現今蒙山市區繁華

太平軍與清軍對峙的水竇村

瑠公圳對開發臺灣的貢獻

從開天宮眺望新店溪與青潭溪交匯之處

現今瑠公圳，新店中華公園瑠公圳故道　　碧潭瑠公圳引水口

現今台大校區內的瑠公圳故道　　現今台大正門旁的瑠公圳紀念碑

溫州街54巷附近，瑠公圳第二幹線與霧
裡薛圳「九汴頭」連接之處

猶太教與猶太人走過來的路

在尼波山的毗斯迦山頂俯瞰「應許之地」

伯利恒耶穌誕生教堂

死海

約旦河

西牆——哭牆

猶太第二聖殿（Second Temple）遺址

硝煙烽火中，訪以色列

約旦、以色列邊界的堡壘、瞭望臺

以色列人在巴勒斯坦區周邊築的圍牆

荷槍實彈的青年男女及許多軍車

坦克、戰車滿布原野

山上荷槍實彈的士兵警衛

戈蘭高地山頭上廢棄的軍事堡壘

▍以色列覽勝記

馬薩達（Massada）

貝特謝安古城癈墟

新移民村

加利利湖

當年耶穌受洗之處

河谷及沿海到處都是農作大棚

▎長春探古尋新

溥儀皇宮同德殿

溥儀「建國神廟」遺址

關押在撫順戰犯管理所的溥儀

溥儀與毛澤東兩個一胖一瘦的「皇帝」

當年汪精衛偽政府駐偽滿洲國的「大使館」

經歷國共內戰中長春圍城的老人們

南非，世界的轉折點

開普敦與桌子山

好望角

葡萄盈野滿山，綠油青蔥

Pretoria的Tembisa貧民區

曼德拉被監禁十八年的魯賓島

曼德拉在魯賓島的牢房

開普角

▍清爽怡人的北海道

昭和新山

洞爺湖與中島

函館五棱廓公園遍植吉野櫻花

登函館山觀夜景

大沼國定公園

小樽河畔遊客絡繹不絕

悲壯、光輝、多姿的騰衝

熱海公園的「大滾鍋」

紅木巨雕

畹町中緬交界的滇緬公路鐵橋

騰衝火山群國家公園的小空山

騰衝國殤墓園長眠著為抗日而犧牲的八千英靈

冰島觀宇宙之奇──北極光

雷克雅維克冬季早上十點鐘

冰島燦爛迷人的極光之一

海邊建築新穎的音樂廳

冰島燦爛迷人的極光之二

大雪風飛、天色陰暗、遍地銀白

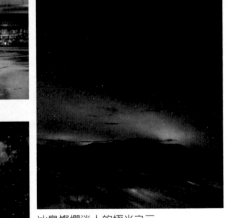

冰島燦爛迷人的極光之三

最容易見到極光的南北極兩個環帶

風情萬種的約旦

阿曼雜匯了現代與古老的建築

傑拉什古城廢墟

十字軍東征時建築的Montreal古城堡

山谷兩旁有多層高的墓群

阿拉伯的勞倫斯奮戰所在的乾旱荒漠
——Wadi Rum

佩特拉的招牌建築——Al Khasneh

▌風采非凡的客家土樓

土樓之王──承啓樓

美國中央情報局誤認為核武器裝置的土樓

在承啓樓內部頂層俯瞰

世澤樓

土樓底層

僑福樓

▍阿拉斯加的北國風光

Homer的度假村滿園鮮花，面對海灣、山巒、冰川，風景怡人

口徑48英寸、全長八百英里的阿拉斯加油管

管道爬山、涉水，有似一條巨蟒，曲折地攀伏在地上

北緯66°33'44"以北的北極圈

滿載而歸

每個大比目魚都重十幾或幾十磅

▌萬物靜觀皆自得的亞馬遜雨林

亞馬遜河如巨蟒盤伏，蜿蜒而流，支流屢屢由遠處趨之匯流

亞馬遜雨林探險搭乘的150噸，吃水四米，高四層的遊覽船

成百上千的白鷺鷥（Great Egrets）隨行船飛翔，迎來送往，美麗壯觀

捉到一條長8英尺、重15磅、一歲的蟒蛇，大家爭著與巨蟒合影

瑙塔小鎮上居民的簡陋木房及木橋，顯示當地百姓生活艱苦

原始Prado小村落的孩子們

生態不凡的加拉巴哥群島

約150噸，最多可容九十名遊客的小遊輪

海岸上數不盡的海蜥蜴（Marine Iguana）

加拉巴哥群島的招牌景點
——Bartholomew島

鰹鳥（Boobies）在地上築巢，每季生兩
個蛋，但一般只養活一個幼鳥

雄性的軍艦鳥（Frigate）為了吸引母鳥，
往往胸前鼓出一個鮮紅特大的氣包

San Cristobal島的大烏龜

┃士人旅遊，八面出鋒

東灣牡丹詩會會長，北加州華文作家協會（前）會長，
美華藝術學會（前）會長，孫子研究雙月刊顧問，
中國詩經學會顧問。
林中明

　　世界「旅遊文學」名家，美南華語廣播電台名嘴，卜
一先生，繼《走不遍的天下》，《笑談江月》、《行遠無
涯》、《古道拾遺》等旅遊文史暢銷書之後，將於丁酉初
夏，推出新作《山海探穹》，叫我這個一甲子的老同學，在書
前寫幾句話。大有陶淵明「紙墨遂多，聊命故人書之」，共為
歡笑，和提拔老友的雅意。

　　但是面對卜一先生的大作，下筆之前，我從賞景，讀文
到思論，足足看了三遍。結果讀尾忘首，返首遺尾，奮擊其
中，則首尾俱忘。答應要寫的序，竟然遲遲不能下筆！

　　開始以為是年紀大了，記憶衰退的緣故？但是寫國學論
文，引經據典，下筆萬言，未嘗躊躇。這情況顯然不是記憶和
筆力衰退的問題。後來仔細「想想」，罪不在我！原來是卜一
先生，學識淵博，經歷廣泛，書中所述，東西南北，上下古
今，八面出鋒！而文字簡凝，評史探隱，諷刺和讚揚，又是十
面埋伏。所以三讀而猶有新意，以致連我這個「老筆」，也不
能一一介紹其妙。

直到卜一先生催稿，連下三道金牌，才忽然想起杜甫的詩題〈江上值水如海勢聊短述〉，乃恍然大悟，凡是碰到「見首不見尾」的奇人奇事奇書，就應該學夫子論老子的一句話──「其猶龍乎」！這樣的四個字，不失身份，也不露餡，就能大大方方地交待過去。難怪孫武子論兵，曰「以少勝多」；現代建築設計包浩斯學派（Bauhaus）強調「Less Is More」；中國道家祖師，老子「一氣化三清」，說的大概都是碰到這種外型變化多端的情況，當遺其外貌，而觀其本源，反而有跡可尋，有路登山。我們讀卜一先生的大作，大概也要這樣去欣賞。因此我把卜一先生這本書，定為迴異於一般「旅遊文學」的「士人旅遊」圖文；而其內容，則是「八面出鋒」的「受想行識」（語出《心經》）。

「士人旅遊」一詞，源出我在2002年提出的「士人書畫」。其定義次序是：1.「學識」深厚，2.「風骨」硬挺，3.「經歷」廣泛，4.「趣味」盎然。

其中「士人」的定義，和一般的「文人」大大不同。《論語。泰伯》曾子曰：「士不可以不弘毅，任重而道遠。仁以為己任，不亦重乎？死而後已，不亦遠乎？」說的壯烈，大義凜然。這和劉勰在《文心雕龍・程器篇》裡所稱讚的「《周書》論士，方之梓材，蓋貴器用而兼文采也。是以樸斲成而丹雘施，垣墉立而雕杅附。」是相同的。而劉勰所痛批的「近代詞人，務華棄實」。故魏文以為：「古今文人，類不護細行。」也是我提出「士人書畫」來區別一般泛稱的「文人畫」的原因。

舉例來說，《山海探穹》中，「探俗篇」裡的〈悲壯，

光輝，多姿的騰衝〉一文，開始介紹的是寶石木雕，然後筆鋒一轉，就說到數十萬百姓民工，以徒手血淚，犧牲上萬，從荒山峻嶺中開闢出來，運輸物資抗日的滇緬公路和中印公路。以及響應「十萬青年十萬軍」，從軍抗日，在孫立人，戴安瀾等將軍的指揮下，以寡擊眾，解救裝備優良而幾乎被日軍俘虜的七千英軍和隨行的國際友人，創造了震驚中外的「仁安羌」大捷。任重道遠，仁為己任，死而後已，不亦遠乎？文章記述的事跡和精神，就是「士人節義」。

但是《山海探奇》的趣味性也極強。譬如在「探幽篇」裡的〈冰封雪飄遊班芙〉一文中，不僅說到「破冰大炮，以毒攻毒」！而且在冰天雪地的旅遊中，卜一先生也不忘記報告「熱情如火，性感女神」——瑪麗蓮夢露，曾在此拍攝名片《大江東去》（River of No Return），不慎扭傷足踝。她在班芙溫泉旅社（Banff Springs Hotel）養傷時，旅館服務人員，爭相接近美人，為避免打架，必須每天抽籤一次，以定入室服務者！可見卜一先生，在探幽探史之餘，高度重視讀者的閱讀情緒，所以加入趣味性故事，對「士人風骨」的「硬文學」，做出以「血肉溫情」的「軟文學」，達到「再平衡」的努力。

至於《山海探奇》中「八面出鋒」的內容，我們可以從幾組角度來呈現。

其一，從時空的角度來看。此書內容，『東西南北』的名勝風景，北美的阿拉斯加州，南美的亞馬遜河域，中東的死海，西寧的塔爾寺，都有報導。『上下古今』的天空奇麗極光，地下的石油鹽井，古代一神教的起源和分支，以及今日〈煙硝烽火中訪以色列〉。

其二，從內容的分類來看。《山海探穹》中包括了「文，史，哲，兵，經，幽，俗，奇」八個方向。其中前五項，文，史，哲，兵，經，乃是中華古代士人的必修。而其後的「幽，俗，奇」三類，則直接對應書中「探幽，探俗，探奇」三大篇類。書中的「探油篇」講的是石油經濟，「探史篇」和「探俗篇」講的是歷史，哲學/宗教，兵爭戰事。而全書篇篇文章，作者重視「文采」，動輒引詩吟詞，處處開花。而他在援引著名的古典詩詞名句之外，於「探史篇」的〈瑠公圳對開發臺灣的貢獻〉一文中，還引了臺灣大學著名美女教授林文月，年輕時描寫瑠公圳春日柳絲飄揚，杜鵑花開，綠草如茵美景的散文詩句。

作者並深情地說：「多麼的詩情畫意。回想當年敝人與如今老妻也經常倘伴於此。林教授的詩文真可媲美蘇東坡的〈念奴嬌．赤壁懷古〉，使黃岡得『文赤壁』之盛名。與此同理，新生南路大水溝就成了名滿天下的『文瑠公圳』了。」

由這一段話，我們可知卜一先生雖然是機械系博士，石油探勘專家，但是極重視人文精神和古典文學，所以在全世界登臨高山，渡越大海的「硬實力」之外，柔情似水。而且對「林家美女」，特別地「尊敬」。俗諺：「一個成功的男人背後，必有一位偉大的女士」。信然。（明按：卜一先生的夫人，亦林姓。近半世紀以來，她陪伴卜一先生上山下海，冰雪炎熱不辭其苦。而且對卜一先生事業的成功，健康的維護，生命的拯救！以及篇章文字審修，圖片選排⋯⋯都做出極大的貢獻。是林家的楷模和光榮。特加記於此序。表示敬意。）

《山海探穹》這本「旅遊文學」的好書，除了是「八面

出鋒」的「士人旅遊」之外還有幾個特色值得介紹。

其一，卜一先生的筆法，似乎有桐城姚鼐，注重「義理，考據，文章」。他所記述的風景名勝，其實都有「歷史義理」埋伏其間。「探油篇」，其實關注人類文明發展和能源的關係。「探史篇」的〈璥公玭對開發臺灣的貢獻〉，其實是費了大功夫，「考據」誰才是對臺灣水利灌溉做出最大貢獻的人？

其二，卜一先生是一個「愛國志士」，但是他用筆代替了刀。譬如他在「探俗篇」裡寫〈黑龍江與外興安嶺的北國風光〉，固然介紹了地大物博的北國風光，但是當我們看到段落小標題「北極村回首中國國土一天天的淪亡」時，我們就發現，卜一先生在「旅遊文學」上，雖然「文章」媲美陸游的《入蜀記》和徐霞客遊記，而內容浩瀚，實有過之。但是骨頭裡，繼承的是司馬遷的《史記》和顧炎武的《天下郡國利病書》看歷史地理的眼光。如果說中國科學院院士譚其驤先生（1911－1992），是「歷史地理學」的奠基人，那麼，從我在2008年所寫的論文，〈地理、歷史對文化、文學的影響：從薛地到矽谷〉來看，我認為，卜一先生所累積的學問和發表的文章及出版的書籍，顯示他已經進入「地理歷史學」的領域，並有可觀的成績。希望有朝一日，可以和譚其驤院士的「歷史地理學」相提並論。

其三，如果您看了上面的介紹，就以為卜一先生是一個「地理歷史學」的「學者」。

那麼我還要說一下我對他的「旅遊文學」諸書的另一個「拍案驚奇」──這就是2014年11月，我在《人民網》上忽然看到中國最大的網路行銷公司之一的京東圖書四週年慶，推薦

六本「硬裏子」的好書，包括新版的《資治通鑑》，和卜一先生2010年由四川大學出版社出版的《走不遍的天下》！這就說明，「好酒不怕巷子深」！卜一先生這本新作，《山海探穹》，必然也將受到廣大讀者的喜愛。一如《走不遍的天下》、《笑談江月》、《行遠無涯》和《古道拾遺》等旅遊文史暢銷書。

2017年6月4日，於矽谷，太陽里。

行走天下，山海探穹

四川省文物考古研究院研究員　黃劍華

　　卜一先生是我的老朋友了，七年前他出版了遊記《走不遍的天下》，我曾撰寫了《用思辯的眼光行走天下》一文，刊登在《文匯讀書週報》2010年11月5日第7版，特地向讀者推介。此後他相繼出版了《行遠無涯》、《古道拾遺》等著述，縱談他的遊歷見聞和文史方面的見識，思辨活潑，文章簡練，集腋成裘，風趣盎然。最近欣聞他的新著《山海探穹》又將付梓問世了，囑我寫篇序文，盛情難卻，欣然應允。我拜讀了他傳來的書稿，對他多年來的行走天下和勤於著述，深感敬佩，真的是可喜可賀。

　　卜一先生雖然不是專業的學者和作家，卻非常喜歡讀書和思考，而且很有學問。我們相識很多年了，記得當初相互探討史學研究方面的一些學術問題，並一起參加過幾次近代史學領域的研討會，由此交往漸多而成了朋友。此後我們常通電話，有時相逢小聚的時候，經常會談到文史方面的一些話題，或縱橫古今，或談天說地，都聽到他有許多卓然新穎的見解。他的閱讀面相當寬廣，從古代到近現代的諸多史籍都有所涉獵。特別是對歷史上一些懸疑或有爭議的話題，他常懷有濃厚的興趣，喜歡探討其中的真相。或通過實地考察，去瞭解某些歷史事件發生時的真實情形。這種閱讀和實地考察的結

合，使他親眼目睹了歷史背景下的地理環境、人文傳統、民俗民風，以及交通與氣候的變遷等等，常會帶來許多深刻的體驗和感受，同時也開拓了他的視野與思考。這些多年來的體驗與思考，日積月累，便都成了他人生經歷中的富礦，當他閒暇時提筆撰文的時候，就化為了斑斕多彩的文章。他的遊記，別具一格，書中講述遊覽過的地方，雖然很多人或許也去過，但他卻視角獨特，常顯示出與眾不同的觀察，會有許多獨到的探究。還有他信手拈來的典故與辨識，也深入簡出，生動多趣，抒發的議論也都發自內心，頗為精到，大多有耳目一新之感，讀了常會使人發出會心一笑。

古人講究讀萬卷書，走萬里路，宣導親自經歷、親耳所聞、親眼目睹，這是中華文化中的一個優秀傳統。古往今來，諸多文人學子，都喜歡將此作為人生信條，從著述立說到詩文隨筆，留下了很多膾炙人口的佳話。特別是明代徐霞客、清代顧祖禹注重讀書與考察相結合，知行合一，最為著名。徐霞客是明代偉大的旅行家，曾將其畢生遊歷撰寫成了不朽巨著《徐霞客遊記》。顧祖禹是清代知識淵博的歷史地理學大家，曾考核二十一史中有關全國地理方面的記載，先後查閱了一百多種地方誌和大量文獻，並注重實地調查，「覽城廓，按山川，稽道裡，問關律」，歷時三十年，編著了人文地理巨著《讀史方輿紀要》。這些都是聞名遐邇的例證，不僅彪炳於當時，而且澤輝後世，影響深遠。卜一先生所撰雖然並非巨著，卻也繼承了親歷親聞親見的傳統，而這正是徐霞客所宣導的遊覽與思考、顧祖禹所表率的讀書與調查的精髓之所在。

也許正是喜歡閱讀和考察的原因，卜一先生對很多事情都充滿好奇心，並由此而形成濃厚的興趣，滋生出尋根刨底、探究奧秘的動力。在他豐富多彩的人生經歷中，包括他經營過的實業，也給了他許多感悟和收穫。他在新著《山海探穹》中敘述了有關石油開發史方面的一些話題，就和他的好奇與興趣有關。譬如他講述了石油開發簡史，對美國德州的石油開發、阿拉斯加的石油開發、中東的石油開發、墨西哥的探油、委內瑞拉的探油、以及石油工業是從哪裡開始的？石油的開發利用對世界帶來了哪些巨大影響？都做了生動有趣的介紹。他在書中特別提到了四川自貢的「燊海井」，講到了中國古代巴蜀地區最早對鹽井與天然氣的開發利用，認為蜀漢臨邛火井是開採天然氣的濫觴，而宋代四川地區的卓筒井是世界鑽井之始，元、明兩代四川的鑽井技術更是不斷進步。他認為，正是中國的鹽井工藝與天然氣開採技術，奠定了近代蓬勃發展的石油工業基礎，這是中國為世界做出的重要貢獻之一，是中國人非常值得驕傲的偉績。書中的這些論述與見解，我覺得講的非常好，不僅很專業，而且很有趣，充分展現了他的廣聞博識和閱讀思考。我在2014年出版的拙著《華陽國志故事新解》中，也寫過這方面的內容，對此做過一些探討。從傳世文獻記載看，古代蜀人很早就掌握了對井鹽的開採，而且很早就發現了火井，並開始了對火井的利用。漢代揚雄《蜀都賦》中就有「蜀都之地，古曰梁州……東有巴賨，綿亙百濮；銅梁金堂，火井龍湫」的記載。左思《蜀都賦》中也有「火井沈熒于幽泉，高焰飛煽于天垂」的描述。常璩《華陽國志》卷三特別記述了臨邛火井的用途：「臨邛縣……有

火井，夜時光映上昭，民欲其火，先以家火投之。頃許，如雷聲，火焰出，通耀數十里，以竹桶盛其光藏之，可拽行終日不滅也。井有二，一燥一水。取井火煮之，一斛水得五斗鹽；家火煮之，得無幾也」。常璩記述的火井也就是天然氣井，早在秦漢時期蜀人已經在臨邛等地利用火井熬鹽了，更為奇特的是還嘗試著使用竹筒裝入天然氣，穿孔燃之以代燭夜行，從科技史的角度來看確實是一大創舉。臨邛以火井熬鹽而聞名天下，後來的《太平御覽》卷八六九、《太平廣記》卷三九一、清代顧祖禹《讀史方輿紀要》卷七一等，對此都有記載。回顧這些古代的故事，聯繫到近代中國對石油與天然氣的開發，以及當今世界上對石油的利用和開採，以史鑒今，感悟良多，確實是很有趣的話題。

如果說卜一先生最濃厚的興趣是讀書，那麼他另一個最重要的愛好就是旅遊了。他因為工作和居住的關係，為了公務和探親訪友，經常往來於美國、中國、臺灣等地；又由於現代交通方式的便捷，可以隨意選擇航班飛往世界各地，所以旅遊也就成了他生活中比較頻繁而又習以為常的活動。卜一先生遊覽的地方甚多，天南海北，環遊世界，足跡所至，走過的山山水水，觀賞過的名勝古跡，都給他留下了珍貴而難忘的回憶，因而遊記在這部新著中仍是最主要的內容。他在新著中採用了活潑的編排方式，沒有按旅遊的時間順序來敘述，而是將全書內容分為探油篇、探幽篇、探史篇、探俗篇、探奇篇五個部分，每個部分皆由六篇或七篇文章組成，可謂獨居匠心，使得行文更加自由抒情，也為整部書增添了無拘無束的特色。閱讀此書的各個章節，也就有了跳躍奔放的感覺，隨著作者的眼

光與思路去探幽探奇、考察民俗、探究史實，對作者豐富多彩的閱歷，常會引發內心的讚歎和共鳴。

　　還是簡略介紹一下卜一先生在這部新著中的講述吧，看看他近年以來來究竟遊覽了哪些地方。首先是他在中國境內的考察，足跡遍及南北各地。他去了中國的最北端，去了漠河，並到了中國最北的原始村落北紅村，遊覽了黑溜溜的黑龍江和美麗多姿的大興安嶺。以前他曾西到喀什觀賞雄嶺荒漠，南至三亞放眼浩瀚南海，這次遊覽東北，使他深感中國的地大物博。他在大興安嶺區看到原始森林遭到任意砍伐，已無大樹可觀，1987年發生的那場特大火災更使得大片林區被焚毀，不由得感慨萬千，對國家資源的過度損耗與自然環境的破壞感到痛心和憂慮。站在邊境北望外興安嶺的中國失土，也使他感觸良多。他隨後去了額爾古納河，領略了呼倫貝爾「天蒼蒼，地茫茫，風吹草低見牛羊」的草原美景，這裡曾是古代游牧民族的重要生息之地，使他油然聯想到了匈奴、東胡、烏桓、鮮卑、契丹、蒙古等民族的崛起與興衰，以及歷史上發生的諸多故事。他隨後由海拉爾經哈爾濱去遊覽長春，參觀了「偽滿皇宮博物館」，聽當地老人回憶了遼沈戰役時圍困長春的情形。對於近現代的一些史實，他在過去都是通過閱讀而獲得的書面瞭解，而這次是近距離接觸，感受自然是更為深切了。

　　在盡情欣賞了壯闊的北國風光之後，他去了南方，到了福建廈門，專程前往龍岩市永定縣等處遊覽，觀看了數量眾多、風采非凡的客家土樓。他去了貴州，到了黔東門戶銅仁，去了梵淨山（為佛教彌勒道場，與五臺山、九華山、峨

眉山、普陀山齊名，號稱中國佛教五大聖地），隨後去了貴陽，考察了史籍記載中的夜郎古國遺跡，到了比喻為世外桃源的西江苗寨和鎮遠古鎮，遊覽了聞名遐邇的黃果樹瀑布、興義馬嶺河峽谷和萬峰林（徐霞客曾兩次到此考查），對貴州奇特的山水風光有了深入的體會，對貴州當今的發展新貌感到高興。然後他去了青海，遊覽了塔爾寺，對宗喀巴在藏傳佛教領域做出的貢獻，以及藏族的藝術三絕（壁畫、堆繡、酥油花）有了更多的瞭解，還看到了酥油花館陳列的「文成公主赴藏圖像」，聯想到唐朝漢藏聯姻的情景，生動地再現了當時宏大的歷史場面，為之深感讚歎。

他去了廣西永安，對太平天國起義之後轉戰於此做了考察，實地踏訪了遺留至今的永安城牆與州署、當初太平軍與清軍對峙的水竇村、團冠嶺上的西炮臺、附近的古戰場等，觀景睹物，足以想見當時戰事的激烈。太平軍在此駐守長達半年多，建制封王，然後突圍北上，將星星之火迅速發展成了燎原之勢。永安是個蕞爾之城，但在太平天國初期卻是至關重要的一個地方，如今這裡已經發展成為繁華的蒙山市了。他還去了河南安陽袁林，觀看了保存完好的袁世凱墓。他去了雲南騰沖，參觀了火山群國家公園，考察了中緬交界的滇緬公路鐵橋，憑弔了國殤墓園抗日戰爭中犧牲的英靈。他在臺灣也走了很多地方，從臺北驅車到臺灣東部的花東縱谷，參觀了台東的卑南文化遺址和史前博物館，從三仙台海岸去遊覽了鹿野高臺，去看了清代欽差大臣沈葆楨下令開闢修建的蘇花古道（後來擴建成為了蘇花公路），在颱風來臨前夕的風雨中沿途觀景，實地考察臺灣寶島的歷史遺跡，確實另有一番感受。他

還考察了早期臺北盆地的開發，對清朝委派大臣治理臺灣的功績做了中肯的評述。

　　其次是卜一先生在世界各地的遊覽，他先講述了冬天去加拿大旅遊的經歷，經由西雅圖和溫哥華，去了加拿大洛磯山脈的班芙，遊覽了雪山冰川，觀賞了冰封的露易絲湖，以前他曾多次於夏季到這裡遊覽，而這次冬季之行給他帶來了別樣的體會和感受。隨後他回憶了去南半球旅遊的一些觀感，他到了南太平洋波利尼西亞群島，這裡有綺麗的環形珊瑚礁而聞名世界，遊覽了大溪地主島與波拉波拉島，當地天氣變化萬千，被稱為是世界最美之島。他考察了島上的祭祀、集會等遺跡，對古代波利尼西亞人的社會、文化、生活及遷徙增添了很多瞭解。好萊塢巨星馬龍‧白蘭度曾在大溪地拍攝了《叛艦喋血記》（1962年版），遇到並愛上了一位大溪地女演員塔麗達，與其結婚生子，並愛上了這裡的文化和風俗，在大溪地島附近買下了一個名為特提亞若阿（Tetiaroa）的環礁島，此後便在美國加州和這個小島之間度過了後半生。還有法國的著名畫家保羅‧高更也在大溪地度過了晚年，這些都是他旅遊大溪地時聯想到的佳話，為遊覽增添了情趣。他覺得耳聞不如目見，這次親臨實地，觀賞美景，果然名不虛傳，令人流連。

　　他還由臺灣去了琉球，遊覽了琉球古王城。琉球自古受到中國傳統文化的深刻影響，在琉球的那霸有孔廟與天后宮等，迄今香火旺盛。明朝朱元璋曾冊封琉球的尚氏王朝，此後琉球便一直向明朝稱藩朝貢，他在古王城就看到了複製的古琉球向明朝運送朝貢物品的木船。後來日本德川幕府入侵琉球，清代晚期甲午戰爭之後，琉球被日本霸佔，稱為沖繩。到

了近代，琉球成為中、日、美三方爭執之地，二戰中日本軍國主義給琉球民眾帶來了慘痛災難。他以前曾讀過不少關於琉球的記載，這次通過實地考察，對琉球的歷史與民俗風情都有了更為真切的瞭解。

他去了中東，遊覽了約旦和以色列，觀看了約旦河谷的農作情景與沿途的古城遺址，其中有十字軍東征時修築的古城堡，領略了死海與荒漠的奇異景觀，訪問了戰火中的戈蘭高地，參觀了耶路撒冷的眾多名勝古跡，還去了耶穌誕生之地伯利恆小鎮，對猶太人與猶太教走過來的發展之路做了身臨其境的考察。馬克·吐溫對《聖經舊約》上為何稱以色列為「流奶與蜜之地」感到不能理解，史學家許倬雲訪問過以色列，也提出過同樣的疑惑。卜一先生也是有感於此，通過遊覽考察，對以色列的地理位置與民族特性，以及漫長而曲折的發展歷程，都有了較為深入的認識。當早期文明在兩河流域與尼羅河流域崛起的時候，以色列位居歐亞非大陸的十字路口，便成為了古代文明的中轉站。其後隨著猶太教的形成與發展，猶太人歷經磨難，而一直保持著自己的傳統文化，後來終於又重新建立了新的以色列國。他的這些感受與認識，可謂超越了以往簡單的閱讀。

卜一先生興之所至，曾到冰島觀賞了燦爛迷人的北極光，領略地球北端大雪紛飛、天色陰暗、遍地銀白的奇妙景觀。他不僅去了美洲北端的阿拉斯加，也去了南美的亞馬遜雨林，還去了加拉巴哥群島，對這些地方的人文民俗、自然環境、動物植物，增添了許多有趣的瞭解。他還去了南非，遊覽了美麗的開普敦和海浪洶湧的好望角，參觀了魯賓島，曼德拉

曾被關押在這個島上，苦熬了十八年，後來獲釋當選了南非總統，執政期間頗有建樹。他認為曼德拉的一生令人敬歎，確實無愧是追求自由、平等的典範。他還去了清爽宜人的日本北海道，在札幌等處品嘗了美味可口的螃蟹大餐，觀賞了初春時節遍野綻放的櫻花，結合到相關的歷史記載，對日本明治維新的作用，以及後來日本軍國主義的危害，給予了冷靜的思考與評判。

從上面列舉的內容，就可以知道卜一先生遊覽之廣了，而且每次遊歷，他都結合了自己廣博的閱讀，與人文考察、歷史釋謎、觀賞風光、瞭解民俗密切地聯繫在了一起。他在這部新著中，就對這些遊歷與考察做了生動的敘述。

卜一先生對旅遊和考察的愛好，應該是骨子裡的喜歡，所以他經常樂此不疲，收穫豐盈。而且他的這個愛好常常和他的閱讀與思考結合在一起，多年來一直在閱讀和行走中生活，迄今已經去過一百多個國家，如果因此稱他為旅行家，也是名副其實而並非過譽了。概而言之，他的旅遊經歷，確實太豐富了，而且有著強烈的個性色彩。 通過旅遊與考察，使他對整個世界有了更為真切和深入的瞭解，也使他對古往今來歷史上發生過的許多重大史實與故事，因之而有了更為獨到的認識和感受。他撰寫的遊記，既記錄了他暢遊名山大川的感受，又敘述了他在世界各地的考察和思考，文字雖然簡略，卻生動而又鮮活，洋溢著真情實感與思辨的魅力。他已經相繼出版問世的幾部著述，都有這個鮮明的特色。這也正是他著述中，最值得充分肯定與令人讚賞之處。

我覺得，讀書增添智慧，行走積累閱歷，這並不單純是

一種生活方式，更是一種人生境界。對喜歡讀書和旅遊的人來說，興趣和愛好的作用是非常重要的，有的時候是動力的源泉，使你在書的海洋中遨遊，在青山綠水之間徜徉；有的時候則如同翅膀，使你在生活中快樂地飛行，在廣闊的天地間無拘無束地翱翔。享受閱讀，享受旅遊，在閱讀和行走中健康快樂地生活，確實是多麼有意義的一件事情。所以喜歡讀書與旅遊，不僅擴充了知識，增添了見聞，為生活帶來了快樂，也使你對這個世界有了更真實的瞭解和感悟。更重要的是，讀書與旅遊開闊了眼界，陶冶了性情，滋潤了心田，豐富了人生，給生命賦予了瀟灑與愉悅。這便是我閱讀了卜一先生的新著之後，聯想到的一個最為動人而富有詩意的道理。希望朋友們讀過此書後，也都有同感，讓閱讀和行走也同樣為我們今後的生活增光添彩吧！

2017年3月下旬　於天府耕愚齋

▌前言

　　當我在童稚之年，歷覽飽識的先父對我說：「要多看、多想、少說、別寫！」先父的忠告令我苟全性命於亂世。二十多年前，我到大陸工作，有幸去北大拜見近代史學家張注洪教授，一夕相談甚歡。臨別之際，他問我曾寫過那些文章。我以先父忠告以對，他卻默然對我說：「我很少遇到一個人能在腦子裡記那麼多東西，同時還能連貫有序；有一天你會不在了，也可能腦子先壞了，那些原在你腦海中的心得、獨見都將喪失。這對個人和社會都是一個很大的損失。」稍停，他很嚴肅地說道：「你有義務將這些留給世間、後人，這是一個知識份子應盡的責任！」

　　張教授的教誨使我頓開茅塞，於是開始研究、撰寫《憑弔大渡河古戰場──紅軍長征成功與石達開覆敗之比較》，期間得到太平天國史學泰斗郭毅生教授的大力引領，開啟了我的寫作。其後我不揣譾陋，專程到臺北中央研究院，去請教史學大師許倬雲教授幾個有關中國文明史的淺顯問題，未料許教授紆尊以降，花了許多時間給我講解了華夏文明的演化與精髓。這幾位史學家令我提升了對歷史的興趣、學習到研究歷史的循軌，也敦促了我旅遊、探史、寫作的意念。

　　老友林中明、黃劍華二位文采飛揚、著作等身，此次不吝作序，提升了本書的檔次。

　　林自森、余立龍、江克成、湯新之幾位先生給予我多方

寫作建議、指導；黃璟然、楊力宇、李雲珍幾位老師一再督促
我寫作不懈；童年小友王右鈞、馬復新、黃安儀、涂宗仁、
伍必震、丁正總是對愚作讚賞、支持，令我在寫作中不感孤
獨，持續求進。

　　本書編輯了我近年到世界各地旅遊的見聞、觀感，也添
加了本人對石油工業的認識與見解。全書共分五篇：

　　首篇為探油篇，敘述石油工業發展簡史、中國古代鹽井
與天然氣生產、美國賓州石油濫觴、德州開發、阿拉斯加興
起、中東及中國近代的石油工業發展。下筆之際始覺雖畢生工
作，但所學、所知有限，而石油工業源遠流長、包羅萬象、
內涵浩瀚，敝人才學讚陋，實難報導蓋全。尚希讀者多予指
正，期能繼續完成二十一世紀石油工業的現狀與展望，再與讀
者分享。

　　第二篇為探幽篇，其中描敘老妻與我近年遊覽，以山水
幽雅、秀麗著稱的世界級美景：大溪地的山海綺麗、大興安嶺
的林木郁蔥、呼倫貝爾的草原蒼茫、貴州的景色靈秀、臺灣花
東的青山峻嶺、和加拿大班芙的湖光山色。

　　第三篇為探史篇，講敘我們到各地追尋史跡舊蹤：訪琉
球見日本侵華濫觴、臨青海塔爾寺悟藏佛興起有自、觀安陽袁
世凱墓歎梟雄亂幫、探廣西永安知太平之興、循瑠公圳悉臺北
開發非易、以及遊以色列覺猶太文化輝煌！

　　第四篇為探俗篇，記載到四處見到的民風世俗：硝煙烽
火中見猶太風情、從南到北盡覽以色列民俗、訪長春探古尋今
紛陳、臨南非知古往今來事多、遊北海道櫻花清爽怡人、菡騰
沖睹翡翠紅木、抗日悲壯！

第五篇為探奇篇，乃述走訪的世界奇觀：北上冰島驚讚絢爛極光、往約旦見佩特拉山城巍峨、到永定知土樓源遠流長、徜徉亞馬遜雨林覺萬物靜觀皆自得、遊弋加拉巴哥群島歎人間淨土稀少！

　　敬呈讀者審正、指教。

　　本書撰稿之際，痛悉郭毅生教授去世噩耗，追懷教誨往事，筆硯相親、晨昏歡笑、誨我諄諄，仰瞻師道山高。不勝嘘唏！

　　本書承杜國維先生負責編輯，楊家齊先生作圖文排版，葉立安小姐設計封面，涂宗仁先生為封面題字，米建紅、任憲偉、戴齊、傅東鈞及老妻校對並提供建議，特此致謝！

卜一

2017年5月3日於美國休斯頓

CONTENTS

▎探俗篇

▎探奇篇

探油篇

當今石油界公認的近代石油工業的濫觴是1859年8月27日，美國人Edwin L. Drake在賓夕法尼亞州、Titusville小鎮打出的一口深21.7米的油井中見到了一層黑油。這個消息立即傳開，隨後美國及世界各地的石油開發呈現了燎原之勢。

石油開發簡史

　　自從十九世紀中期開啟鑽井生產石油，一個半世紀以來石油逐漸成為照明、潤滑、取暖、烹飪、動力、發電、化工等最主要的資源。石油工業也成為人類文明進步史上的一束奇葩：它開闊了工業革命的領域、促進了資本主義的發展、改變了社會經濟的結構、刺激了人類環保的憂慮、影響到國家政治的盛衰，也引起世界霸權的紛爭。在過去這一百多年裡石油工業有如一條長河，有時平穩澹流、有時波濤洶湧，但它總是遇險改道、曲折向前不斷；這幾年又逢上石油工業的轉折時期。在此讓我們來回顧石油工業走過來的漫長路子，同時展望未來的遠景。

古代石油的運用

　　人類對石油的認識及利用源遠流長，據兩河流域考古出土資料，在四萬年前的史前時代的舊石器中期，人類就用瀝青作為石刀、石茅與木把的粘合劑。其後人類文明的早期，在巴比倫、波斯、亞歷山大、希臘、羅馬以及中國西周時期在今陝西延長，都有用石油作為粘合、藥物、燃料、取暖、潤滑與武器的記載。而史冊中也敘述在裏海邊的巴庫（Baku）、波斯、兩河流域都有利用地表滲露的天然氣進行宗教祭祀、作戰和烹飪、取暖。而在中國，秦代開始就在四川鑿坑井採鹽水與天然氣，三國時代開始採氣煮鹽。

中國宋代初年（西元1041-1048年）在四川鑽「卓筒井」採鹽和天然氣，開啟了世界鑽油氣井之始。元代世祖至正初年（1271-1286年）在陝西延川縣開鑿了一口油井，產油作為燃料，並用於醫治家畜疥癬。隨著科技與工藝的進步，道光15年（西元1835年）四川自貢的「燊海井」鑽到深度超過1000米深的鹽水與天然氣地層。這是世界上第一口超過千米的深井，也提供了近代石油工業崛起的局部有利條件。

工業革命時期

　　西方在中世紀（第5-15世紀）過後，產生了文藝復興和航海大發現，開啟了近代文明的篇章。到了17-18世紀，涵蓋各個知識領域，如自然科學、哲學、倫理學、政治學、經濟學、歷史學、文學、教育學等等的啟蒙運動接踵而來，在政治上出現了美國獨立戰爭與法國大革命，並且導致了資本主義和社會主義的興起，思想澎拜、科學進步、技術創新、經濟體制改變、人們生活日益求精。是以工業革命（或稱第一次工業革命，18世紀中期-19世紀中期）應時而起。

　　工業革命主要是以機器代替人力、畜力，發源於英國中部，最先是針對曼徹斯特（Manchester）的紡織工業。1733年，約翰‧凱發明飛梭；1765年，詹姆士‧哈格里夫斯發明珍妮紡紗機；1781年，詹姆斯‧瓦特改良蒸汽機；1807年，美國人羅柏特‧富爾頓發明蒸汽輪船；1829年，英國人喬治‧史蒂文生發明火車。這一系列的創新促使生產、運輸方式由手工人力向機械動力轉型，節省人力與時間，因之生產力得以飛躍。

近代石油工業之濫觴及19世紀的發展

　　雖然俄國人認為近代世界第一口油井是沙皇時代的一個叫謝苗諾夫的工程師，於1848年在黑海的阿普歇倫半島的比比和埃巴德兩地邊境處開鑿的。另外加拿大人也宣稱James Miller Williams於1857年在Enniskillen用手工挖了一口20米深的井，產出一些油。但這兩地的鑽探以後都沒能形成具規模性的商業開發和在工業界具革命性的啟導影響。所以當今石油界公認的近代石油工業的濫觴是1859年8月27日，美國人Edwin L. Drake在賓夕法尼亞州、Titusville小鎮打出的一口深21.7米的油井中見到了一層黑油。這個消息立即傳開，24小時之內，各地的投資者、亡命徒如潮水似地湧到Titusville小鎮。很快附近的地價飛漲，鑽井架林立。到次年底，這裡已有74口井投產，總產量達到每天6000桶，隨後美國及世界各地的石油開發呈現了燎原之勢。

美國在19世紀的發展

　　緊接著，賓州西部許多地方都興起了「淘黑金」狂，並沿著阿帕拉契山脈（Appalachian mountains）向紐約州、維吉尼亞州（Virginia）西部（今West Virginia）延伸。其後再沿俄亥俄河（Ohio River）向西發展到俄亥俄州、肯塔基州；在Rocky Mountains的Canon City，科羅拉多州也於1862年開始產油。

　　19世紀末期，在印第安納州與俄亥俄州西北部發現了大型的Trenton氣田，同時也有大量的油藏；陸續又在堪薩斯州、奧克拉荷馬州和加利福尼亞州的洛杉磯Basin、San Jose

Basin、Santa Barbara County海域發現了油藏。當時德克薩斯州只在Corsicana從1894年開始生產少量的油。直到19世紀末，美國主要的石油產區猶在Appalachian Basin。

美國在殖民時期及獨立建國後，直到南北戰爭前的兩百多年基本上是以農業為主。特別從建國後的七十多年，南方與北方的社會結構與經濟狀況有顯著的差異，其中解放黑奴成為爭執的重點，國力進步緩慢。但美國的資本主義體系、民主政治制度、遼闊的領土以及豐富的資源，提供十八世紀歐洲掀起的工業革命後續的最佳環境。

石油工業的興起帶給美國從農業化轉型到工業化的重要因素之一。在南北戰爭期間（1861-1865年），石油工業由於戰爭需要而急速成長。南北戰爭結束後，美國重歸統一，黑奴的解放提供工業化大量的人力；鋼鐵業的興起、鐵路網的鋪設、農業走向機械化、積極的向西部開拓，加之石油工業應時而起，與整體工業化相輔相成，使得美國到19世紀末已成為世界上舉足輕重的工業大國。

洛克菲勒與標準石油公司

最初石油主要是煉成煤油（kerosene）來取代鯨魚油作為照明之用。探鑽、生產、儲存、管道運輸解決後，就是煉油的問題。這個行業引起了一個年輕人的興趣。1863年，時年24歲的洛克菲勒（John D. Rockefeller）開啟了他的石油事業，先從銷售、煉油做起，幾年後（1870年）他組建了總部在俄亥俄州克里夫蘭的俄亥俄標準石油公司（Standard Oil Company of Ohio）。經過不斷地收購、兼併，標準公司成為石油工業上下

游一條龍作業的企業公司，獨占了美國90%以上的石油營業。1888年，標準公司組建了第一個外國分公司——英美石油公司（Anglo-American Oil Company），從此標準石油公司正式成為跨國企業公司。 洛克菲勒首創了資本主義龐大的企業系統，為美國的工業化及資本主義的發展做出了巨大貢獻。他本人於1897年，58歲時退休，從事慈善事業直到40年後（1937年）以98高齡去世。

19世紀的世界石油發展與五大公司

美國石油工業的興起立即引起世界其他國家，特別是自古以來有露頭滲油、氣地區的石油發展。其中最早開發的主要產區是俄羅斯的巴庫和荷屬東印度群島（印尼）的蘇門答臘。巴庫地區於19世紀併入俄羅斯，1829年已有82個人力挖坑採油，但產量微不足道。原來都是國營，到1870年代初期，開放民營。1872年打到第一口產油井，發展迅速，1873年已有二十多個小型煉油廠。此時有位瑞典籍、移民俄羅斯的化學家——羅伯・諾貝爾（Robert Nobel）來到巴庫，他迅速著手改進煉油設備、提升效率成為巴庫最成功的煉油商。1876年，諾貝爾廠的產品——照明用油開始運到首都聖彼德堡上市。他有個弟弟——路德威・諾貝爾（Ludwig Nobel）繼承他父親伊曼紐・諾貝爾（Imnanuel Nobel）做軍火生意，發了大財，他一方面幫助他哥哥搞煉油廠，同時自己也跑到巴庫去調查，並瞭解美國的石油經驗，改善技術、行銷，還發展油輪運輸石油。十年後俄羅斯年產量飛躍到一千八百萬桶，諾貝爾兄弟公司（Branobel）占其中的一半，為俄羅斯的石油打開了市場；

一度超過美國，美國的煤油被趕出俄羅斯市場。路德威·諾貝爾成為「巴庫石油大王」。只惜他享壽不長，1888年就因心臟病突發逝世。順便提一下，諾貝爾家一個比一個厲害，他家的小弟阿弗列（Alfred Nobel）也是化學和理財的天才。他利用硝化甘油製做出先進的火藥，並建立起一個操控世界的火藥王國。他終生沒有成家，晚年孤獨，想到他的發明與財富造成千千萬萬人們的死傷，於是遺言將遺產成立基金作為對世界有卓越貢獻的科學家、經濟學家及和平運動者的獎金，這就是著名的諾貝爾獎金。

1879年石油價格大跌，造成石油工業的危機。此時法國猶太裔羅士柴爾家族（Rothschild Family）負責貸款修築巴庫到巴統的鐵路，使得俄羅斯石油得以海運外銷，巴統成為當時世界上最重要的石油港之一。羅士柴爾家族成立了裏海黑海石油公司（Caspian and Black Sea Petroleum Company），超越諾貝爾兄弟公司，成為俄羅斯第一大石油集團。另外當時在巴庫還有許多小公司各自產油。

荷屬東印度群島的蘇門答臘自古就有許多地表滲油、氣的露頭礦。當地土著用於點火照明以及粘堵船底漏縫。1880年，當時在蘇門答臘的一個煙草公司經理Aeilko Jans Zijlker從土著得知露頭滲油所在，經過調查、化驗，他在SamuelSaid打了一口成功的油井。但Zijlker資金有限，技術也落後，無法開展鑽探。他千辛萬苦到處找投資者，終於找到銀行界的贊助，並爭取到荷蘭王威廉三世的首肯，於1890年成立了「皇家荷蘭公司」（Royal Dutch Petroleum）。Zijlker十年苦心總算有了成果，但老天無情，幾個月後他就在新加坡去世了。遺下

的任務由一個原在荷屬東印度群島做貿易生意的老手——Jean Baptiste August Kessler接手。此人精明能幹，整頓了皇家荷蘭公司的作業與管理，使得生產劇增，同時開始用油輪輸油，向亞洲各國銷售。皇家荷蘭公司於1899年底又在原蘇門答臘油區之北120公里處找到了新的油區。可惜就在公司業務蒸蒸日上之時，Kessler突然在19世紀的最後幾天（1900年12月14日）也因心臟病突發去世。他的遺缺由年僅34歲的Henri Deterding暫代，沒人料到這個年輕人以後在這個位子待了35年，並成為世界石油界霸主之一。

就在以上所述四大公司在爭奪世界石油市場時，又出了一位來自英國倫敦貧民區的伊拉克裔猶太人Marcus Samuel先生。這個年輕人的父親原先在倫敦碼頭做小生意，後來得識一些印度與遠東的貿易商，遂做起貿易生意。在他的貨物中有一種用東方的貝殼鑲的小盒子，受到許多婦女顧客的喜好，使他建立了一點基業。1878年，老Samuel去世，Marcus Samuel時年25歲，與他的弟弟Samuel Samuel接手了其父的事業，開始做遠東的貿易。弟弟Samuel跑到日本去發展。Marcus年少、意氣風發、目光遠大、敢冒險、反應敏捷。他看上了銷售煤油的生意，與各地的貿易行、產油公司、運輸公司拉關係，最先租船運油推銷。

先是在1869年11月，經過十年艱苦的修建，蘇伊士運河終於通航了。但當時人們對於油輪的安全沒有信心，不准油輪通過蘇伊士運河。標準石油公司磋商良久，英國人不買美國人的帳，始終不給予油輪通航權。但Marcus與勢力強大的羅士柴爾家族弄好了關係，首先得到在蘇伊士運河以東出售裏海黑海石

油公司煤油的九年合同，接著為他說項拉攏政界上層。而當時英國外交部基於英國利益的考慮，在1892年1月批准了Marcus的油輪通航蘇伊士運河的許可證。Marcus遂組建了他自己的油輪隊伍、儲油槽、銷售機構等系統。是年7月他的第一艘油輪通過蘇伊士運河，將巴庫的油運到新加坡及曼谷。1895年他又取得了婆羅洲東部庫台區的採油權，次年開始鑽井產油，同時在Borneo自建煉油廠。1897年，Marcus組成了一個上下游一體的石油公司，為了追懷他父親從賣貝殼起家，篳路藍縷、創業艱辛，遂定名為「殼牌運輸與銷售公司」（Shell Transport and Trading Company, Limited）。

到了19世紀最後，世界石油界成了標準石油公司、裏海黑海石油公司、諾貝爾兄弟公司、皇家荷蘭公司與殼牌運輸與銷售公司五巨頭分別在美國、俄羅斯巴庫及東印度群島產油，並在全球爭奪石油市場，時爭時和，使市場動盪不已。

19世紀油價與石油工業的起伏

自1859年賓州西部開啟石油工業之初，石油供需量因時而異，油價大起大伏，石油業也一再受到衝擊。從1859年8月到1860年底的一年多，油價大漲。1861年1月高到每桶10元美金，但由於新油田不斷地被發現，以及無限制的鑽井、生產，油價急速下跌。6月時降到每桶5角美金，到了年底只有每桶1角。 許多投資者、亡命徒都傾家蕩產了。但低廉的油價搶走了許多其他照明原料的市場，而推廣了石油市場。一年後的1862年底，油價回升到每桶4元，1963年9月暴漲到每桶7.25元。南北戰爭刺激油價高昂，也增添了不少新石油公司。但總

是幾家歡樂、幾家愁，發大財的固然大有人在，賠本走路的人卻比比皆是。

南北戰爭一結束，油價又開始大跌，1867年降到每桶2.4元。接下來的5年（1868-1872年）油價保持在3.5-4.5元；1873-75年降到2元以下；1876-77年回升到2.5元上下；1878年又降到1.19元。

1879年10月美國科學家愛迪生（Thomas Alva Edison）發明了電燈，利用碳絲通電作為照明之用，很快就上市，並推廣到世界各地。這給予石油市場很大的衝擊，加之石油公司增加到1萬6千家，石油生產過剩，煉油廠出來的油達到市場需要的三倍，油價最低曾跌到每桶4.8角，比買喝的水還便宜。搞石油的人日子不好過，連洛克菲勒都對他太太說：「如果沒有投資石油，我們現在已經很有錢了！」該年的平均油價只有0.86元。油價低於1元持續了15年，直到1895年才回升到1.36元，但過了一年多又降到1元以下。到這個世紀的最後兩年（1899-1900）回升到1.36、1.18。

突飛猛進的20世紀

19世紀的最後20年，由於照明的市場被電燈取代，其他的市場尚在發展中。但油價基本上比較平穩，技術不斷改進、企業管理趨於成熟，而新的市場隨著科學進步逐漸擴展。更加之美國南北戰爭之後突飛猛進，鋼鐵業興起、鐵路網完成、農業機械化初步落實、電報、電話通訊設備出籠、資本主義制度逐步完善、內燃機的廣泛應用呼之欲出，石油工業得以走向飛躍的20世紀。

紡錘頂的驚人噴油

二十世紀的第十天（1901年1月10日），美國德州東南距墨西哥灣不遠的偏僻小鎮——Beaument傳來驚人的消息：紡錘頂盧卡斯1號井（Spindle Top Lucas #1）噴出高達每天75,000-100,000桶的油。這口井帶給德州好運，德州一躍而為美國工業重鎮，美國的經濟發展得以錦上添花，也改變了全世界的石油工業。

市場的飛躍

（1）汽車

從1879年電燈發明起，石油市場疲軟。但內燃機的改進逐漸成熟。1885年，德國人Gottlieb Wilhelm Daimler首先製造出一臺用液態石油的單缸、兩輪汽車；幾個月後，另一個德國人Carl Benz造出一輛兩缸、三輪汽車。次年，Benz的車子就開上路了。緊接著四輪的車子上市，加上其他的改進，到了二十世紀初，汽車的應用迅速推廣。在美國底特律，農夫兼機械學徒出身的福特（Henry Ford）於1896年製造出一輛兩缸、四輪、四匹馬力，但不能倒退的車子。1899年，他與同夥組成一個小公司，1903年擴大為福特汽車股份有限公司（Ford Motor Company）。1908年，福特的T型（Tin Lizzie）轎車出場，這個車子是四缸、四輪、20匹馬力、重1200磅，最大時速高達45英里。最重要的是價錢只有850美金，當年就賣了10,000輛。幾年後降到260美金，逐漸大眾化，並開始行銷歐洲。1900年，美國只有8000輛汽車，而1910年已增加到130,000輛，

另外還有35,000輛工作車、貨車，及150,000輛摩托車。1913年，福特開始用裝配線（Assembling Line）進行大量生產，次年生產量達到300,000輛。到1930年，雖然受到經濟大蕭條的影響，全美已有2千5百萬輛私家車，平均每五個人就有一輛車。福特的T型車累計銷售量高達1千5百萬輛。

（2）輪船

1769年，蘇格蘭人James Watt改良蒸汽機成功，許多人就試圖以蒸汽機為動力應用於船隻航行。其中有兩個美國人John Fitch和James Rumsey都製造出雛形的蒸汽船，但沒有達到經濟可行。1807年8月，美國人福爾頓（Robert Fulton）製造的Clermont號蒸汽船從紐約城沿哈德遜河（Hudson River）上航到150英里遠的Albany，只用了32小時，每小時航速達到5英里，創下人類首次成功而經濟可行的機動航行。四年後，他和Robert Livingston合夥完成New Orleans號蒸汽船，開始在密西西比河上載客營運。福爾頓的發明使得古老的風帆船逐漸被蒸汽船取代。十九世紀歐美列強的蒸汽船航行四海，他們的「船堅炮利」打開中國的閉關自守。但十九世紀末，內燃機的進步與汽車的發明，使人認識到應用在動力方面，燃油機在操作、速度、加速度幾方面都優於蒸汽機。於是用燃油來取代燃煤的船隻就成為爭辯的議題。其中最為積極的乃是當時英國海軍大臣邱吉爾（Winston Churchill）。他於1911年就任後，意識到德國正在製造燃油戰艦以爭取海上霸權，立即主張將英國海軍所有的戰艦改裝為燃油帶動；同時大力支援英波石油公司，簽了一個20年購油的合同。接下來的三年內，英國海軍新

造的戰艦全是燃油的，而原有的軍艦也都從燃煤蒸汽引擎改為燃油蒸汽引擎。英國海軍改型後，各國立即因此效尤，燃油船隻逐漸取代了燃煤船隻。

（3）飛機

1903年12月17日，美國人Orville和Wilbur Wright兩兄弟在North Carolina州的Kitty Hawk鎮首次試飛比重大於空氣的燃油引擎帶動飛行體—1號機（Flyer I）成功。當天他們共試飛四次，第一次飛了120英尺、費時12秒；第二次175英尺；第三次200英尺；第四次852英尺，在空中59秒。從此人類開始得以在天空翱翔。Wright兄弟把開展飛行的計劃向美國軍方提出，但沒得到重視，未給予支助。Wright兄弟只好「閉門造機」，接續研製了2號（Flyer II）與3號（Flyer III）兩架飛機，兩年後在1905年10月5日，Wilbur駕駛3號機在空中持續了39分23秒，航程遠達24英里。但直到1907年4月，美國還沒有公司或軍方營造飛機。倒是在歐洲，由於戰爭逼近，飛機引起重視，法國、丹麥的幾個工程師都研製、試飛了幾種飛機。1908年7月25日法國人Louis Blériot駕機飛過英吉利海峽，震驚全世界；掀起了用燃油引擎的航空時代。

（4）石油化工

19世紀，有機化學的研究有了許多突破，石油化工業開始起步。1835年，法國化學家Henri Victor Regnault在研究氣體中發現製造塑料（Plastic、PVC）。80年後，1912年德國化學家Fritz Klatte發展出利用陽光生產塑膠的方法。但直到1926

年，美國人Waldo Semon用添加劑混合，才使得塑膠市場飛躍。1839年，德國藥劑師Eduard Simon在實驗室意外造出聚苯乙烯（Polystyrene），但當時他並沒有認識到聚苯乙烯的用途。到了1929年，BASF化學公司發展出商業生產聚苯乙烯的方法；1938年，Dow Chemical公司推出STYRON聚苯乙烯，用於絕緣、食物盒子、紙杯、蛋盒子等等，銷路大為推廣。1856年，William Henry Perkin利用煤焦油（Coal Tar）製造出人造染料（Synthetic Dye）。1879年，人造橡膠（Synthetic Rubber）在實驗室製作成功，在一次世界大戰中，德國積極發展，戰後1933年做出Buna-S，大量用於汽車輪胎。幾乎同時，美國杜邦公司（Dupont）發展出Neoprene，性質良好，勝過天然橡膠。石油化工成為石油、天然氣應用的廣大市場。

（5）燃料、家用、發電

　　石油、天然氣煉製的成品種類繁多，用途也逐漸推廣至發電、取暖、烹飪等以取代用煤。

標準石油公司被拆散

　　洛克菲勒的標準石油公司勇猛地擴張，不斷地將競爭者併吞或擊倒，到了1882年，他的律師建議用信託（Trust）的形式來集中管理各地的分公司。這個標準石油信託公司就是41個公司的集合公司，並設立兩個分公司：新澤西標準公司（Standard Oil of New Jersey）和紐約標準公司（Standard Oil of New York），更增加了它對市場的壟斷（monopolistic）。當時它在美國擁有20,000口井、4000英里管道、5000輛運油車

及10萬員工。控制了全美國最高達到90%的煉油量，到19世紀末降到80%。1899年，新澤西新法令通過容許一個公司擁有其他公司的股票，洛克菲勒遂將新澤西標準公司設成為標準石油信託的控股公司。石油界、新聞界、政界對標準公司的壟斷議論紛紛，表示不滿，認為標準公司的手法是「最殘忍、最無恥、最無情，毫無顧忌地要永遠壟斷整個國家。」於是掀起了「反信託」（Antitrust）的風潮。其中最有名的是女作家Ida Tarbell女士，她於1904年出版了一本書──《標準石油公司歷史》（The History of the Standard Oil Company），批評標準公司做了許多不公正、不合法的商業行為。洛克菲勒想盡辦法保持他的公司，抵擋不斷而來的攻擊及訴訟。

1911年美國最高法院判決標準公司違反Sherman Antitrust Act（反信託法令）。當時標準公司尚擁有美國石油市場的70%和14%的全美原油生產量，只得被逼打散成34個新的獨立公司：其中有大陸石油公司（Continental Oil），現為ConocoPhillips的一部分；新澤西標準石油公司（Standard of New Jersey），後稱艾克森（Esso、Exxon），2000年與莫比爾（Mobil）合併成為艾克森-莫比爾（ExxonMobil）的一部分；紐約標準石油公司（Standard of New York），變成莫比爾（Mobil），現為艾克森-莫比爾（ExxonMobil）的一部分；印第安那標準石油公司（Standard of Indiana），其後成為阿莫科（Amoco），現為英國石油公司（BP）的一部分；俄亥俄標準公司（Standard of Ohio），後為Sohio，現為BP的一部分；加州標準公司（Standard of California），後變為雪佛龍（Chevron）；另外一個標準公司的加州附屬公司改為賓所

（Pennzoil），後與Zapata Petroleum合併，幾經改組，現上游為Devon Energy的一部分，下游與荷蘭皇家／殼牌合組美國殼牌石油產品公司（SOPUS——Shell Oil Products US）。

一次世界大戰

　　二十世紀一方面帶來科技、經濟急速的進步，另一方面也加劇了歐洲列強之間的競爭與矛盾，終於在1914年爆發了一次世界大戰。這場戰爭歷時4年3個月，有33國參與、動員7千萬兵士、戰死9百萬、平民死亡7百萬。這是史無前例的人類相互殘殺的悲劇。新發明的黃色火藥、汽車、飛機、軍艦、潛水艇、坦克大批上陣，同時不斷改良。在這場戰爭中使人們瞭解到「石油是戰爭之血液」。德國希望能得到巴庫的油源費盡心血，卻未能得逞，成為其失敗的主因之一。戰爭期間石油供不應求，油價大漲。美國在戰爭開始時並未參戰，直到1917年4月宣佈參戰。是年美國的石油產量達到3億3千5百萬桶（每天92萬桶），占全世界的三分之二，其中四分之一輸出，主要是提供歐洲戰場所需。協約國80%的用油來自美國。美國的石油工業為協約國取得勝利作出了重大的貢獻。

一次世界大戰後發展

（1）世界市場的競爭和公司分合

　　十九世紀末的最後幾年，由於新的石油應用逐漸發展，石油供不應求，油價上漲，石油界呈現繁盛狀態。但1900年秋，首先俄國饑荒導致經濟蕭條，加之中國由於義和團及八國聯軍入侵，造成混亂局面，石油市場下滑，油價下跌。二十世

紀初，俄國社會主義革命興起，巴庫成為革命的溫床，時年二十出頭的史達林策劃石油工人集體罷工，1903年演變成全國大罷工。1904年，俄國在日俄戰爭中被日本擊敗，更加深俄國內部問題。1905年聖彼德堡罷工群眾遭到兵士槍擊，死傷慘重，動亂升級。從1904年到1913年，俄國在世界石油出口由31%降到9%。原本的世界石油五巨頭：標準石油公司、裏海黑海石油公司、諾貝爾兄弟公司、皇家荷蘭公司、殼牌運輸與銷售公司，最後兩家公司為了聯合抵擋標準公司的競爭，於1907年合併為「皇家荷蘭／殼牌集團」（Royal Dutch/Shell），皇家荷蘭占60%股份、殼牌占40%。羅士柴爾德家族見到俄國政局不妙，遂將他們在俄國的石油資產——裏海黑海石油公司以賤價全部賣給Royal Dutch/Shell。諾貝爾兄弟公司的創始人Ludwig Nobel於1888年去世，他的兒子Emanuel Nobel接掌公司業務。1917年，俄國共產黨取得政權，三年後紅軍占領巴庫。Emanuel Nobel舉家逃到巴黎，他知道情勢危急，於是和Royal Dutch/Shell談判，願意把所有的Branobel公司出讓。Royal Dutch/Shell的領導當時相信蘇聯政權支持不會太久，願意接手，但又怕如果蘇聯將石油公司收歸國有後風險太大，於是要求Emanuel Nobel留一部分股份，雙方沒能談成。接著新澤西標準公司願意冒個險，因為他們也相信蘇聯政權弄不長，遂於是年（1920年）買下Branobel公司一半的股權。到這個時候，原來的五霸就只剩下新澤西標準公司和Royal Dutch/Shell兩強在世界的石油業相爭了。

（2）中東探油

中東石油開發始自1902年英波（今BP）公司發現油藏；1928年，英波、荷蘭皇家／殼牌、法國、德國財團在伊朗鑽到高產井，找到大油藏；1931年，海灣（Gulf）與加州標準石油公司（今Chevron）在巴林島找到具商業性的油產；1936年，海灣與加州標準公司又在科威特探明超級型的Burgan油田；同年加州標準公司、德州公司（Texaco）又在沙烏地阿拉伯找到了油。

（3）墨西哥探油

墨西哥在十九世紀所需的煤油主要由美國人Henry Clay Pierce的Waters-Pierce 石油公司進口。墨西哥與美國德克薩斯州接壤，當二十世紀初德州紡錘頂發現高產井後，人們開始著手在墨西哥探油。最早探油成功的有兩家公司：泛美公司（Pan American Petroleum and Transport Company (PAT)）以及墨西哥老鷹公司（Mexican Eagle Petroleum Company）。前者的創始人是美國人Edward L. Doheny。他於1892年在洛杉磯市中心見到一輛馬車輪子上沾滿瀝青，引起他探油的狂想。從馬車夫那得知瀝青就在附近不遠的荒地，也就是如今道奇棒球場（Dodger Stadium）。他到那做了調查，決定租地鑽井，結果一舉成功，在深140米處見到油，發現了洛杉磯油田（The Los Angeles Field），也開啟了南加州的石油狂潮（Oil Boom），Doheny遂成為石油鉅子、百萬富翁。1900年他來到墨西哥，取得Tampico, Tamaulipas附近的租地，次年開始鑽井，找到一些

瀝青，銷售用於鋪馬路。1905年，他開始在Tuxpan，Veracruz的Juan Casiano Basin探鑽。1910年，他的Casiano#7井噴出每天60,000桶的高產，這個Faja de Oro油田成為舉世聞名的巨型油田，到1918年已累積生產5千7百萬桶油。1916年，他在Cerro Azul，Veracruz的Cerro Azul No.4探井噴出高達182米的油氣柱，響聲波及26公里外的Casiano鎮。這口井的初產量高達每天260,000桶，是世界上最高產的油井，在其後的14年內產出5千7百萬桶油。Edward L. Doheny在這年將他的幾個公司合併為泛美公司。1932年，Doheny將泛美公司在美國之外的公司股權賣給Standard Oil of New Jersey（其後的EXXON）。其他部分逐步與Standard Oil of Indiana（其後的AMOCO）合併。

墨西哥老鷹公司是英國人Weetman Pearson（Viscount Cowdray）於1909年創立。Pearson是一個工程師與創業者。他於1895年被墨西哥總統Porfirio Díaz邀請，開始在墨西哥修建港口、運河及鐵道。他修鐵道時在Pedregal和San Cristóbal附近發現一些露頭滲油，加之美國德州紡錘頂高產井的消息引起他對在墨西哥探油的強烈興趣，於是租地鑽井，並修建煉油廠、管道。但經多年都沒見成效，直到1908年終於發現商業性的油田。但好景不長，是年油井事故起火，延燒了八周，焚毀整個油田。又經過兩年的鑽探，墨西哥老鷹公司於1910年12月27日，在Veracruz和Tampico之間的海岸邊鑽到一口每天100,000桶油的高產井。這個油田被命名為The Potrero del Llano油田，為當時世界上最大的油田之一。墨西哥老鷹公司與泛美公司成為墨西哥最大的兩個石油公司。1919年，Pearson將墨西哥老鷹公司賣給Royal Dutch/Shell公司。

　　1922年，墨西哥成為僅次於美國，位居世界油產量第二的國家。但好景不長，墨西哥政治動盪，1926年起開始醞釀國有化，外國及私人公司紛紛離去，勘探工作銳減，墨西哥的國有石油公司未能取得好的成效，石油產量也落後了。

（4）委內瑞拉探油

　　委內瑞拉石油工業的開創應歸功於Juan Vicente Gómez將軍，他於1908年獲得政權成為總統。他是一個聲名狼藉的獨裁者，但知道其個人與國家都需要引進外資才能發展經濟。於是他開放租地，吸引外國公司來委內瑞拉探油。最先見到成果的是由Rafael Max Valladares雇用的Caribbean Petroleum（後併入Royal Dutch/Shell）公司。他們於1914年4月，在Maracaibo湖附近鑽的Zumaque-I井發現了具商業性的油藏。立即吸引了其他許多外國石油公司，紛紛來到委內瑞拉探油。但受一次世界大戰的影響，進展有限。一次大戰後鑽探工作得以恢復，四年後的1922年底，Royal Dutch/Shell公司在Maracaibo Basin的Cabimas鑽的The Barroso No. 2井突然噴出油柱，產量高達每天100,000桶。從此開啟了委內瑞拉的龐大石油工業。緊接著大批的石油公司湧入委內瑞拉，其中以美國居多。Royal Dutch/Shell、Gulf和AMOCO成為三家最主要的公司。1920年代末，委內瑞拉的產量躍居僅次於美國的全球第二位，而其外銷量是全世界首位。到二次世界大戰前，委內瑞拉產油是世界第三位，次於美國和蘇聯。戰前委內瑞拉在世界的政治地位舉世矚目。

經濟蕭條

　　1929年至1933年之間全球性發生經濟大蕭條。大蕭條最先從美國華爾街股市大跌開始，由於當時金融、銀行系統和銀根緊收政策不完善，影響到全世界，對發達國家和發展中的國家都造成極大的打擊。人均收入、物品價格、公司盈利、國家稅收都大幅度降低，失業率高漲到百分之二十幾到三十幾，國際貿易減半；農業、工業均受到嚴重的打擊。

　　經濟蕭條對石油工業的影響可分三個層次：（1）引起了各國的社會問題，產生政治變化。譬如義大利法西斯政權積極發展、德國納粹得以興起、日本軍國主義升級、西班牙內戰、蘇聯史達林集權整肅，以及美國羅斯福實行新政；（2）列強為轉嫁內部社會問題，開始對外侵略，譬如日本發動九一八事變，侵占中國東北，掠奪資源；義大利侵占衣索比亞；德國干涉西班牙內戰、併吞奧地利、侵占捷克、殘殺猶太人；（3）石油工業受到經濟蕭條，加上東德州油田發現，生產過剩，在1929、1930年呈現不景氣狀況，油價大跌。但從1931、1932年起恢復，油價回升。世界各國均意識到戰爭即將到來，石油儲備成為重要的動員準備要項，石油工業又走向興旺。

二次世界大戰

　　二十世紀人類發生了兩次史無前例的大廝殺。二次世界大戰較一次大戰無論在動員、歷時、死傷及武器各方面都可謂大巫與小巫之比。飛機、坦克、戰艦、航母、潛艇、車輛都需用大量的石油；而軸心國均缺乏石油資源。日本海軍大將山本

五十六於1919-21年在駐美大使館擔任海軍武官，並往哈佛大學學習，期間曾專程前往德州觀察美國石油工業，及底特律瞭解汽車工業，深知美國動力資源深厚，促使以後他冒險偷襲珍珠港、孤注一擲。日本於1931年侵占中國東北後即積極開發露天油頁岩，同時向美、英幾大石油公司大量購買石油。1937年發動七七事變、八一三淞滬事變，開啟全面侵華，所需石油日增。其後美國改變政策，採取禁運，導致日本偷襲珍珠港，太平洋戰爭爆發。日本迅速攻占南洋諸島，其中最重要的乃是印尼的油藏。在歐洲德國積極發展人造燃料，並開採羅馬尼亞、波蘭油田，但不敷使用。希特勒臆想南進攻占巴庫及中東以獲得石油供給，卻兵敗史達林格勒，導致全盤潰敗。由此可見，石油資源的掌握是二戰中同盟國制勝的主因之一。美國雄厚的石油儲藏，特別是東德州油田的大量生產使得同盟軍後勤充足，節節勝利。

　　另外在戰爭中，科技日新月異，石油的用量急升。石油、天然氣的使用逐漸取代煤碳，成為能源中舉足輕重的要項。

戰後石油爭奪

（1）用量大增

　　二次世界大戰結束後，各國復原重建；加之在戰爭中為爭取勝利而發展的科技，戰後都轉而應用於民生。譬如美國在1945年戰爭結束時的汽車數量約2千6百萬輛，五年後到1950年就增加到4千萬輛；歐洲及其他發展中國家的經濟重建；1950年夏韓戰爆發，日本經濟迅速成長，這種種造成石油需求量急速的提高，形成供不應求，油價不斷上漲的形勢。美國原來一

直是石油出口的國家，雖然戰後陸續發現新的油藏，但不足國內消費的增長。1948年，美國進口原油首度超過出口原油，從此美國不再是世界石油的供應者，而成為世界最大的「外國油」消費者。

（2）石油中心由美國轉至中東

二戰後，一方面由於西方國家與蘇聯、共產國家的對立；另一方面英美扶植以色列在巴勒斯坦建國，引起周遭阿拉伯伊斯蘭教國家的攻擊，中東在政治地緣上成為衝突區域。當時美國石油生產已呈現供不應求之勢，控制中東就具有政治與油源雙重的重要意義。

二戰之中，中東地區的油田因戰亂而開發遲緩。二戰結束後，美國積極介入中東的石油開發，新澤西標準石油公司（今ExxonMobile）與紐約標準石油公司（今ExxonMobile）加入了沙烏地阿拉伯的探油，合組阿拉伯美國公司（ARMCO），在1948年發現了如今世界最大的常規油田——Ghawar Oil Field。另外新澤西標準石油公司參加了英波於荷蘭皇家殼牌在伊拉克的石油探勘開發，荷蘭皇家殼牌、英波參加了海灣與加州標準公司在科威特的勘探開發。卡塔爾（Qatar）在1939年就有少量的油產，戰後恢復勘探，直到1960、1963年才發現兩個油田，1970年時產量達到每日36萬桶。卻在1971年發現了世界最大的天然氣藏——North Field。阿拉伯大公國（Abu Dhabi）在1958-1959年首度在海上發現大油田，後成為名列前茅的產油及出口的國家。

另外美國石油富豪Jean Paul Getty跑到中東去尋找發財機會，得到沙烏地阿拉伯與科威特的中立地區的探油權。他的太

平洋西部石油公司（Pacific Western Oil Company，其後的Getty Oil）與美國獨立石油公司（Aminoil）合作，打了五口乾井。1953年，就在猶豫是否放棄的時候，又打了第六口井，發現了巨型油田，Getty成為1957年美國最有錢的巨富。另外蘇聯在二戰中滿目蒼夷，戰後恢復建設，加速勘探鑽井，到1950年代末又恢復到世界僅次於美國的第二位產油國，也成為世界上主要的石油出口國之一。

　　北非的利比亞（Libya）在二戰中是德國隆美爾與英、美盟軍激戰之地，戰後也成為冷戰中的美軍空軍基地。1957年，利比亞政府拿出大片區域的探油權邀請各國石油公司投標，結果有十七家公司得標，開始勘探工作。起初兩年的鑽探令人失望，但1959年4月新澤西標準公司發現澤勒坦（後改名為納賽爾）油田，顯示出了巨大的潛力。其產油層為古新統礁灰岩，發現井日產量為17,500桶，其他的公司也陸續找到十個商業性油藏。利比亞因距歐洲僅一水之隔，銷售條件好，油藏開發得以迅速進行，在1965年已成為世界第六大的石油輸出國，占總輸出量的10%。未久，在加州的Occidental石油公司的怪傑Armand Hammer博士開始對在利比亞冒勘探風險感到強烈的興趣，當年就取得5000平方公里的探油權，一連串打了好幾口乾井。但Hammer的資金雄厚，繼續打新井，終於在1966年打到了一口日產量43,000桶的高產井，接著在另一區打的井日產量更高達75,000桶。兩百公里的管道日夜趕建，不到兩年Occidental就從利比亞向歐洲輸送每天800,000桶油。1996年，利比亞的總產量已超過每日3百萬桶，居全球油產量的第六位。

另外新澤西標準公司在二戰期間就介入委內瑞拉的石油工業，戰後與荷蘭皇家殼牌並居為委內瑞拉的兩大石油營運公司。也使美國在海外的油儲量大增。

1948年時中東的總產量（不包括利比亞）是每日110萬桶，1972年增加到1820萬桶。而同時段的美國的產量由550萬增到950萬桶。自由世界同期的產量由每日870萬桶升到4200萬桶。可見美國的產量占自由世界產量由63%降到23%，而中東由13%上漲到43%。世界石油的重心已由美國轉到中東。

石油輸出國組織

當戰後經濟恢復中，石油的需求量急速上升，但中東、委內瑞拉、利比亞、蘇聯、美國、加拿大等國都陸續找到了新的油源。無限制性的生產造成1960年代油價下跌；特別是蘇聯積極降價傾銷，造成對中東、西歐經濟、政治上的恐慌。當時自由世界的七大公司：Exxon、Mobile、Chevron、Gulf、BP、Texaco、Unocal，支配著自由世界的石油生產與市場。為競爭市場，Exxon在1959年2月宣佈將中東及委內瑞拉的油價下壓近10%，引起了許多石油輸出國家的憤怒。兩周後，沙烏地阿拉伯和委內瑞拉兩國的石油部長Abdullah Tariki、Juan Pablo Pérez Alfonzo在開羅會談，醞釀組合石油輸出國作相應的抵制。次年8月9日，Exxon又宣佈把中東的油價再降7%。Tariki和Alfonzo遂召集伊朗、伊拉克、科威特、委內瑞拉和沙烏地阿拉伯五國代表於9月10-14日在巴格達（Baghdad）舉行會議，會中決定組成「石油輸出國組織」（Organization of Petroleum Export Countries（OPEC））以管制油價及產量。其

後卡塔爾（Qatar）、印尼（Indonesia）、利比亞（Libya）、阿拉伯大公國（United Arab Emirates、Emirate of Abu Dhabi）、阿爾及利亞（Algeria）、奈及利亞（Nigeria）、厄瓜多（Ecuador）和加蓬（Gabon）九國陸續參加，總共會員達到14國。這個組織成為至今猶掌握世界石油生產、價格，以及石油工業盛衰的樞紐。

石油危機

中東在二戰後，阿拉伯國家紛紛脫離英、法而獨立建國。以色列在英、美扶持下在巴勒斯坦復國，可是從獨立開始就受到阿拉伯國家的攻擊，在1948、1956、1967、1973年先後發生四次規模頗大的戰爭。每當戰爭爆發總會引起石油價格的上漲。1956年美國取消了給予埃及建築尼羅河安斯萬（Aswan）大壩的貸款，埃及總統Gamal Abdel Nasser惱羞成怒，下令軍隊占領蘇伊士（Suez）運河，使得全球10%的產油不能運到所需的市場，造成市場波動。1950年代開始，由於國家主權及利益的考慮，產油公司一再與各歐美石油公司談判，達成五五平分的交易。到後來也有六四分，及75%、25%的分成。石油界在1950年代隨著經濟的成長，十分興旺，油價也保持穩定。但到了1960年代，由於生產過剩，油價下滑。進入1970年代，石油需求超過生產，油價開始上漲。其後中東的局勢掀起石油市場的巨大波濤。1973年10月6日，埃及和敘利亞突然進攻以色列，美國立即大力支援以色列，引起中東阿拉伯產油國家加上利比亞聯合對美國及其他自由世界國家實行石油禁運。導致油價從10月的每桶3美元急速上漲到次年3月的12

美元，史稱「第一次石油危機」（First Oil Shock）。油價的暴漲造成全球的通貨膨脹與金融危機，特別發展中的國家經濟蕭條更為嚴重。美國人民的生活受到很大的衝擊，加油站排滿長龍，股票市場波動。

1970年代，伊朗和伊拉克首先將其境內油田收歸國有，其後委內瑞拉、科威特、利比亞、沙烏地阿拉伯和其他石油輸出國家也紛紛執行石油國有化，世界石油市場受到很大的影響。1978年底，中東產油第二位（日產約6百萬桶）的伊朗發生革命，美國支持的國王巴勒維於次年1月流亡國外，伊斯蘭教什葉派領袖Ruhollah Khomeini歸國掌政，伊朗油產銳減。正巧在三月，美國賓州發生「三哩島（Three-mile island）核電場事故」，人心惶惶，替代能源受限，油價在12個月內由美金13元暴漲到39.50元，史稱「第二次石油危機」（Second Oil Shock）。是年11月伊朗群眾反美，綁架美國駐伊朗大使館人員。1980年9月，伊朗和伊拉克發生戰爭，歷時八年。石油的短缺與政治動盪，美國首先進入經濟蕭條，世界大多國家也受到影響。

伊朗的減產使得其他石油輸出國：墨西哥、奈及利亞、委內瑞拉、沙烏地阿拉伯以及蘇聯等都增加產量彌補伊朗的減產。另外油價的上漲使得北海海上的幾個油田及阿拉斯加的Prudoe Bay油田均足以商業性開發，前者於1975年投產，兩年後Prudoe Bay油田也開始產油。生產逐漸超過需要，以致從1981年起油價又開始下滑，最多跌了60%，直到二十世紀末均保持在每桶十多美元。石油工業經歷十幾年的低價、平穩的狀態迎來了21世紀的驚人突變。

古代中國鹽井與天然氣生產

　　世界上最早的天然氣鑽井、生產始自中國，主要是在四川的採鹵水制鹽中利用天然氣煮鹽。如今世界各地石油天然氣所用的鑽井技術大多由中國古代的鹽井技術衍生而來。

戰國鑿井採鹵

　　中國井鹽生產始自戰國末年秦國蜀太守李冰在廣都鑿井採鹵。《華陽國志。蜀志》中記載：「秦孝文王以李冰為蜀守，冰能知天文地理，……，又識齊水脈，穿廣都鹽井，諸陂池，蜀於是盛有養生之饒焉。」李冰是著名的修築都江堰的水利專家，在他整治青衣江的過程中，發現石灘中流出鹽泉，瞭解到地下鹵水的性質。其後遂在雙流縣華陽鎮開鑿了廣都鹽井。

　　廣都鹽井的開鑿是依照鑿水井的技術，也就是所謂的「大口型井」，由勞工下到井裡用刀、錘、斧、鑿等農具挖掘，井的直徑可達1.3-1.4米。然後從井底採取鹵水。直到東漢，煮鹽都是用木材。

蜀漢臨邛火井──採天然氣的濫觴

　　到了三國蜀漢時，在井中流出的天然氣開始被採集用於煮鹽。西晉張華《博物志》載：「臨邛火井一所，縱廣五尺，深二、三丈，井在縣南百里，昔時人以竹木投以取

火。」臨邛火井成為中國開採、利用天然氣的濫觴。唐代鹽井生產主要在劍南道東川和劍南道西川；在山南道、黔中道也有不少鹽井。唐代鹽井生產中，火井煮鹽大為增加，在陵州（今四川仁壽）的陵井深度已達249米，可知已穿透許多天然氣層。《新唐書》載：「浦江縣火井……有鹽。……火井縣……唐屬邛州，有火井。」至今四川邛崍還保留「自唐時古火井處」的碑刻。

另外在防止井壁坍塌，採用梗楠木沿井壁鎖疊以加固井壁，得以保障工人在鹽井中的安全和鹵水生產的正常運作。這種固井技術大力地促進了鹽井工業的發展和鹽產量的提高。據統計，當時井鹽年產已高達數十萬擔。

宋代卓筒井──世界鑽井之始

宋太祖趙匡胤一統天下後，結束了唐末、五代長期紛亂的局面，進入相對穩定的時期。生產力與生產關係都取得很大的改變，促進了了社會的繁榮和科技的躍進，為鹽井生產技術的發展創造了客觀環境。另外到了宋初，老式的鑿大口井採鹵水的工藝因深度所限，使得鹽井的產量逐漸下降，減少了政府的稅收，也不能滿足人民的需要，甚至導致社會動亂。

在這種客觀環境之下，卓筒井應時而出，開創了中國和世界鑽井的新紀元。卓筒井最早於北宋慶曆年間（西元1041-1048年）出現在今四川南部的井研縣，原為民間私自開鑿，初期曾受到官方的壓制和「棧閉」。陵州守文同曾親往調查卓筒井的情況，寫下：「……，伏見管內井研縣，……，始因土人鑿地植竹，為者甚眾，……，訪聞豪者一家至有一二十井，

其次亦不減七八，……每一家須役工匠四五十人至二三十人者。」蘇東坡在其《東坡志林。蜀鹽說》中敘述：「自慶曆、皇佑（西元1049-1053年）以來，蜀始創『筒井』。用圜刃鑿，如碗大，深者數十丈；以巨竹去節，牝牡相銜為井，以隔橫入淡水，則鹹泉自上；又以竹之差小者，出入井中為桶，無底而竅其上，懸熟皮數寸，出入水中，氣自呼吸而啟閉之。一桶致水數斗，凡筒井皆用機械，利之所在，人無不知。」

卓筒井開創了近代鑽井的新紀元。使得人們能從深的地層去開採鹵水、天然氣以及石油。鑽井的技術採用「衝擊式鑿井」，也就是以繩索吊下重錘敲擊地層的「頓鑽」。另外為了防止井筒坍塌及淺層水進入井筒，乃採用竹筒作為「套管」，下井施工及生產均在套管內作業。生產鹵水使用小的竹筒放到井下作為容器，將皮蓋置於筒底，形成單向閥門，得以抽吸鹵水。頓鑽、套管及下管泵抽成為近代鑽井、生產的三大要項。

卓筒井始自四川南部的井研縣，很快就發展到川西南的樂山、自貢、宜賓、瀘州、眉山、榮縣，以及川東的忠縣和萬縣。卓筒井的出現使得深層含鹽較濃、壓力較大、產量較高的鹵水及天然氣得以生產，大力地促進了鹽井業的發展。據統計，宋初全四川有大口井608口，到了紹興二年（1132年），四川已有4900口卓筒井，鹽產量也由800多萬斤增加到6000多萬斤。

近代鹽井業發展及天然氣的採集

元、明兩代，鑽井技術在實踐中不斷地進步。首先在鑽井施工的程序上形成規範，分為選井位；設石圈，立大約八寸

的石圈以加固表層，防止井壁坍塌；鑿大竅，用繩索吊約七寸的大鐵釺向下衝擊鑿井，並使用扇泥桶取出井底的岩屑及泥漿；下竹套管，封隔淺層淡水，防止井壁坍塌；最後鑿小竅，從竹井筒中方下小鐵釺鑿小孔，鑽到有鹵水的地層就停止，隨後即以裸眼（不下套管的井筒）生產。

在作業中下套管固井是鑽井成敗的關鍵之一，到了明代固井採用石圈、木竹和油灰，形成規格型的固井方式。另外在作業中，井下往往發生意外事故，最常見的乃是工具掉入井內以及淤泥堵塞井筒。前者需用打撈，後者用淘井，到了明代末年，打撈與淘井已有相當成熟的技術。

另外在天然氣的採集與應用也用竹筒下到井底採集，然後用竹管輸送到各個煎鹽鍋點火煮鹵水。張瀚《松窗夢語》中記載：「用竹筒引火氣煎鹽，一井可供十餘鍋。」明代中葉在臨邛、蓬溪、嘉定（今樂山）、犍為、富順等地鑽出一批天然氣井。

明代採取鹽業專賣制，民間產鹽一律交給官府，作為「鹽課」，當時鹽課是僅次於田賦而居第二位的政府財政收入。可見鹽井生產對民生影響之大。

明末天下動亂、戰亂頻繁，特別在四川造成人口劇減，鹽井業衰退殆盡。清初政府大力扶植，鹽井業逐漸恢復。到了雍正年間，形成了福興（今西充、南部縣）、華池（今射洪、蓬溪縣）、雲安（今雲陽縣）、永通（今犍為、樂山縣）及富義（今自貢市）五大鹽產區。其中以自貢發展最為迅速，十九世紀開始成為中國鹽井生產的中心。最主要的乃是在自貢鑿到許多高濃度、高產量的深井。道光15年（西元1835年）自貢的

「燊海井」鑽到深1001.42米的地層，這是世界上第一口超過千米的深井。當時在美國也發展了鹽井業，但直到1845年，美國鑽的最深的井只有518米。

在鑽井工藝方面，糾正井斜與打撈都取得更多的經驗與改進。另外在補腔作業上克服了許多困難。由於井壁坍塌妨礙鑽井和生產作業。於是在故障發生的層段的井壁上用桐油、石灰等材料加固井壁，封堵裂縫。這種補腔作業大大地增強了鹽、氣井的鑽井及生產效率。

清咸豐年間，太平天國攻占長江流域，使得沿海的淮鹽不能上運，清廷飭令川鹽濟楚。自貢鹽業生產步入鼎盛時期，年產量占全川的一半以上，年徵稅銀占全川鹽稅收入的40%，自貢成為四川井鹽業的中心，被譽為「富庶甲於蜀中」的「川省精華之地——鹽都」。

民國時期抗日戰爭中，沿海淪陷，川鹽再次濟楚，自貢鹽業再度興旺，為內陸經濟發展和戰時軍需、民食及支援抗戰產生積極作用。

對西方石油天然氣工業的影響

由本文的敘述乃知中國鹽井工藝及天然氣生產源遠流長，也奠定了近代始自美國的石油工業的發展基礎。只惜天然氣與石油不同，在輸送、儲集上很困難，加之安全問題，以致直到20世紀有了現代處理天然氣的整套工藝，以前均只能就近使用，在四川作為煮鹽的燃料。另一方面，由於古代地質的因素，中國西南只有在四川中部有一層約三千米深的下侏羅系（lower Jurassic）大安寨段的緻密介殼灰岩中含有石油，是以

二十世紀以前在四川的鹽井作業中從來沒有鑽到油層。而在其他有淺層油層的地區均缺乏鹽井作業。使得中國雖有成熟的鑽井工藝卻未能開啟近代的石油工業。

世界各地在鑽鹽井和水井中，多次見到淺層油層。有確切記錄的是在西元1858年，加拿大的一口水井鑽探中鑽到油層。次年Edwin L. Drake先生用打鹽井的方法在美國賓西法尼亞洲（Pennsylvania）Titusville鎮附近鑽井，他利用一根鐵管作為套筒穿過淺層，最終在69.5英尺深（21.2米）發現了石油。頃刻間引起了轟動，各方投資者湧入，開啟了近代石油工業。當時應用的工藝與中國鹽井工藝幾乎相同，其後才發展出以機器帶動的旋轉式鑽井（Rotary Drilling）替代用繩索的頓鑽；同時在生產方式上也多採用下套管到產層，再用槍彈射孔產油氣的套管井眼（cased hole）替代裸眼；並在針對各種不同的油氣層及環境發展出各自的生產方法。

結論

總的來說，中國鹽井工藝及天然氣生產的發展為世界之首創，乃我先民鍥而不舍立下的豐碑；也奠定了近代蓬勃發展的石油工業基礎。這是中國對世界做出的重大貢獻之一，也是中國人值得驕傲的偉績！

▎石油工業是從哪裡開始的？

近幾十年來石油價格的飛漲、暴跌影響到每個人切身的生活，因此世界石油資源的動態，也成為眾所囑目的議題。但每當問起：「石油工業是從那裡開始的？」，答案大多是：「美國德克薩斯州」。事實上石油工業的濫觴，是在美國賓夕法尼亞州西北偏遠的一個小鎮──泰特斯威爾（Titusville）。

泰特斯威爾小鎮

泰特斯威爾現為一乏人問津的寧靜小鎮，人口僅四千餘。一條美麗的小溪──油溪（Oil Creek）流過鎮邊，但這個小鎮與小溪卻曾有其輝煌的過去，也著實改變了人類的歷史。

在美洲殖民時期之前，印地安人就發現沿著油溪兩岸的地表常溢出一種黑色的液體，同時在溪水中也不時飄浮著這種浮懸，當時被採集作為藥物。十八世紀，殖民開發到此，人們仍然採其作藥，並定名為石油（Rock Oil, Petroleum）。到了十九世紀中葉，有位寇爾先生（Samuel M. Kier）首先用小瓶裝石油銷售用為藥物。隨後他利用分餾法從石油中提煉出輕質油，稱為碳油（Carbon Oil），作為點燈照明之用，當時為家用必需品。碳油因採集量少，供不應求，價格高達2美元／加侖。

寇爾的碳油引起一位資本家──湯森先生（James Townsend）的興趣。湯森是康耐德克州紐海芬（New Haven, Connecticut）一家銀行的總裁。正巧他在紐海芬認識了一位下崗的朋友──

德雷克先生（Edwin L. Drake）。

德雷克於1819年誕生於紐約州的一個農家，幼時遷到威蒙特州（Vermont）務農，文化水準不高，十九歲離家出外闖蕩，幹過不少行當，但一事無成。三十歲時擔任火車服務員（Railroad Conductor）。1857年德雷克因病下崗，在紐海芬結識湯森。湯森告訴他搞石油這一行也許有利可圖，勸他去泰特斯威爾小鎮調查一下在那開發石油的可能性。德雷克當時窮極無聊，正巧他還享有免費乘火車的福利，於是就風塵僕僕地來到了泰特斯威爾。德雷克的亡命徒個性，加之下崗後生活的緊迫，回去後就寫了一篇報告給湯森，大力鼓吹在泰特斯威爾開採石油的遠景。

經過一翻努力，湯森於1858年3月組成了康耐德克西耐卡石油公司（Seneca Oil Company of Connecticut），並雇用德雷克為總代理人，前往泰特斯威爾進行石油開採工作，每年工資為一千美元，並給他一個唬人的頭銜——德雷克上校（Colonel Drake），其實德雷克一天軍旅生活都沒幹過。

第一口油井的鑽探成功

德雷克帶了家小到了泰特斯威爾，籌劃開採石油的工作。他認為光靠採集地表及河上的油，產量太少。既然油來自地下，何不效仿鑽鹽水井的方法試試，鑽口井到幾十，甚至幾百英呎的地層，看看是否能像採鹽水一般將石油從地底產出。當時在賓州西部就有鑽鹽水井的作業。但要找到一個經驗豐富，還肯冒險跑來泰特斯威爾搞這新花樣的人並不容易。德雷克花了許多工夫，都沒能找到合適的人選。

後來他聽說在賓州有個叫史密斯（William Smith，後被稱作Uncle Billy──畢利大叔）的農夫。此人十六歲就開始幹鑽鹽井這門行當，精通鑽井，工具製造，修護以及井底打撈等作業。四十來歲時幹厭，回家務農去了。德雷克覺得這個史密斯倒是個踏破鐵履無處尋的最佳夥伴。只是他已洗手不幹了，同時年近五十，要他東山再起，去從事「鑽石油井」這充滿狂想的行當，恐怕也很困難。但德雷克還是風塵僕僕地前往史密斯的農莊，向他積力遊說，答應付他與他兒子兩人，總共每天2.5美元的工資，居然打動了史密斯。

史密斯首先裝配好一套鑽井需要的器材，就帶著兒女來到了泰特斯威爾。德雷克與他在小鎮之東約一英哩半的油溪旁選好井場，搭了一個井架及機械廠房，裝配了「頓鑽」（Cable Drilling）所需的蒸氣鍋爐及有關機件。在當時也算是個龐然大物了。時值盛夏，史密斯和他的兒女就在熱蒸氣鍋爐的小木房裡，湊合地住了下來。那裡是荒郊野外，經常會見到野貓（Wildcat），夜間常聽到野貓吼，也蠻怕人的。（當今石油界稱新區的勘探井為野貓井（Wildcat），也就是根源於此。）

話說鑽鹽井的工藝，早在中國秦代就開始在四川自貢挖坑採滷水製鹽。到了宋代「卓筒井」啟用頓鑽。用竹筒為套管（Casing），鑽井工具用繩索則由套管中上下運作。這樣隔開了淺層水，同時防止了井塌。清道光年間（1835）已鑽了一口深達一千米的鹽井。可惜四川沒有淺層油藏，石油工業沒在中國開啟。

1859年夏天德雷克和史密斯開始了他們劃時代的嘗試。起初在頓鑽穿過淺層地下水後，引起了井筒積水及坍塌的問題，

鑽井進行得非常困難。不知當時德雷克是否知道中國自貢鹽井的經驗，他想出的解決方法與自貢鑽鹽井的工藝是相似的。德雷克放下一個32英呎的鐵套管，下井鑽具用繩索由套管中放下進行作業。就此解決了井筒積水及坍塌的問題。但因地層堅硬，每天只能鑽三英呎，鑽了半個月才鑽到69.5英呎深。

8月27日是週六，工人正準備收工打烊時，井底鑽具突然向下掉了半英呎，就戛然而止，大概鑽到了一個裂縫孔洞。大夥將工具取上來後，就停工回家渡週末去了。史密斯住在井旁，也無處可去。星期天下午兢兢業業的他到井上巡視，突然發現在離地表幾呎深的井筒裡，有一層黑油浮在水上。史密斯欣喜欲狂，他與德雷克的夢想成真了。但他們作夢也沒有想到那小小的一層黑油，卻開啟了劃時代的石油工業，帶給人類驚天動地的巨變，

這口井每天約產20桶油。當時每桶售價約20美元。湯森的西耐卡石油公司要發大財了，這個消息很快傳開。24小時之內，各地的投資者，亡命徒如潮水似地湧到泰特斯威爾。接著德雷克井附近地價飛漲，油溪兩岸井架林立。

石油工業的誕生

早期的開發方式可謂千奇百怪，譬如決定井位的勘探工作，有靠夢中領悟的，有憑嗅覺的，最普遍的是用一根丫形的「魔杖」（Divining Rod），由鑽井或投資者雙手拿著兩杈的頂端，將桿子保持水準，然後在原野裡漫步。一旦桿子的前端向下傾斜，井位就此決定了。其結果當然是幾家歡樂，幾家愁。有發大財的，也有傾家蕩產的。一年多後，到1860年底，

已有74口井投產。最好的井，初產量高達每天1500-4000桶。全區平均日產量達6000桶。泰特斯威爾成為一個暴發城，銀行、旅社、高樓林立；工廠、井架星羅棋佈；工人、商賈絡繹於途。一時之間，沿著油溪一個個的石油重鎮如雨後春筍般的冒起來。

石油開採出來後，首先要解決的是儲存與運輸問題。石油的儲存有用大木桶的，也有在地面挖坑藏的。在德雷克鑽井之前，採集的油都是用小瓶小罐裝運。鑽井採油產量大了，裝不下，只得用啤酒桶或其他大木桶裝。直到1866年，大家協商決定統一規格，通用一種大小適中，方便運輸的木桶，容量為42加侖。這個單位也就成為現在全球家喻戶曉的「桶」（barrel）。裝桶後用馬車拉或用船運，一時油溪上擠滿了運油船隻。遠途用火車，其後管道輸送也逐漸發展成形。

接著來的問題就是防火。當時缺乏防火的知識與工具，易燃的石油經常造成火災。譬如德雷克的井發現油後，才兩個月就被一把火燒得精光。防火困難，一旦火起，往往延燒許久，難以撲滅。於是有人想出個好方法，在井場架一門大砲，每當大火時，則對準火央猛轟，造成局部真空。這招還真管用，往往大火就滅了。

勘探、開採、儲存與運輸的問題都解決後，下一步就是煉油。煉油這門行業引起了一個年輕人的興趣。1863年，時年24歲的洛克菲勒（John D. Rockefeller）開始了他的石油事業。幾年後（1870年）他組建了俄亥俄石油標準石油公司（Standard Oil Company of Ohio），石油工業整體一條龍的營運得以蓬勃發展，洛克菲勒也成為當時世界的首富。

可是最初開創石油工業的幾個人卻都沒有成為富翁。首先做出碳油的寇爾，因油價由原來每桶20美元降了兩百倍，成為一塊錢十桶，他小瓶小罐的碳油賣不出去了。湯森的西耐卡石油公司，雖然擁有成功的第一口井，但兩個月後就燒掉了。接著又打了一口井，卻沒出多少油。後來競爭多，地價貴，油價低，他的公司沒能宏圖大展。畢利大叔，一個兒子因井場事故犧牲了，他在那又幹了好幾年，就回老家做農夫去了。

石油工業的先驅

德雷克後來又怎麼樣了？他開創的第一口井雖然很好，但他沒有股份，而且過兩個月後就燒掉了。他孤注一擲，狠下心把老本都投了下去，並找湯森及其他人籌了資，不幸第二口井沒出多少油。他在採油這行幹不下去了，只得放棄自己開創的這門行當，改行去做小法官（Justice of Peace）。但不久生了病，丟了工作，也無經濟來源，靠泰特斯威爾一些有錢的朋友周濟渡日。

1863年他離開泰特斯威爾，到紐約去炒石油股票。不久就賠得精光，只得回到威蒙特州鄉下。他與妻子帶了六個孩子，貧病交加，度日困難。所幸遇到一些泰特斯威爾的居民，他們向賓州政府請求，決議頒給他一份每年1500美元的退休金。總算讓他平靜地渡過殘年，1880年他逝世於賓州白斯里罕（Bethlehem）。一直到1901年，泰特斯威爾公眾感念他開啟石油工業，以及帶給泰特斯威爾繁華，將他遷葬於泰特斯威爾，讓這位石油工業的先驅者安眠在他坎坷的一生中最輝煌的地方。

　　德雷克開啟的石油工業由泰特斯威爾沿著油溪向南發展，延伸到美國其他各州。二十世紀初，德克薩斯州（Texas）發現了初產量遠超每日萬桶的高產井——紡錘頂井（Spindle Top Well），德州遂成為石油的重心。同時在俄國，中東，印尼，加拿大……等各地均取得驚人的發現，石油工業發展到全球。石油成為人類能源的主要資源，也改變了整個世界。

　　到二十世紀初，油溪附近的油田均已衰竭。泰特斯威爾經過多年的繁華歲月又歸於平靜。人們為了紀念德雷克於此開啟石油工業和緬懷他帶給人類的福祉，在當年德雷克挖掘第一口井的現場建了一個博物館，展覽館中介紹了德雷克、史密斯、湯森、寇爾等早期開發石油的事蹟，並陳列著當年曾使用的一些鑽井工具，救火車，救火大炮，以及泰特斯威爾繁華歲月的留影。油溪旁起迄立著一個複製的德雷克一號井，四周點綴著早期的一些鑽井機件、儲油罐、運輸油桶及馬車等。

　　山谷中油溪的流水依然靜靜地流淌著，似乎在訴說著它以往的風華歲月。附近安眠著的德雷克上校，猶在那守護著他輝煌的業積。

德州石油開發

德州最早發現石油的記錄可追逆到16世紀。當西班牙探險家De soto帶領的船隊於1543年航海來到德州海岸，在當今Galveston附近的High Island登陸時，發現了黑色具粘性的液體，他們用這種液體來堵船底的縫（caulk）。其後來到德州墾荒的西方人才知道印第安人早已用這黑液體作為藥物以治皮膚或風濕等病。

第一口發現油的井——Nacogdoches

德州最早的油井鑽探始於1865年。John F. Cotton和William Hart兩人發現在德州東部，當今Hardin County的Saratoga有露頭的瀝青。於是雇用Von Hartin以頓鑽打井，但只打了一百英尺就停鑽，沒能找到油。次年（1866），Lyne T. Barret在Nacogdoches附近打了一口井，在106英尺深處鑽到了油，初試每天產10桶油，但這口井因受損沒能投產。他到賓州（Pennsylvania）去尋找投資者，有位John F. Carll先生跑來這裡，可惜又打了一口乾井，就收場了。Barret的井雖沒能商業開發，但被稱為德州最早的油井。過了20年後，就在此發展出成功的商業性油田——Oil Springs field。

第一個商業性油田——Corsicana

人們公認的第一個德州商業開採的油田是在Corsicana，

Navarro County。1894年，Corsicana的一群商人為了鑽一口深的水井，就在鎮邊上開鑽，當鑽到1000英尺深時，井筒裡流出石油，但他們繼續將這口井鑽到2470英尺的水層。這口水井引起投資者的注目，次年請來了曾在北方許多州頗為成功的John H. Galey和James M. Guffey兩位油商。他們簽約合作，一連打了五口井，雖然都見到了油，但產量不高，使這兩位富商失去興趣，不再繼續。卻是引來不少想發財的人，在此開啟了德州的石油工業。

在1886年，德州整年的油產量只有1450桶，而當時賓州的年產量已高達兩百萬桶。由於各路人馬來到Corsicana鑽井，這裡的產量激增，1897年達到65,975桶；第二年的總井數已達342口，年產544,620桶。到了19世紀的最後一年——1900年，年產量達到863,039桶。德州石油工業起步了。

紡錘頂（Spindletop）油田

德州石油工業的興起、德州的發達、美國石油工業的超前以及世界石油工業的改觀，應該都與20世紀第十天，1901年1月10日，在Beaumont城邊從紡錘頂井——Spindletop Well噴出驚人巨量的石油有關。

這個發現的最早先驅者是Pattillo Higgins。Higgins是Beaumont居民，他是個勤奮的房地產及製磚商人，同時是自學的地質師。很早他就認為在Beaumont附近的土丘地下應該有大量的油藏。那一帶地底有許多鹽丘，也經常聞到硫磺（Sulfur）的味道。Higgins的理論當時不為學術界及一般人所接受，許多人稱他是「本城笨蛋」（The Town Fool），但他不以為是。他買了許多

租地，組織了一個油公司——Glady Oil, Gas and Manufacturing Company，於1883年3月開始在城南的土丘上打井，但鑽井不太順利，只得停工。到了1885年，Higgins又找到合夥人再打一口井，又歸失敗。他沒有錢了，只得四處找投資者，但飽經挫折，最後把Glady公司的租地賣給由北方Washington D. C.來的Anthony F. Lucas，Lucas給了他10%的股權。

接下來就是Lucas的冒險了。他很快就打了一口井，打到575英尺深時不幸出了事故，這口井報銷了。他也沒有錢了，只得再去找投資者，幾經曲折，原在Corsicana作業的John H. Galey和James M. Guffey和他簽了約，支持Lucas繼續鑽井，但沒有給Higgins股權。這個Guffey-Galey-Lucas Partnership其後演化成海灣石油公司（Gulf）。他們在1900年10月27日開鑽，大家都希望能打到一口像在Corsicana的井，每天可產50桶油。

1901年1月10日早上，當鑽井深度達到1020英尺，三個工人在現場更換鑽頭時，突然聽到井裡發出巨響，接著大量的鑽井泥漿和一根鑽桿都衝上天。這口井平靜了一陣，接著就是一百五十英尺高的油和氣柱直衝而出，發出了震耳欲聾的響聲。強烈的井噴持續了九天，最後才被工人控制住，關了井。在這九天內，總共噴出800,000桶油，每天的產量高達75,000-100,000桶。因為沒有儲罐，只得挖了很大的露天油槽儲油。

在此以前世界上從未發生過如此巨大的井噴，這個被稱為「Lucas gusher」的消息立刻震驚世界，各地的投資者、石油工人、新聞記者、一般商人及亡命徒迅速地湧入Beaumont。三個月後，這個原本只有五千居民的小鎮已有五萬市民。到了次年底（1902年），已有500家石油公司在此作業，共打了285口

井。紡錘頂井改變了德州，使其由一個農業、畜牧業的落後地區一躍而成美國以及世界的石油重鎮；也使得美國立即超過俄國，成為世界最大的產油國家；更進一步，美國自從南北戰爭後經濟興起、產業激增，紡錘頂井的油噴使得美國在能源方面獨占鰲頭，為其後美國雄霸世界奠定了基礎。Gulf公司用管道將原油輸送到Port Authur，在那建了煉油廠進行煉製作業；另外Sun Oil Company在Marcus Hook，Pennsylvania新建一個煉油廠，專為提煉由Port Authur運來的原油。

紡錘頂在頭兩年就產出17,000,000桶油，但產量迅速下降。到了1904年，每天只產10,000桶，Beaumont經濟開始衰退，數年後大多居民都離開，到其他地方去尋找新油區了，Beaumont又恢復了往昔的平靜。這次的紡錘頂石油發現總共生產了21,000,000桶油。

至於那位紡錘頂探油的最早先驅者Pattillo Higgins先生後來如何了？雖然Guffey—Galey—Lucas Partnership沒有給他任何股份，但他堅信紡錘頂地下有豐富的油藏，早就留下一些租地權。在「Lucas gusher」發現油後，他又經過法律程序，得到相當的賠償，但他從此不與Lucas來往。他自己的公司在紡錘頂打井，成果還不錯，同時陸續在四處探油，努力不懈，精力過人。五十多歲時還娶了自己十多歲的養女。他一直活到九十幾歲，勘探石油到最後的日子。

到了1925年，Beaumont已很不景氣。但有位小油商Marrs Mclean認為離開土丘，也就是地底鹽丘較遠的地下（flank）也應有大量的油藏，他估計可能採收到60,000,000桶。他首先參加了一口Gulf公司的探井的股份，結果是一口乾井。接著他

又買了地權租約，自籌資金開始打井。他原選好了井點，但到現場一看，那附近堆積了許多木材及機件。他打算立即搬開那些東西，但工人告訴他需要好幾天時間及一些經費。他為了省時、省錢，同時也想到反正選井點都是瞎碰，也就改變主意，在原計劃鑽井之西約300英尺處設井架、開鑽。也許Mclean命不該發財，他鑽到3700英尺深都沒有見到油藏，只得作罷。幾年後才知道，在原來計劃的那個井點地下2500英尺就有很好的油藏。

Mclean兩次失敗後，自己資金已十分有限，遂四處尋找大公司投資，結果是四處碰壁，沒有人相信他那一套。正在他準備把全副家當拿出來孤注一擲時，遇上一個小油商——弗蘭克‧揚（Frank Yount）願意接收，同時給Mclean 3%的overriding royalty。Yount接手後，他的Yount-Lee公司立即在紡錘頂附近的flank部位進行鑽井。1925年11月13日，這口麥克法丁2號井在2453-2515英尺的層斷用小油嘴（choke）測試到每天5000桶的產量。這開啟了紡錘頂的第二次探油熱潮，Beaumont又恢復了往日的繁榮。Yount-Lee公司成為美國舉足輕重的大公司。但八年之後的1933年11月13日，Yount突然心臟病突發暴斃。他的公司後繼無人，被Standard公司收購。這個紡錘頂的第二次探油熱也在1936年結束，這次總共的油產量為72,000,000桶。

海灣區（Gulf Coast）的發展

緊接著紡錘頂首次的發現，人們立即在附近德州海灣鹽丘眾多的區域進行探勘。兩三年內開展了Saratoga，Sour Lake，Batson幾個鹽丘附近的油田。1905年，位於休士頓之

北的Humble油田取得高產，這也開啟了Humble公司，也就是EXXON的前身之一。

　　早在1903年，人們在Galveston Bay，Baytown附近的Goose Creek發現海水中持續地冒起氣泡，可能有露頭的天然氣（gas seep）。勘探鑽井多次，在1908年8月打到一口井，日產30餘桶。接著又打了許多井，都不能達成規模性開發。直到1916年，John Gaillard打到2017英尺時，初產每天8,000桶的油，開啟了Goose Creek油田的長期生產。緊接著，許多公司都來到Goose Creek鑽井，一年多後（1918年）產量達到每天25,000桶。Baytown成為一個繁榮的城市，Humble Oil&Refinery 在此建造了一個大型的煉油廠，一直營運至今，現為美國第二大煉油廠，每天可煉製584,000桶原油。

　　Goose Creek油田的產層在深鹽丘旁，有30多個，深度從800到4500英尺，不同的分隔產層。大部分位於海灣淺水中，是以成為世界上最早的規模性海上開發油田之一。在淺海中林立著木製抽油井架，修井作業用駁船進行。岸邊也有許多大小不一的抽油機汲取不同層次的石油。Goose Creek油田已經歷了一百多年的光陰及無數的暴風雨：1919年颱風過境、摧毀了1400個井架；2008年8月Ike颱風襲擊，颱風眼正從Goose Creek通過撲向休士頓，但Goose Creek油田在兩星期後就恢復正常生產。該油田已產出約1億5千萬桶油，至今猶屹立如故，靜靜地在那訴說它往昔輝煌的歷史。

　　另外在1910年代末到20年代，海灣區的鹽丘附近發展出Hull、Pierce Junction、Damon Mound、Dayton、Organge、High Island、Markham、Big Creek和Stratton Ridge 等中小油田。

1910年代中期，位於Corpus Christi的Sinton發現天然氣田，四年後附近的Refgio進入氣田開發階段。到了1928年，天然氣開採帶動了這一帶的石油開發。Humble公司遂在Ingleside建造了一個煉油廠。1930年代，其他許多公司在Corpus Christi建工廠、整修港口，使Corpus Christi成為輸出石油及棉花的重要港口。

　　海灣區石油的開發大力地刺激休士頓的經濟，增建工廠、拓展港口、銀行、服務界興起，使得休斯頓成為美國以致全球的石油中心。

德州北部（North Texas）及天然氣開發

　　當紡錘頂發現石油後，德州其他地區也掀起了探勘油氣的熱潮。在德州的北部與奧克拉荷馬州交界的Petrolia一帶有一個地質上稱為Red River Uplift的地層，人們很早就見到露頭的天然氣。從1902年開始，幾年內打了九口井，雖然找到了油，但產量很低。所幸在1500英尺深發現了天然氣，於是築了一條19英里的管道將天然氣輸送到Wichita Falls作為工業用氣。這開啟了美國的天然氣開發。到了1910年，天然氣管已築到達拉斯（Dallas）及沃斯堡（Fort Worth），十年後已有59口氣井供應133個廠家及14,719戶民間使用者。

　　石油的生產也在這一帶擴大，十多年內發展出Petrolia、Electra、Iowa Park、burkburnett幾個油田。1918年7月，在Wichita Falls之北12英里處的一個叫著burkburnett小鎮附近打到一口高產井（深度1734英尺，初產2200桶），立即造成探油的狂潮，三星期後就有56架鑽機在此作業。從1912到1918

年底，burkburnett已產出8,400,000桶油。到了1919年，這一年就產出31,604,183桶，burkburnett成為全美知名的石油重鎮。好萊塢在1940年以burkburnett為背景拍攝了一部由Hedy Lamarr、Claudette Colbert、Spencer Tracy、和Clark Gable主演的電影《Boom Town》，深刻地描述了德州早期探油熱潮的情景。

德州中部（Central（mid-）Texas）

1910年代，在德州中部陸續發現了Ranger，Desdemona，及Breckenridge幾個油田。Ranger油田發現於1912年，其後陸續打了一些井，直到1917年10月，打了一口3431英尺的深井，得到每天1700桶的高產，開啟了此地探油狂潮。一年之內，原本1000居民的小鎮湧進三萬人，Ranger繁華無比，日夜喧囂不已。一年後，1918年9月在不遠的Desdemona鑽到一口2960英尺的深井，每天的產量高達2000桶。次年（1919年）Desdemona油田產了7,375,825桶油，原油經管道輸送到Fort Worth-Dallas的煉油廠去加工。但由於過分的生產，產量迅速下降，幾年後這兩個油田產量已經很低。

Breckenridge一帶最早在1911年就打了一口探井，結果不好，直到1918年2月打到一口高產井，引來200架鑽機，居民由原來的800很快增到30,000。次年（1919年）的總產量就增加到10,000,000桶，再兩年後（1921年）達到高峰31,037,710桶。當時在這一帶作業的有2000臺鑽機。但到了1925年，產量降到5,729,000桶，Breckenridge已呈現不景氣的現象。有人提出用鹽酸（Hydrochloric acid）注入碳酸岩（Carbonate rock）來增加產量的方法，經過多年的測試，到了1932年開始廣泛使用，基

本上可加倍產量，使得Breckenridge油田復甦，直到1948年尚能生產2,000,000桶。在此試驗成功的酸化（Acidization）作業很快地應用到德州、路易斯安那州、以及奧克拉荷馬州幾州的衰竭油田去恢復油產。

從1912年起，Mexia Gas and Oil Company一連在Mexia打了10口乾井，最後第11口井見到了天然氣。1920年，終於在此找到了油，Mexia居民很快地就由3482增加到35,000人。兩年後（1922年），此地年產量達到頂峰——35,000,000桶。這一帶油產持續到1980年代，累積產量達到108,000,000桶。由於Mexia油田的發現，人們順著地質上的Mexia Fault（斷層）向南作勘探工作，在兩年之內先後發現了Currie、Wortham，和Luling幾個油田，均取得很好的產量。

Panhandle油氣田

奧克拉荷馬州大學的地質教授Charles N. Gould在地下水層的研究中，發現在德州Panhandle的Amarillo四周地下有四百英尺的隆起（uplift），定名為John Ray Dome。1918年12月，鑽井中發現了天然氣，在接續的勘探中，有口井從1670深的地層，初產每日高達107百萬立方英尺。在以後多年的鑽探中證實這個寬20英里、長115英里的背斜（anticline），以Pampa為中心，延伸到Hartley、Potter等八個縣，為美國最大的氣田之一（Panhandle Hugoton field）。

尋找石油成為當時下一步最重要的目標，第一口井發現油是在1921年5月，但油質不好，不成氣候。四年多後（1926年1月11日），打到一口每日10,000桶的高產井，引起各方的

矚目。Phillips and Marland公司的一位代表來到這，建起一個
以他自己為名（Borger）的營區。Phillips公司成為當地重要
的石油公司。到該年9月，這附近已有813口井，每日產量為
165,000桶。Borger很快就成為一個有一萬居民的繁華小鎮。
正如其他石油狂潮，過激的發展帶來許多盜賊、非法問題。

　　Panhandle油氣田的開發使得阿馬里洛（Amarillo）成為這
一帶的金融、商業中心，人口從1920年的15,494增加到1927年
的53,000。輸送石油及天然氣的管道陸續修築，到了1937年
Panhandle有53座燃油（汽油）廠及31座碳黑（carbon black）廠。

　　Panhandle油層的一次採油（Primary Recovery）主要依靠
伴生氣（solution gas）及氣頂擴大（gas cape expansion）的能
量。其後採取了回注氣及注水的工藝作為二次採油以增高採收
率。另外有趣的乃是在Panhandle發現大量的氦氣，估計可採
一千億立方英尺。1929年在Amarillo築建了一個提煉廠製造純
氦氣以供工業需要。

　　Panhandle油氣田在1927年的產量達到4千萬桶的高峰、其
後逐漸衰減、據1994年的資料、當時年產量為5,023,878桶油、
165,664,617,000立方英尺天然氣；累積油產為1,419,994,844桶；
1973到1993年的累積氣產量為8,108,125,146,000立方英尺。

德州東部（East Texas）

　　德州的東部大都原是森林，雖然最早在1865年就在
Nacogdoches附近打了兩口井，但其後並沒有繼續發展。20世
紀初德州到處紛紛掀起探油狂潮後，東德州還是十分平靜。一
直到1927年，Pure Oil Company在Van附近用地震（Seismic）

方法測量地層，這是最早的地震測試。兩年後（1929年）鑽井發現了油，Van迅速地發展成一個8000人的小鎮。除了Pure，其他的Humble、Sun、Shell，和Texas等大公司都來到這裡開採。他們商議，決定將各自的租地合併起來，共同管理營運（Unitization），節省作業費用，也減少糾紛。這乃是今日廣為實行的Unitization。

早在1910年代，鑽探工作就在如今東德州油田一帶進行，但當時的技術無法鑽到三千英尺以下的深度。直到1920年代末，有一位從奧克拉荷馬州來的Columbus M.（「Dad」）Joiner先生，他是一個探油老手，曾兩度找到油田，也幾乎兩度破產。他首先在農業貧瘠的Rusk縣買了相當大的租地。1927年，他找到一個從沃斯堡來的地質師A. D.（「Doc」）Llofd。Llofd仔細地研究了Joiner約5000英畝租地的地質情況，他建議在一個老太婆Mrs.Daisy Bradford的田地鑽井。1928年2月，Joiner開始在Kilgore附近打井，第一口井打到1098英尺就因事故而停鑽；第二口井也一無所獲。兩次的失敗並未使70多歲的Joiner退縮，另外Llofd不同意當時一般地質學者們認為在東德州「沒有大型地質構造（structural trap）不可能有大型油藏」的看法，他們在困境中堅持了下去。1930年，Joiner四處去張羅，賣了些其他的股票，在第一口井之北兩英里處開始打Daisy#3井。因為資金不足，作業斷斷續續，但終在9月初打到3592英尺深，噴出112英尺高的油氣柱，據估計這口井每天的產量約30,000桶。

消息傳出後，大批投資者湧入Kilgore附近的井場，地租漲了幾十到一百倍，很快地建了個小鎮Joinerville。另外不久後，

在Daisy#3井之北約9英里的Crim租地也打到一口井Lou Della Crim#1，初產量高達每日22,000桶。但當時沒人想到這兩口井是在同一個油田內，因為以前沒有見過那麼大的油田。以後的鑽井證實這個東德州油田（East Texas Oil Field）覆蓋了140000英畝（570平方公里），包括五個縣的大部分面積，是美國除了以後發現的阿拉斯加Prudoe bay油田之外的第二大常規油田。

東德州油田的主層是白堊紀（Cretaceous）的Woodbine油層，其上覆蓋了一層細灰岩（chalk），形成了很大的地層圈閉（stratigraphic trap），而在Woodbine油層底下有廣布的頁岩——Eagle Ford Shale作為生油層（source rock）。Woodbine油層為高孔隙度（porosity）、高滲透率（permeability）的砂岩，具傾角及周邊底水層，形成最佳的邊水驅油機制，使得產量持久不衰，而回收率（recovery ratio）極高，為世界上少見的好油田。

當Joiner發現了東德州油田後不久，他因一些法律問題，在兩個月後（1930年11月）決定將第一口井及5580英畝租地權以1百30萬美金賣給H. L. Hunt。隨後Hunt組成了Hunt Oil Company，成為開發東德州油田的主力之一。另外humble石油公司也很快地將第二口發現井Lou Della Crim#1收購，也成為東德州油田的重要開發者。

1931夏初，在Rusk縣已有1200口油井，每天生產900,000桶油。到了1932年底，東德州油田總共有5652口生產井。大量無限的油產造成許多問題，1931年夏天油價從油田發現前的每桶1.10美金已減到五分錢。加上各個租地產油之間糾紛不斷，政府出面進行法規調控、限井距、限產（Prorationing），

使油價在1932年底恢復到每桶82分美元，也創立了許多石油
法規。

　　東德州油田的興起時逢世界性的經濟蕭條（Great
Depression），可謂在艱難中成長，但帶動了德州地方上的經
濟，提供大批工作，也改變了美國石油工業的結構，使美國的
能源基礎更上一層樓，獨霸全球。不及十年迎來了二次世界大
戰，東德州油田穩固的高產使得美國及盟軍有充足的燃油，而
這正是德國、日本所欠缺的重大弱點。東德州的石油供應在二
次世界大戰中取得了舉足輕重的角色。

　　東德州油田至今曾有三萬多口井投產，已開採54億桶，
還在持續地生產。就連Joiner和Llofd當年成功的第一口井—
Daisy#3，如今猶在慢慢地生產著，每天依舊能抽出一桶半的
原油。

西德州（West Texas）

　　西德州主要指德州西部及西南部的二疊紀盆地（Permian
Basin），這個區域油、氣層由淺到深、各種類型、重疊、複
雜，而大部分油、氣區地表一馬平川，作業簡單、經濟，頗有
「取之不盡、用之不竭」之勢。在美國以及全世界的石油界舉
足輕重，也代表了石油開發的昨日、今日及明日。因為本區油
氣開發的歷史與未來的遠景均可謂包羅萬千，筆者將在陸續出
版的書中詳敘，本節僅略述其早期開發。

　　西德州雖資源豐富，但因地理位置偏僻，油氣開發比大
多德州地區較晚。當德州東部、中部、沿海油氣開發已成生
氣蓬勃之勢時，西德州猶是安寧的荒原與畜牧之鄉。1920年2

月，Underwriters Producting Company的Steve Owen先生開始在Mitchell County縣城Colorado City之東約10英里的WestBrook打一口探井：T. and P.—Abrams #1。這口井打了四個月，六月時發現了油，但是油產量只有每日25-30桶，雖然微不足道，但這口井引起了冒險家的興趣，揭開了西德州豐富的油氣資源。

接著Frank T. Pickrell和El Pasoan Haymon Krupp兩位先生跑到Reagan County的Big Lake籌劃鑽探，經過諸多困難，終於在1921年9月3日開鑽。當時法律規定，需要兩個證人簽字證實目擊開鑽，但他們付不起錢請人去那遙遠的地方作證，而在那荒原上又哪去找人呢?就在發愁之際，突然看到遠遠來了輛車子，上面坐了兩個鄉巴佬。Pickrell和Krupp趕緊招呼他們停車，請他們作證。鄉下人純樸、友善，二話不說就一口答應了。

但這個鳥不生蛋的荒原之上的井總得起個名，Pickrell就想到他到紐約去籌款時，有兩位對這樁投資十分猶豫的女士交給他一個信封，告訴他為了投資這個大概不可能成功的冒險，她們請了一位牧師向「不可能的守護神」（Santa Rita, the Patron Saint of the Impossible）求願，而且還拿了「靈物」，「開了光」。Pickrell本沒把她們的話當回事，但當要命名開鑽時，打開信封一看盡是些枯萎的玫瑰花瓣。Pickrell臨機一動，爬上鑽井架，將那些枯萎的玫瑰花瓣灑在井架，大聲呼道：「我誠奉不可能的守護神，一切聽她的，就此我命名這口井為Santa Rita #1！」這可把那兩位作證的鄉巴佬弄得一頭霧水，心想今天我們是遇上神經病了！

Pickrell和Krupp為了打這口井負債累累，鑽井停停打打，也許能雇到的工頭Carl Cromwell也不太高明，這口井打了二十

一個月，艱辛備嘗，但總算堅持下去了；只是礦權租約的期限也到頭了。1923年5月28日，就在租期到期的四小時前，Carl Cromwell在打到井深3028英尺時聽到井筒裡傳出像響尾蛇叫的聲音，打破了寂靜的荒原，不久一柱巨大的油氣由井筒沖向天空，漆黑的原油灑滿井架四周。到底這口井的初產量是多少？Pickrell和Krupp不知道，因為它們根本沒有料到會出那麼多油，也沒有預先設法計量，但這不要緊。接著遇到的困難是因地處偏僻，油沒法運出去，但這也問題不大。Pickrell和Krupp手上也沒錢建裝備、管道，這也難不倒他們。因為有油萬事通，迎來了皮茨堡（匹茲堡）富油商Michael Benedum（Benedum and Trees Company），經過協商、討價還價後，Pickrell、Krupp和Benedum合組成Big Lake石油公司，Benedum控股75%，同意連打八口井，同時築一條8英寸的管道輸油到Comyn的集輸站，再轉輸到海邊的Baytown煉油廠。不久Big Lake產量超過20,000桶/天。兩年後已有17口井投產，產量持續上升到每天4萬桶。截至1928年底，該油田累積產量已超過一千萬桶，西德州成為全球矚目的石油重鎮。

Big Lake的驚人發現帶給西德州更多的冒險家。1925年，位於Upton縣的George B. McCamey油田被發現。這個油田雖不及Big Lake及其後的Yates油田，但經濟效益特高，提升了西德州的探油狂潮。次年（1926年），首先在Winkler縣發現Hendrick油田，兩年後這個油田成為西德州最重要的油田，每天的可產油量高達250萬桶，但由於德州鐵路委員會（Texas Railroad Commission）的管制限產，每日僅產油15萬-17萬5千桶。

位於Pecos County的巨大Yates油田是於1926年10月被發

現。Mid-Kansas and Transcontinental Oil Company鑽探的Yates #1井首先在深997英尺取得每天135桶的產量；但加深到1150英尺時，每小時即產出2950桶。瞬時間，冒險家、亡命徒、富商都湧入Yates #1井場，當日附近的租地就賣了18萬美元（註：當時一輛福特T-型的新車只要200多美金）。1928年8月，這口井正式投產時的產量為70,824桶，Yates油田成為與紡錘頂（Spindletop）同級的高產油田。井場附近很快建成一個小鎮—Iraan。

Transcontinental Oil Company連續地在發現井周遭鑽井，到了1928年夏季，全區共有207口井，每天產油250萬桶。次年（1929年），油井增加到306桶，每日可產量高達450萬桶，但鐵道侷限產到每天13萬桶。

美國好萊塢華納電影公司（Warner Bros. Pictures）於1956年發行，由巨星Elizabeth Taylor、Rock Hudson、James Dean主演的影片—巨人（Giant），就是以西德州油田開發興旺為背景，同時在距Yates較近的地方拍攝的經典巨片。

其後，1929年在Penwell（Ector County）；1936年在Slaughter（Cochran-Hockley County）、Seminole（Gaines County）、Wasson（Gaines County）；1945年在 Levelland（Cochran-Hockley Counties）；1948年在Kelly Snyder（Scurry County）；1949年在 Spraberry Trend（Grasscock-Midland Counties），幾個巨型油氣田及無數的中小型油氣田陸續被發現，西德州二疊紀盆地成為美國、甚至全世界石油的重心之一。除了大量的產油之外，許多鑽井、井下技術、酸化、壓裂增產措施、增加採收率的注水開採、注二氧化碳、氮氣、碳氫

富氣、水平井、頁岩油、氣大型壓裂、地面裝備、輸送系統等等先進工藝都從這裡試驗、發展、應用，然後推廣到世界各地。特別是上世紀末、本世紀初以來在頁岩油、氣的開採發展中，西德州一直居於最重要的地位之一。展望未來的石油工業發展，西德州必將持續興旺、再現光輝！

阿拉斯加石油開發

早在20世紀20年代，美國政府就曾計劃在阿拉斯加北極海岸開發海軍儲備石油。但因交通、氣候因素，並未有規模性的探油工作。直到1956年，蘇伊士運河危機後，美國開始積極進行阿拉斯加的石油勘探。

阿拉斯加探油

最初ESSO和Shell兩個公司花費了巨大的經費，但鑽井結果一無所獲，數年後只得放棄。另外BP、Sinclare、Gulf也都到阿拉斯加北部探油，一連串打了許多乾井，作業也終止了。

近十年的努力，雖然還沒找到油，但對那一帶的地質及含油的可能性有了相當的瞭解。由Robert Anderson新組成的ARCO公司後來居上，與ESSO合作再展開阿拉斯加北部的鑽探工作，於1966年在距北海岸之南一百公里處打了一口井令大家十分失望，又是一口乾井。許多人都覺得應該將在向北約100公里的北坡（North Slope）鑽探井的計劃撤銷。但Robert Anderson力排眾議，決定再花大筆錢賭一次。於是將鑽機、設備向北挪了一百公里，1967年春又開鑽了。這口「Prudhoe Bay State#1」井打了很久，直到12月26日，當天強風寒凍下，突然井口噴出近百米高的天然氣及石油，經過幾個月的試生產測試（production tests），Prudhoe Bay State #1井最初在8200英尺深的二疊－三疊紀（Permian-Triassic）的高孔隙度砂岩

Sadlerochit地層（formation）試產出油、凝析氣及天然氣。最後於1968年3月12日在8,800英尺深的灰岩層（Mississippian Lisburne limestone）又測試到每天1,152桶油和1百30萬立方英尺氣。這個號稱「大象級」的Prudhoe Bay油田被發現了。

Prudhoe Bay油田

繼續的鑽井勘探證實這個油藏是地質上Barrow Arch上的一個背斜構造（anticline structure），在其北端為一個斷層（fault），其東邊為下白堊紀的不整合（Lower Cretaceous unconformity）。主要的產層為三疊系（Triassic）Sadlerochit組（Group）的Ivishak砂岩。

Ivishak砂岩地層是三角洲河流沖積扇沉積（fluvio-deltaic deposit），最好的部位有600英尺的含油層，全區平均含油層厚度也達到60英尺。整個油層有傾角，其上部有很大的氣頂（gas cape），而周圍底部有很充足的水層（aquifer）。這樣形成一個非常好，具穩定高產的油田。Prudhoe Bay油田面積為213,543英畝（864平方公里），共有生產井1114口；最初分成東、西兩個作業區。西區（the BP Western Operating Area）由BP公司作業，東區The ARCO Eastern Operating Area由ARCO公司作業。其後BP收購了ARCO Alaska的資產，兩區遂統一由BP公司作業。全區產量到1979年達到高峰——每天1百70萬桶。最初估計的地質儲量（Original-Oil-in-Place）是230億桶油，經過二三十年投產後，美國能源部（The Department of Energy）於1991年重估為310億。到2013年3月底，已產出120億桶油，估計最終的累積產量可達160億桶。這是美國最

大的常規油田，為原來美國最大的常規油田——東德州（East
Texas）油田的兩三倍多。

Prodhoe油田有巨大的氣頂（Gas cape），加上伴生的富
氣（rich gas），總含氣的地質儲量是46兆立方英尺（TCF），
估計可採26兆立方英尺（TCF）。但因無法遠程輸氣，產出
的天然氣除少量現場應用及放空燃燒外，建有很大的裝置回
注富氣（rich gas）到氣頂以維持油藏壓力，並作為混相驅油
（miscible flood）以增高採收率。生產出的礦層水大部回注到
油藏底部以維持油藏壓力。

Prudhoe Bay油田現主要為BP（26%）、ExxonMobi
（36%）、及ConocoPhillipsAlaska（36%）三家石油公司聯合
經營。但另有2%的股權為其他許多小公司及個人擁有。

衛星油田

Prodhoe油田發現後，在北阿拉斯加又陸續發現一些中小
型衛星油田：The Milne Point oil field，包括Kuparuk River Oil
Pool，Sag River Oil Pool，和The Schrader Bluff Oil Pool（1881
年投產）；Midnight Sun（1998年投產）；Aurora（2000年
投產）；Orion（2002年投產）；Polaris（1999年投產），和
Borealis（2001年投產）。

阿拉斯加油管

Prudhoe Bay油田發現數年後（1973年）正逢中東產油
國家限產，造成全球石油價格暴漲。Alyeska Pipeline Service
Company遂於1974年開始建造阿拉斯加油管。經過兩年多的工

作，花費80億美金，管道於1977年完工。當年7月20日開始試產，到年底即達到計劃的輸送量。產油經管道輸到Valdez港，再用大型油輪運往加州等美國西海岸或遠東。

這個油管的口徑大到48英寸，由阿拉斯加北海岸的Prudhoe Bay油田起到南海岸Valdez港，全長為八百英里。因為越過的大地、山巒，許多地方的永凍層較淺，如果將管道埋在土中，將造成凍土溶化，地基與管道下陷、變形。為了保持地基與管道的穩固，全程一半的管道均架空在地表之上。這管道爬山、涉水，有似一條巨蟒，曲折地攀伏在地上，但也有許多段落是埋於地底，可謂「時起時落」，主要看該地段的凍土情況。

另外由於輸送的油溫度高達約華氏200度，為了防止管道支架導熱造成凍土溶化，支架用當時非常先進的熱管（Heat Pipe）以便散熱。這些支架高幾十英尺，大部分埋在地底，其中充滿二氧化碳作為冷媒，由底部吸熱，對流到頂部用葉片散熱到空間。在八百公里的管道中有11個加壓站（pumping station），用以增加輸油的壓力，同時也提供清管及檢修（pigging）裝置的進出。

這條管道最高的輸送量曾達到每天220萬桶，經過37年的生產，現遞減到每天50萬桶，其中約60%多產自Prudhoe Bay油田。據2010年的資料，當時的累積輸送量已達160億桶（包括衛星油田生產量）。

原油污染事件

1989年3月24日，埃克松（埃克森）公司的一艘大型油輪——Exxon Valdez號剛在Valdez港口載滿了5千5百萬加侖

（gallon），約19萬噸的原油啟程向加州Long Beach航行不久，在Prince William Sound觸礁。數天之內，約1千1百萬到3千2百萬加侖的原油從船底溢出，最後污染了1300英里的海岸及1萬1千平方英里的海域。這是有史以來最大的原油污染事件之一，對當地的漁業及自然生態嚴重地破壞，也震驚了全世界。埃克松公司及當地居民出動一萬多人去搶救、清理污染的海岸及海域。這次事件對當地的環保造成短期及長期的巨大影響。埃克松公司遭到許多訴訟，也賠償了巨大的款項。

結論

Prudhoe Bay油田是美國最大的常規油田，地處遙遠，勘探、開發艱巨，也發展出許多現代化的技術與管理。阿拉斯加油管工程之宏偉、技術之先進、環境之艱巨及風貌不凡，乃是20世紀人類文明的一大奇觀！

▌中東石油開發

古代中東油氣的發現及應用

　　中東是人類文明濫觴之處。根據出土文物及古代文件，居於今日伊拉克、伊朗、科威特的閃族人（Sumer）在五、六千年前就拿地表滲油（Oil seepage）的瀝青（Bitumen）作為刀、茅把手或造房、造牆的粘膠劑，以及船底堵縫等日常生活所需。在古波斯（Persia、1935年改稱伊朗）Achaemenid帝國時期（西元前550-330年）曾用石油作為藥用及照明，同時在作戰中燃燒被稱為「火水」（Fire water）的石油作「火攻」。在亞歷山大圍攻波斯時（西元前331年），其軍隊採用石油作為夜間照明。其後希臘人也採用阿拉伯人的石油（Greek fire）火焚敵人戰船。至於天然氣的應用，很早在裏海邊的巴庫（Baku）及波斯、兩河流域都有地表滲氣（Gas seepage），被稱為「永恆之火」（Eternal fires），多用於宗教祭祀。早在西元前450年巴比倫時期就從露頭礦坑採瀝青或油。直到第七、八世紀在巴庫開始有挖坑採油，第十世紀的阿拉伯人Marudee記載了他在巴庫見到的油坑。其後在《馬可波羅遊記》中也敘述了巴庫的石油。

早期近代中東石油開發

（1）伊朗

　　近代中東的石油開發始自伊朗。早在1872-1889年，德國

企業家，電報業鉅子與路透社（Reuters News Agency）創始人
Paul Julius Freiherr von Reuter（Baron de Reuter）兩度在波斯簽
訂土地及礦權，但一方面受到俄國及波斯內部的阻擾，加之兩
次探油失敗，只得作罷。1890年有一位法國地質學家發表了他
的波斯地質研究報告，其中推測伊朗可能有很大的石油蘊藏。

　　這份報告引起了波斯的一個官員Antonine Kitabgi的興趣，
他為了波斯的政治、經濟利益，四處尋找願意在波斯投資開
採石油的富商。最後遇到因開金礦豪賭發財的William Knox
D'Arcy。他兩人裡應外合，預先奉上五千英鎊，打動了波斯
王，最後於1901年5月28日簽訂了一份60年開採權的協定。接
著D'Arcy聘請了曾在印尼鑽井的George Reynolds準備在接近
巴庫的波斯西北部奇亞蘇克山區打探井。由於地處偏僻、地勢
崎嶇、部落落後，工作進行艱苦、緩慢。直到1902年底才得以
開鑽。打了11個月，到1903年10月見到少量油蹟。接著到次年
元月，第二口井開始產油。但D'Arcy的財務越來越困難，獨
力難撐了，於是向英國海軍部貸款，雖然取得一些支援，但最
終被財政大臣Austen Chamberlain否決。D'Arcy四處張羅，甚
至與Standard Oil會談，均沒有結果。油井的生產無法抵清成
本，虧損持續，看樣子這三年的石油開發即將瓦解。

　　就在此時，D'Arcy的困境受到英國外交界與海軍的重視。
因為當時英國與俄國在爭奪對波斯的控制權，而燃油機的進步
已使海軍部考慮轉換燃煤為燃油戰艦的可行性。海軍部搭線拉
到一個蘇格蘭人的緬甸石油公司（Burmah Oil）與D'Arcy於1905
年簽了個協定，成立「採油權合夥」（Concession Syndicte），
D'Arcy僅為此公司的董事之一，但保留了他開啟的波斯石油開

發事業。

緬甸石油公司接手後，決定放棄奇亞蘇克油井的生產，由George Reynolds指揮，將幾十噸的裝備轉運到波斯西南部的Maidan-i-Naftan平原的蘇里曼寺。這個區域當時非英國的控制區，當地的土著很難應付，George Reynolds只得花錢了事，他除了工程、地質外，管理、外交等樣樣都得自己上手。但與緬甸石油公司的蘇格蘭領導很難相處。蘇里曼寺的第一口探井於1908年元月在Shardin開鑽，四個多月後鑽到500米深，緬甸公司的領導對於鑽井的進度和每天大筆的花費已厭倦不堪，遂打電報告訴D'Arcy除非他掏腰包，否則就停鑽了事，教在工地的George Reynolds等候正式書信指示停工。

但當時在現場的人們已聞到油氣，大家情緒高昂，對來電不予理睬，加緊向下鑽。果然在5月26日清晨4時，一股高達幾十米的油氣柱由井底噴出。這口井打開了中東豐富的油藏。次年，英國波斯石油公司（Anglo-Persian Oil Company）組成，陸續有新的油田被發現，該公司的油田面積廣達269平方公里。並在1912年築成了一條220公里的輸油管，將產油輸送到阿巴丹島的煉油廠。D'Arcy雖沒有控股權，但也獲得他在探油過程中開銷的補償，同時也得到市價89萬5千英鎊的股票。只是風塵僕僕、歷經艱辛，指揮現場作業的George Reynolds因與公司領導不和被遣散。正如同在美國賓夕法尼亞州鑽第一口井的Colonel Edwin L. Drake，開啟了近代石油工業，卻落得一文不名。但是，他們二位在石油開發做出的貢獻將不會被人遺忘。

（2）伊拉克

　　緊接著英國波斯公司在波斯開啟了石油開發，中東各地的石油探勘立即引起各方人士的關注，其中有一位亞美尼亞（Armenia）富豪Calouste Gulbenkian。他的父親是亞美尼亞石油鉅子及銀行家，他本人的學歷是採礦工程，曾在巴庫工作，並寫過有關俄國石油的文章及書籍，是知名的石油專家。他曾與殼牌（Shell）公司合作，爭取一個在波斯的採油權。但當時他們覺得風險太大，遂沒有簽約。後來這個採礦權被William Knox D'Arcy拿去，接著英國波斯公司弄得有聲有色，令他後悔不已。1907年他說動殼牌的薩姆耳，在君士坦丁堡設了個辦事處。1912年，他憑著在銀行界的關係，把英、德財團和荷蘭殼牌拉在一起組成「土耳其石油公司」（Turkish Petroleum Company）。1914年英國政府決定將英波公司與土耳其公司合併，英波占股50%、德國銀行22.5%、殼牌22.5%，而Gulbenkian得到5%的股份。土耳其公司組成，並於1914年6月28日得到土耳其首相正式批准該公司在伊拉克兩河流域的採油權。可是正巧在同一天內，奧國太子斐迪南遇刺，接著就掀起了一次世界大戰，土耳其公司的合作計劃也就擱置了。

　　一次世界大戰中，戰艦、飛機、坦克、機動車輛大批進入戰場，而在美國私家汽車急速增加，使得石油的需要量迅速上升，石油價格也隨之猛漲。土耳其公司在兩河流域探油的計劃又重新提上議程。在此同時，英國人扶持，並派遣「阿拉伯的勞倫斯」（T. E. Lawrence）說服阿拉伯酋長Hussein反抗奧圖曼帝國土耳其人。戰後的1921年8月，英國將Hussein的第三

個兒子（Faisal）立為新國家伊拉克的國王。當時伊拉克了無什物，需要英國援助，英國遂開始重提開發石油的舊事。

美國當時石油的需求量急增，同時考慮到未來戰爭的需要，也積極向海外發展。紐澤西標準石油公司的老闆Walter Teagle與政界、商界組成了一個財團——近東開發公司（Near East Development Company）準備參與兩河流域的探油計劃。Teagle其人的外祖父Clark乃是最早與洛克菲勒合夥開創企業的石油先驅者。積三代之經驗，Teagle眼光遠大，看好在中東探油的前景。他代表美方與Gulbenkian、法國公司、英波公司、荷蘭殼牌多次談判達成初步協定。

緊接著1927年4月就在庫德地區吉爾庫克西北約10公里的Baba Gurgur開始鑽井。這口井定名為「Baba Gurgur#1」，經過半年的施工，已鑽到450米深。10月15日清晨3點鐘，首先聽到巨大的吼聲，接著一道極強的幾十米高的油氣柱，夾雜著井底的石塊噴向天空，大量的油灑滿四周原野及附近的村落。施工隊立刻發動附近土著七百多人趕築提防限制石油外泄。這口井持續地噴了八天半才被控制住。據計算，該井每天的流量是9萬5千桶。伊拉克頓時成為世界上主要產油國家之一。

「Baba Gurgur#1」鑽到油後，經過九個多月的談判，最後在1928年7月31日簽約，確定英波公司、荷蘭殼牌、法國公司和近東開發公司各占23.75%股權，Gulbenkian得到5%。同時他們同議在中東的領域裡，除了伊朗和科威特，各協定公司不得與土耳其石油公司之外的其他公司合作開發石油。

（3）巴林島

　　伊朗石油探勘、開發的成功，帶給中東很大的希望。但由於一次世界大戰，加之奧圖曼（Ottomen）帝國瓦解中，列強紛爭，政治情況複雜，推遲了中東石油探勘的進展。直到1931年才又在巴林島（Bahrain）鑽探勘井。

　　巴林島探油的開創者是紐西蘭人Frank Holmes。他曾在南非金礦工作，以後居無定所，在世界各地從事採礦二十多年。一次世界大戰時，他駐防在今伊拉克，對隔海的波斯石油生產感到很大的興趣。戰後他自組了一個「東方大眾企業公司」（Eastern and General Syndicate）尋找中東商務機會。他先開了個藥店，但他最熱衷的是石油。隨後他聽說巴林島有露頭滲油，於是就到那裡設了一個辦事處。他到處向各地的皇族遊說，希望爭取到石油開採權。後來於1923年得到了一個在今沙烏地阿拉伯的採油權，次年又得到沙烏地與科威特共管區的一個採油權。可是他四處張羅卻找不到投資者。英國波斯石油公司宣佈：「沙烏地阿拉伯毫無產油的希望。」他自己找了個地質專家到阿拉伯東部做探測，這位地質師寫了一份報告，結果是：「阿拉伯沒有任何值得開鑽的確定徵兆。」這使Holmes更難籌款了。他到美國去找錢，紐澤西標準石油公司（Standard Oil of New Jersey）的一個主管告訴他，巴林島太小也太遠。

　　但皇天不負苦心人，終於找到一家公司表示稍有興趣。這就是海灣公司（Gulf Oil company）。1927年11月，Holmes將他公司的沙烏地阿拉伯和巴林島的探油權全部轉讓給海灣公司，海灣公司於次年成為土耳其石油公司的參夥者。根據協

定不得單獨在阿拉伯進行石油探勘，於是海灣公司把巴林島的探油權又出售給加州石油標準公司（SOCAL、Chevron、雪佛龍）。加州公司在加拿大設立了一個附屬公司——巴林石油公司（Bahrain Petroleum Company）進行在巴林島的探勘作業。但英國政府為控制阿拉伯的權益，出面阻擾。在美國政府的支援下，加州公司、海灣公司與英政府進行了長久的談判，最後英國政府在確保英國地位與政治上優先的條件下，同意讓巴林石油公司開始作業。

1931年10月16日，第一口井開鑽，很幸運地在八個月後（1932年6月2日）打到了油，最初產量為400桶／天。雖然產量平平，但這口井開啟了阿拉伯半島的宏偉石油工業。

（4）科威特

科威特（Kuwait）是一個很小的國家，面積只有1萬7千平方公里，連臺灣的一半都不到，現在人口約380萬。十七世紀中期，原居阿拉伯半島中部的部落遷移至此。十八世紀中期成為一個獨立的公國，因為位於兩河流域的出海口以及波斯灣的頂端，地理環境優越，在十九世紀已成為波斯灣的商業中心。但它一直不屬於奧圖曼帝國，不受土耳其人統治，十九世紀成為英國的保護領地。

巴林島探油成功後，Frank Holmes很希望儘快能在科威特得到探油權。正好海灣公司在巴林島得手後，也立即請Holmes替他們弄到在科威特的探油權。這時原本對科威特探油不抱希望的英波公司也不落人後，來科威特爭取探油權。這樣就引起美國政府與英國政府在中東權益上的爭執。經過

一、兩年的談判，最後兩家公司對半平分，合組了一個「科威特石油公司（Kuwait Oil Company），由Holmes代表海灣公司，Archibald Chisholm代表英波公司，一齊向Sheikh Ahmad爭取探油權。Ahmad是一個瞭解時勢的君主，充分掌握了伊拉克、波斯、沙烏地阿拉伯的政治情況與簽訂探油權得到的條件；同時他也對英國人要把持一切的蠻橫作風不滿，以致談判進展得十分艱難。直到1934年底，雙方終於簽訂了在科威特的探油權：科威特石油公司享有75年的採油權，需預付三萬五千七百英鎊，發現具商業性的油藏之前，每年至少付七千一百五十英鎊，如發現巨大油藏後每年至少付一萬八千八百英鎊，或照油產量相應增加。Ahmad王雇用Holmes為他的代表常駐倫敦，掌握科威特公司的業務。Holmes真算是名利雙收，他這個職位一直幹到1947年，他74歲逝世為止。

加州石油公司在一年半前已簽了在沙烏地阿拉伯的探油權，正在鑽井施工。此刻又加了個科威特的專案，可忙壞了。於是新成立一個「加州阿拉伯標準石油公司」（Casoc），Holmes租給他們一棟在吉達的房子作為公司在科威特的總部。沒多久，地質專家與工程師們都來到礦區。1934年夏，勘探工作開始，其後第一口井在Bahrah地區開鑽，接著一連串打了六、七口井，卻只見到一點油蹟及天然氣，沒有商業開發的價值。正逢上此時石油生產過剩，連巴林島的油也大多找不到市場，只得減產。在三藩市加州公司總部的領導焦慮萬分，也有人提議把已投入的一千萬美元算作虧損，放棄在科威特及沙烏地阿拉伯的探油。

1936年啟用了地震測量、重力、磁力等新技術，將勘探

的區域集中在科威特東南的Burgan village附近。是年10月16日，Burgan#1井選定在一個有露頭滲透油的地方開鑽。這口井打了一年多打到1000米深時見到一些油蹟。繼續打到1938年2月23日，井深達到1120米時井底噴出油氣柱。初產量為每天4000桶。其後的鑽探開發證明這個油田──Great Burgan Field乃是世界上最大的砂岩（Sandstone）油藏，也是世界上第二大的油田，僅次於沙烏地阿拉伯的Ghawar灰岩（碳酸鹽岩）油田。從此科威特名列世界含油國的前茅。

（5）沙烏地阿拉伯

沙烏地阿拉伯（Saudi Arabia）原為阿拉伯中部的默罕默德・紹德酋長於17世紀初建立的一個部落，經過兩百年的征戰、起伏，在第一次世界大戰後控制了阿拉伯半島90%的領域，並且得到英國的認可。當時的國王Abdul Aziz bin Abdul Rahman bin Faisal al Saud是個有為的君主，只是全國窮困不堪。原本興旺的珠寶業受到日本新興的人工養殖法的衝擊，已失去競爭力。又遇上全球的經濟蕭條，連來麥加朝聖的人都大為減少。公務員都半年以上沒領到薪水。急需的設施也無法建造。見到伊朗、伊拉克都先後產油，Saud遂動起腦筋，派人四處遊說找人投資，卻是遲遲無人問津。

1930年，Saud王遇到一位信伊斯蘭教的英國人Harry Philby。這位仁兄的父親Harold Philby是頂頂大名的兩面間諜，原替英國情報局做反蘇聯的間諜的工作，後來居然積極地為蘇聯做情報工作。Harry承續了其父的機靈多智到沙烏地阿拉伯開了個貿易公司。很快就拉上Saud王的關係，成為他的顧問並參與政

策研究。Harry告訴Saud，沙烏地阿拉伯的沙漠底下應該會有豐富的石油。Saud則拜託他去找外國資金和技術。

1931年，加州標準石油公司在巴林島找到油藏後，立即與沙烏地阿拉伯的財政部長Abdullah Suleiman聯繫談判採油權的協定。接著伊拉克石油公司（Iraq Petroleum Company、即原先的土耳其石油公司）也加入競爭。Harry Philby施展了其父的天賦，與沙烏地、加州、伊拉克三方拉線、透信，希能在簽訂採油協定中牟取私利。

當時伊拉克公司的主要合夥者是英波公司，他們不認為沙烏地阿拉伯會有豐富的石油，以致出的數額少得可憐。雖然加州公司出價也遠低於Saud王的要價，但經過漫長的談判，討價還價後，終於在1933年5月簽訂合約：60年的採油權，面積為93萬平方公里。Saud王要求加州公司預付價值三萬五千英鎊的黃金，18個月後再付兩萬英鎊黃金，如發現油藏後再付十萬英鎊的黃金。其後英波和伊拉克公司發現壞了大事，趕緊在三年後（1936年）簽訂了沙烏地阿拉伯半島西部的Hajaz採油權，但付出了遠比加州公司高的代價。最倒楣的是投下鉅資進行探鑽後，始終沒有找到具商業性的油藏。

加州石油公司在沙烏地阿拉伯的石油勘探並沒有一帆風順，從1933年中簽約，1935年開鑽，一連打了六口井，個個落空。到了1937年底，加州公司的董事會不耐煩了，指示未呈交詳細工作計劃書，並得到批准前不得再花費開展新的作業。1938年2月23日，後來居上的科威特探油成功，鑽到了高產油井。這使得加州石油公司一則以喜、一則以懼。就如同釣魚，旁邊的人都釣到魚了，可見這一帶有魚，也許自己很快就

會釣到了。但如果自己運氣還是轉不過來，繼續一無所獲，相形見絀，也夠窩囊的。

　　果然科威特探油的成功替沙烏地阿拉伯和加州石油公司帶來了好運，一個多星期後（1938年3月4日）「達曼迪第7號井」（Dammam well #7）鑽到1400米深時噴出了大量的油。Dammam油田的發現不但使三年幸苦作業沒有白費，加州石油公司聲譽震全球，沙烏地阿拉伯和Saud國王再也不必愁錢了。最重要的乃是石油工業進入了一個新時代。必須的配套設備、住宅、行政、商務、輸油管線、運油輪船等立即動工、執行。

　　德國、義大利、日本都來沙烏地阿拉伯爭取探油權。加州石油公司為了配合沙烏地阿拉伯財政的需要，先後貸款700萬美元給其政府。1939年5月，加州公司的探油面積增加到114萬平方公里。其後陸續發現了許多油田，其中最驚人的就是1948年發現的巨大Ghawar油田。這個如今世界最大的常規油田涵蓋了280公里長、30公里寬，8400平方公里的面積，生產層是上／中侏羅系（Upper/Middle Jurassic）的灰岩（Limestone）。從1951年開始投產，1981年達到最高產量——每日580萬桶。根據International Energy Agency在2008所作的報告，截至2007年，Ghawar的累積油產量已超過660億桶。剩餘的可採儲量還有740億桶。經過多次合併、改組，現Ghawar油田由Saudi Aramco公司營運。

近代中國石油與天然氣開發

　　中國雖然最早在四川發展出鑽鹽井及開採天然氣的技術，只惜四川地質上沒有淺層的石油，加之近代閉關自守、社會動盪、列強侵凌，以致科技、經濟落後，非但未能開啟近代世界的石油工業，本國的石油發展也起步緩慢。

清代鑽井始自臺灣

　　臺灣石油發現的相當早，約在一百五十多年以前清朝咸豐十一年（1861年），苗栗縣出礦坑地方居民邱苟首先在該處發現了石油露頭，當時以人力挖深度三公尺多的井產油，用來點燈。當1859年在美國賓夕法尼亞州開啟了近代石油工業之後19年（光緒四年、1878年），在臺灣苗栗出礦坑開鑽了第一口成功的油井。這口井在深120米的油層試產，每天產量為750公斤（5桶）。其後這口井共生產了20噸（約140桶）油，其中少部分賣給附近蔗糖農戶作照明用，大部分沒有銷路，又運不出去，生產就停頓了。光緒十三年（1887年），清政府設「福建臺灣省」，任命劉銘傳為首任臺灣巡撫，於苗栗設「油礦局」，只惜數年後尚未有大的發展，甲午戰起，臺灣割讓給日本，中國的石油發展中斷。

　　光緒三十一年（1905年），清政府籌建「延長石油廠」；次年與日人佐藤彌市郎簽約，於光緒三十三年（1907年）在陝西延長縣開鑽。該井被定名為「延1井」，在81米深探到油

層，初產量為每日1噸（7桶）。

另外清朝的新疆地方政府於宣統元年（1909年）聘請俄國技師，在獨山子地區鑽井，獲得油產。

民國時期的發展

清代雖開啟了中國的石油鑽探，但進展有限，未久滿清被推翻。民國初年，軍閥割據，戰亂頻繁，經濟建設停滯，陝西與新疆的油田無法擴展。

到了1920年代，一批從外國學成歸國的年輕人前往青海、甘肅開展地質調查，向國民政府資源委員會提出勘探開發玉門地區的建議。經多年籌備、努力，在抗戰的艱苦條件中，1938年資源委員會在重慶設「甘肅油礦局籌備處」。次年使用從延長調去的鑽機開鑽「老君廟1號井」，在115.5米深的地層獲得每天10噸（70桶）的初產量。其後進行擴大開發，1946年改稱「中國石油公司甘青分公司」。到1949年，先後鑽了44口井，建立了老君廟、鴨兒峽、石油溝、白楊河、單北、青西六個油田，日產量達到252噸（1700桶），累計生產原油52萬噸，占當時全國原油產量的95%。

陝北油礦探勘處於1934-1935年在陝北鑽探了7口井，其中兩口獲得油產，發現了永坪油田。1935年4月劉志丹率陝北工農紅軍解放延長，「延長石油官場」與「陝北油礦探勘處」合併為「延長石油廠」，歸屬陝甘寧邊區政府。從1939年到1946年，延長石油廠共生產原油3155噸，為陝甘寧抗日根據地的經濟建設做出了貢獻。

中國用近代技術鑽探成功的第一口天然氣井位於四川巴

縣的石油溝。石油溝巴1井於1939年11月在1402米的地層，獲得每天5600立方米的無阻流量，發現了石油溝氣田。1943年12月，四川聖燈山完鑽的2號井在845米深的地層獲得初產量每日5600立方米，發現了聖燈山氣田。

總的來說，經歷抗日及內戰的艱難環境，到1949年全國已投入開發了六個油田、七個氣田，年產原油7萬噸，天然氣1千1百萬立方米；培養出1萬6千名石油職工，其中有1750名技術和管理人員。

現代發展

（1）1949-1959年

1949年10月中華人民共和國成立，揭開中國現代化石油工業的發展。1950年4月政務院燃料部決定組建石油管理總局；1952年，毛澤東批准解放軍第19軍第57師約八千官兵，轉業為石油工程第一師；1953年10月成立北京石油學院；1955年9月成立石油工業部。主要的工作在依靠有限的技術人員與作業隊伍，培養年輕工作人員，並借鏡外國經驗，開發玉門老君廟和新疆克拉瑪依兩個油田。

玉門油田在原有的基礎上擴大開發，並邀請蘇聯、羅馬尼亞、東德、匈牙利、捷克斯洛伐克等國專家到玉門支援開發建設。最主要是進行頂部回注氣及邊部注水，使得油產量得以回升。到1957年，原油年產量達到75.5萬噸，占當年全國天然原油產量的88%。玉門油田成為中國第一個天然石油工業基地。另外玉門油田也承擔起支援全國新油田建設的歷史重任，把支援新油田的勘探、開發建設作為其首要任務，把骨幹

隊伍和成套設備一批又一批地送往新區和其他需要的地方。

1955年，位於新疆西北的克拉瑪依油田被發現，主要油層是三疊系克拉瑪依組，其後編制開發方案，採取分階段調整措施，逐步開發。

1950年代後期在陝北延長、青海冷湖和四川川中進行油藏開發。1959年冷湖油田產量達到31萬噸；但川中龍女寺、南充、蓬萊鎮等構造雖鑽探見油，卻未能達到商業開採階段。

天然氣的勘探，在川東南地區，相繼在鄧井關等7個構造三疊系內鑽獲工業氣流；在陽高寺等4個構造二疊系鑽獲工業氣流，進一步拓寬找氣領域，增加了儲量，提高了產量。

到了1959年，全國的石油生產量達到373萬噸（其中97萬噸為人造油），天然氣產量達到2億9千2百萬立方米。

（2）1959-1979年

1959年9月，在東北松遼盆地的松基3井鑽到下白堊統井深1109.5-1380.5米時，電測解釋有油層14層、共19.8米。首先對1357-1382.4米三個薄油層1.7米射孔試油。9月16日證實出油，因之發現了巨大的大慶油田。大慶油田的發現整體地改變了中國石油工業的規模，同時也展開了許多新的油田開發技術。

大慶油田的生產油層是陸相沉積的多層砂岩，為大型背斜構造油藏，自北而南有喇嘛甸、薩爾圖、杏樹崗等高點。油層為中生代陸相白堊紀砂岩，深度900米－1200米，中等滲透率。原油為石蠟基，具有含蠟量高（20%-30%），凝固點高（25℃-30℃），粘度高（地面粘度35 CP），含硫低（在0.1%以下）的特點。原油比重0.83-0.86。主要分為三個生產層：（i）薩爾圖

油層，油田主要生產油層，多數為中、細砂岩，劃分S0，S1，S2，S3四個儲油層組。在油田北部S2組為平原型河流沉積，單層砂體幾何形狀呈帶狀分佈，到長垣南部呈砂岩透鏡體，為三角洲前緣相沉積。砂層北厚南薄，一般厚5-10米，平均孔隙度18%-20%，滲透率$100 \times 10\text{-}3m^2$；（ii）葡萄花油層，油田南部的重要含油層，在敖包塔南端尖滅，以細砂為主。砂岩一般厚度為9-18m，平均孔隙度17%-20%，滲透率（100-240）$\times 10\text{-}3m^2$；（iii）高臺子油層，它分佈在油田北部，單層厚度僅1m左右，孔隙度18%-26%，滲透率（50-350）$\times 10\text{-}3m^2$，向油田南部尖滅。它是一個世界級的大型油藏，地質與可採儲量較美國的普陀灣（Prudoe Bay）及東德州（East Texas）油田都超越許多。但與國外許多海相沉積的油層在地質與生產機理上有相當的差別。中國當時正逢三面紅旗、大躍進、閉關自守的政治混亂時期，但集中了全國石油系統的人力、物力和財力，開展了「大慶石油開發勘探會戰」，先從薩爾圖油田突破，做了許多測井、取芯及分層開採、早期注水工藝等基礎工作，為其後大慶的發展奠定了堅實的基礎。到了1976年，大慶的油產量已達到每年5千萬噸（約100萬桶／日）的高峰。

1962年9月，山東東營凹陷的營2井顯示每天555噸的高產，因之揭開接渤海灣盆地的勘探開發，其後陸續發現並建成了勝利、大港、華北、遼河幾個大型的油區。到了1970年末期這幾個油田的總年產量已高達4200萬噸。其中華北的任丘油田屬「古潛山」碳酸鹽油藏。1976年有14口井投產，當年達到1000萬噸的高產，其後頂峰產量達每年1300萬噸。1970年末全國石油年產量已達1億噸。

早期天然氣的開發主要在四川，陸續發現並投產了幾個二疊系、三疊系碳酸鹽岩裂縫型氣藏。1967年，震旦系整裝大氣田威遠投產，同時建成了威遠到成都的輸氣管道，奠定了四川天然氣開發的基礎。1979年四川年產氣量已達到64億立方米。在其他各產油地區一方面加強天然氣的勘探開發，另外也強化油田伴生氣（原油溶解氣）的綜合利用及供氣的配套建設。1979年，全國的天然氣產量達到145億立方米，其中氣層氣為79億立方米。

近海的油氣田開發因資金、技術及經驗缺乏，在1960-70年代起步艱難。到1970年代末發現了7個油田、13個含氣構造，建成6座海上平臺，在三個油田及兩個含氣構造進行試採，原油產量達到年產17萬噸。

（3）1980年代

1980年代的石油發展首先在改造高含水的老油田，從調整產層、鑽加密井等措施見到明顯成效。其次通過國際合作，引進技術啟動稠油投產。採用注蒸汽、開發了遼河油田的高升、曙光、歡喜嶺、新疆克拉瑪依油田六、九區、勝利油田的單家寺、草橋、河南的經樓、古城等稠油油藏。1990年全國稠油年產量達到734萬噸。

另外引進大功率的壓裂車組，在大慶、大港、中原、新疆、青海等油田的低滲透油藏進行壓裂，啟動了這些油藏的儲量。1990年全國低滲透油藏年產量已超過1000萬噸。

四川的天然氣發展主要在開發了川東石炭系裂縫—空隙型的整裝氣田。同時對老氣田作了調整挖潛的工作，使1990年

的年產量上升到64億立方米。

在海上油氣田的開發，主要在積極引進外資和技術，合作開發。1980年5月首先與日本石油開發株式會簽約合作開發埕北油田，該油田於1987年6月全面投產。其後紛紛與美國、加拿大、英國、法國、澳大利亞、義大利、西班牙、日本等公司合作勘探開發中國南海油氣。到1990年，共有7個油氣田投產，年產量達到143萬噸。

1980年代中國油氣開發工作累積了豐富的經驗，逐漸走向世界的水準。1990年全國石油的年產量上升到138億噸，天然氣年產量達到153億立方米。

（4）1990年代

進入1990年代，中國改革開放取得經濟起飛，相對地對石油天然氣的需求更加迫切。中央制定了「穩定東部、發展西部」、「油氣並舉」、「開拓海外市場」的方針。1998年，中國石油天然氣集團公司、中國石油化工集團公司、中國海洋石油總公司三大公司重組，形成上、下游一體化，市場競爭的形勢。

「穩定東部」主要在高含水的油田採取「控水穩油」的措施，使得生產含水少上升2.1%，而大慶持續穩產每年5000萬噸。另一重大措施是擴大「三次採油」，在多年的實驗研究和先導實驗的基礎下，於大慶6個區塊、勝利4個區塊以及雙河油田進行了大規模的聚合物驅油。到了90年代末，全國聚合物驅的年產量達到1187萬噸。

「發展西部」主要在擴大西部油氣田的勘探開發，並採取先進的生產管理模式。從1989年開始塔里木石油會戰，中

國石油開發了塔中等油田，並修築了長522公里的輪民（輪台至民豐）沙漠公路，到1997年在塔里木全區取得年產量400萬噸。同一時期，中國石油化學工業公司（原為新星石油公司）建設了塔河油田，規模達到年產100萬噸。中國石油在1990年代在新疆吐哈盆地建成了新的吐哈油田，包括丘陵、鄯善、溫基山等油藏，達到每年120萬噸的產量。其他在新疆準噶爾盆地先後發現及開發了彩南、石南、石西、沙南等油氣田，使此區成為一個年產1000萬噸的大型油氣區。

位於陝北及內蒙的鄂爾多斯盆地的長慶油氣區，在1990年代發現並開發了安塞、靖安等特低滲透油藏。通過壓裂改造、早期注水，安塞油田在1997年達到100萬噸的年產量；靖安油田在2000年產量上升到119萬噸。

至於海上油田的開發在1990年代取得很大的發展，1993年在渤海自營的綏中36-1投產，另外在南海東部對外合作區先後有10個油田進入開發階段，1996年南海西部崖城13-1氣田投產，年產量達37億立方米。到2000年底，中海油在非合作區或外國合作商退出的區域共找到16個油氣田，其中8個進入自營開發階段；當時全國海域油產量達到1810萬噸，其中約2/3為合作生產，1/3為自營生產。

在「油氣並舉」的指導方針下，天然氣的勘探開發獲得重大突破。中國石油在四川開發了川東石炭系高產氣田及川中磨溪碳酸鹽岩氣藏；中國石油化學工業公司（新星公司）也在川西淺層次生氣藏完成了年產10億立方米的產能；川渝地區的天然氣產量穩定增長。另外在鄂爾多斯、塔里木、柴達木、東海、鶯歌海—瓊東南地區積極展開勘探開發；1995年建成海氣

登陸管線，1997年靖邊氣田投產，陝京輸氣管線開始輸氣，改
變了全國僅四川產氣的態勢。1999年，全國的天然氣產量已達
到252億立方米。

（5）21世紀

　　進入21世紀，中國的石油發展首先在於繼續穩定東部，
積極推進老油田的整體調整改造，不斷地提高採收率，延長油
田生產穩定期。中國石油擴大聚合物驅，在大慶、吉林、遼
河、大港、華北等油田取得顯著成效，2005年達到1294萬噸的
產量，這三次採油的工藝在世界居於領先地位。中國石油化學
工業公司在勝利、中原、江蘇、河南等幾個東部油氣區也進行
了調整改造，取得很好的效果；另外三次採油的產量在2005年
達到387萬噸。

　　西部油區一方面改造老油田，另一方面也投產了一些新油
藏。中國石油開發了長慶的西豐、塔里木的哈德遜，北疆的陸
梁和石南等一批年產百萬噸以上的新油田。中國石油化學工業
公司加快擴大開發新疆塔河油田，2005年達到年產量398萬噸。

　　陝西延長油田屬於地方上的「延長油礦管理局」，2005
年重組成立「陝西延長石油集團有限公司」，年產量達到838
萬噸。2005年，全國原油年產量已達1.81億噸。

　　天然氣的開發在進入21世紀後，以「西氣東輸」和「川
氣出川」為建設標誌，形成了全國聯網的態勢，成效斐然。
塔里木的克拉2氣田是「西氣東輸的主力氣田；輸氣管道經河
西走廊、鄂爾多斯輸往長江下游及上海，2004年12月竣工投
產，2005年達到年輸氣量32億立方米。

長慶的靖邊氣田於1997年8月完成陝京線管道，開始向北京供氣。2003年10月，靖邊產氣進入西氣東輸管道，作為先行氣源輸往上海。長慶的勘探發現許多新的油氣藏。特大型的低滲緻密蘇里格氣田擁有探明地質儲量5337億立方米，經過多方的研究、試驗，現已進入全區開發階段。如今鄂爾多斯盆地的油氣總產當量已超過大慶，成為中國內陸油氣發展的重心。

　　四川天然氣在本世紀初也增加了大幅度的儲量，2005年，中國石油四川的天然氣年產量達到120億立方米，並於2004年11月由忠武線管道開始向武漢供氣，開啟了「川氣出川」的壯舉。另外中國石油化學工業公司管理的，位於四川宣漢縣普光鎮的整裝普光氣田獲得探明地質儲量1143億立方米，2005年2月完鑽6口井，均獲得高產，日產氣量為42-171萬立方米。

　　隨著新疆、鄂爾多斯、四川及其他地區許多大中型天然氣的發現，全國的天然氣產量迅速增長，2005年達到493億立方米。

　　海域的油氣開發在自營與合作並舉下，在21世紀初發展迅速。2001-2005年間共投產22個油氣田，其中包括秦皇島32-6、渤中25-17南、蓬萊19-3、曹妃甸11-1/2等油田。當時中國海域年產油當量已超過3000萬噸。

臺灣油氣概況

　　臺灣油氣探勘始於清朝。光緒二十七年（1901）日據時期，日本派石油地質調查隊到臺灣實地調查，次年在出磺坑鑽井。當時除在苗栗出磺坑及錦水鑽獲得油氣外，另在新竹竹東、嘉義凍子腳、臺南竹頭崎、牛山、六重溪等油氣田生產天

然氣。臺灣光復後，「中國石油公司」為探勘開發臺灣自有油氣，經多年努力經營，在本省中、北部地方先後鑽獲錦水、出磺坑兩個舊有油氣田深層油氣及鐵砧山、青草湖、崎頂、寶山、白沙屯、永和山、八掌溪、新營及新竹海域長康油氣田等新油氣田。2005年，生產的油田有一個，年產原油2萬7千7百噸；生產氣田有9個，年產量為5.48億立方米。

中國石油向海外發展

回顧中國近代石油天然氣開發，在1949年中華人民共和國成立以前石油的產量非常微薄，需用的原油主要是從外國進口，特別是在抗日的艱難時期。上世紀50年代，首先在玉門、新疆打下基礎，60年代初發現大慶並迅速開發，中國石油形勢根本改觀。除了自給自足外，原油成為中國外銷的主要產品。改革開發後，經濟起飛，國內民間及工業的石油需求與日俱增。1993年中國成為石油淨進口國，此後原油進口量逐年增大，1996年為2622萬噸，2003年為9112萬噸，2005年已突破1億噸大關。海關資料顯示，2010年全國進口原油2.39億噸，原油對外依存度達到53.8%。2013年中國進口原油2.82億噸，2014年增加到2.98億噸，國內年生產量約2.1億噸，對外依存度達到60%。最近據英國《金融時報》報導稱，中國海關資料顯示，2015年中國原油進口量將超過美國，成為世界首位的原油進口國。美國頁岩油／氣的開發降低了該國對進口原油的依賴，而中國的原油需求在經濟放緩之際將有增無減。未來中國原油供應及安全的形勢將日趨嚴峻。

中國石油在上世紀80年代末就計劃向海外發展（打出

去），通過合作及收購獲得新的油源。現海外業務成為是中國石油油氣產量增長的主要支柱。2013年一開年，中國石油海外開採曾面臨著嚴峻形勢：南蘇丹項目生產停滯、敘利亞政局動盪、伊拉克魯邁拉項目增產難度加大等。但在此情況下，中國石油海外公司仍取得一定成績。其中，尼羅河公司的南蘇丹項目全年完成產量當量1335萬噸，伊拉克公司全年完成原油作業產量4072萬噸，哈薩克斯坦公司連續第二年穩定在3000萬噸以上，拉美公司全年生產原油1317萬噸創新高，阿姆河天然氣公司全年生產天然氣59.8億立方米。與此同時，中國石油海外重點探區捷報頻傳，西非、中亞等主力地區和天然氣勘探多點開花。查德、尼日、阿姆河右岸、東非莫三比克、卡塔爾、蘇丹、安第斯等項目滾動勘探獲得顯著進展。同時，新項目開發持續發力，重點地區、重點領域業務拓展取得重大突破。2013年，中國石油海外實現油氣作業產量1.23億噸，權益產量5920萬噸。加上國內油氣作業產量，2013年中國石油全部油氣作業產量當量達到30665萬噸，2014年，中國石油計劃實現國內外油氣產量當量32967萬噸。

2009年，中國石油化學工業公司曾以72.4億美元的代價收購總部位於瑞士的Addax石油公司全部股份，創下當時中國企業海外收購的紀錄。但僅僅三年後，這一紀錄就被中海油打破，2014年7月23日，中海油宣佈以151億美元現金總對價收購加拿大尼克森公司。

2014年，中國石油與俄羅斯、哈薩克斯坦、委內瑞拉、伊拉克等國家石油公司簽署一系列油氣「大單」。中國石油和俄羅斯天然氣工業股份公司先後簽署了《中俄東線供氣購銷合

同》、《關於沿西線管道從俄羅斯向中國供應天然氣的框架協定》，為滿足中國快速增長的天然氣需求提供了有力保障。繼5月底中亞天然氣管線C線通氣後，9月13日中亞天然氣管線D線塔吉克斯坦段破土動工，又一條能源大動脈即將橫貫中亞，保障國家能源安全作用凸顯。

與此同時，海外上游新項目開發及合資合作亮點頻現。2014年年初，俄羅斯亞瑪律液化天然氣（LNG）項目順利完成交割，實現了中國石油進入俄羅斯上游成熟油氣項目的重要突破；11月6日，巴西國家石油公司全資子公司——巴西能源祕魯公司股權收購項目完成交割；12月17日，中國石油與哈薩克斯坦國家石油天然氣公司簽署了擴大油氣領域科技合作協定，進一步深化中哈油氣全產業鏈業務合作。

儘管受國際油價持續走低、資源國政策收緊和安保形勢嚴峻等不利因素影響，2014年中國石油實現連續6年新增油氣儲量規模超億噸。西非、中亞等重點地區油氣勘探均有重大發現，油氣開發作業產量當量、權益產量當量再創歷史新高。其中，阿姆河公司、哈法亞項目、阿曼項目等均實現不同程度超產。

2014年，中國石油海外重點管道煉化項目建設也取得重大突破。查德二期一階段產能建設專案、阿克糾賓三廠油氣處理工程、哈法亞二期產能建設項目等紛紛投產。

國際能源署（IEA）估計中國近期海外石油業投資得出的結果是，到2015年，中國國有石油企業的海外日產量將達到300萬桶（年產1億5千萬噸），相比其2011年150萬桶的海外日產量翻了一番，並且與科威特的產量相當。

另外從中國石油進口的分佈和結構來看，2012年中國十大原油進口國分別為沙烏地、安哥拉、俄羅斯、伊朗、阿曼、伊拉克、委內瑞拉、哈薩克斯坦、科威特和阿聯酋。其中沙烏地以5392萬噸穩居第一，中東諸國合計1.3億噸，幾乎占中國石油進口總量的「半壁江山」。

老舊油氣田改造與頁岩油氣發展

　　中國在內陸及近海的油氣發展，一方面在持續勘探，尋找新的油氣藏；其次在通過調整改造老油氣田、三次採油以及對低滲油氣層、壓裂等手段必然會取得許多新的儲量、減緩油氣藏衰竭，延長生產期限。

　　以大慶油田為例，1959年發現，1960年投產，1963年進入全面開發，1976年達到年產5000萬噸的高峰，其後穩產27年，2003年至今猶保持在年產4000噸以上，累計產量已超過21億噸（約156億桶）。其探明地質儲量至今已超過60億噸（445億桶）。其規模遠大於美國的普陀灣（Prudhoe Bay）油田及東德州（East Texas）油田。大慶油藏屬於極大型陸相沉積的多層砂岩，這在美國及世界其他產油區是罕見的。大慶在開發初期做了非常紮實的工作，對油層有充分的瞭解，也發展出許多新的採油工藝，為其後油田開發及改造打下深厚的基礎。早期注水、分層開採、加密調整，其後進行大型的聚合物驅油，如今已超過年產量1000萬噸，近年開展了三元複合驅，這將更加提高採收率及可採儲量。另外由於國內對低滲透油藏壓裂技術的進步，大慶周邊一些未動用的油藏也逐步進入開發，使得大慶的探明地質儲量不斷增長。在天然氣的勘探工

作中，在大慶發現深層的氣藏，現也在逐步開發中。總的來說，大慶歷久不衰，據估計，到本世紀中期，大慶可能還保持在年產2000-3000萬噸的產量。

近年來美國的頁岩油、氣發展蓬勃，改變了美國石油、天然氣的大勢、美國天然氣價格、以及世界原油價格。中國在地質上擁有大量的頁岩，但與美國有所不同的乃是中國大多是陸相沉積，現今對陸相頁岩的性質、生產機理還沒有充足的瞭解；而中國局部的海相頁岩均深度較高，開採費用昂貴，難以達到商業開採。 另外美國大多油氣區均為一馬平川的曠野，而中國地形複雜，農戶遍佈，增加開採成本，較為不利。現中國正積極地進行頁岩氣的生產試驗，相信在不久的將來必能如當年大慶的三次採油一樣，在實踐中找到最適合的路徑，開啟中國頁岩油氣開發的領域。

結論

中國近代的石油天然氣工業於過去一個世紀裡，在前人的艱辛努力下，走過了漫長的路，也取得輝煌的成果。如今中國經濟突飛猛進，石油天然氣的需求與日俱增，在未來的紀元中，相信中國的石油建設必將在老油氣田的改造、三次採油的推廣、頁岩油氣、其他新能源的發展、海上勘探開發的加深以及擴展海外油氣源等各個領域繼續努力，走到世界領先的地位。

筆者於上世紀70年代在美國開始從事石油工作，初出茅廬，才學淺薄。然有幸於改革開放肇始之際與祖國石油俊傑前輩相逢，如沐春風。其後不揣簡陋，多次回國交流、切磋、學習，受益良多；亦曾參與祖國石油合作建設，並歸國任職十餘

年。 如今回思四十年來祖國石油開發的洪流，艱苦奮鬥、成績斐然，深感欣慰，但緬懷師友故人：譚文彬、李虞庚、秦同洛、唐曾雄、張景存等諸先生，不勝唏噓！誠望祖國石油後起之秀繼往開來，為中國富強康樂做出更大的貢獻！

探幽篇

以「世界最美之島」著稱的波拉波拉島（Bora Bora）位於大溪地主島之西，飛行約一小時之距。我們先從大溪地島飛到胡阿希內島（Huahine），停留兩天後再飛往波拉波拉島。最後這一程只飛了18分鐘，在空中就見到黃、綠、藍、靛、紫，彩色繽紛的瀉湖（Lagoon）圍繞著崢嶸翠秀的山嶺，這真是我見過的最美麗島嶼。

綺麗甲天下的大溪地

大溪地（Tahiti）及其附近的島嶼位於南太平洋玻里尼西亞（Polynesia）群島的中部，以其綺麗的環形珊瑚礁（Atolls）聞名全球。我一直響往那裡的海天風光及原住民風情，遂於秋末與老妻萬里迢迢，飛往大溪地。

波拉波拉島

以「世界最美之島」著稱的波拉波拉（Bora Bora）島位於大溪地主島之西，飛行約一小時之距。我們先從大溪地島飛到胡阿希內島（Huahine），停留兩天後再飛往波拉波拉島。最後這一程只飛了18分鐘，在空中就見到黃、綠、藍、靛、紫，彩色繽紛的潟湖（Lagoon）圍繞著崢嶸翠秀的山嶺，這真是我見過的最美麗島嶼。

波拉波拉島是由一個面積只有25平方公里的小島，被四周約有兩倍大的環形珊瑚礁（Atoll）淺海覆蓋。周邊則是一圈有如鑲銀邊的珊瑚礁岩連島，遠望只見白浪滔天。Atoll中有幾個小島為海天增色不少。

飛機場位於西北角的Atoll周邊連島上，四周皆是碧綠的水色，與我們同機而到的旅客驚讚之際都爭著拍照。緊接著，大家紛紛乘船前往旅社。我們的快艇在各色的Atoll中航行了約半個小時，到了我們停留三日的一個小島（motu）。

我們的房間是坐落在海中的茅屋（Bungalow over the

water）。這間屋子設備齊全，屋內有一個玻璃圓洞，見到清澈見底的海底珊瑚礁，各色魚群游弋自得。屋外有一個小平臺，由此下水游泳、潛水（Diving）、潛游（Snorkeling），寫意非凡。天氣變化萬千，朝輝、午炎、微雨、夕陰；海色碧、靛、濃、淡，各顯豔麗。

旅店備有Kayak及Outrigger兩種獨木舟，閒暇之餘與老妻繞島泛舟，別有風味。小島的頂峰約四五十米高，沿石階登山至頂，可見四周海域、小島。正值落日時分，夕陽彩雲、碧海，景色無限好！當日是農曆十五，我們在山頭觀完落日後，回首只見一輪明月已冉冉升起。次晨四時半，我早起登峰，見到月落西沉，東方已是旭日初升，紅染海天，綺麗無比。

波拉波拉島的主島為一狹長、多海灣的島嶼，環島一圈為36公里。我租了輛自行車，沿岸騎了六個小時。一路均可見其中心高達2384英尺的Otemanu山巒。這座山因腐蝕而形成奇特的輪廓，環島各處所見各異：有似城堡、魚鰭、怪獸、屏風等等，正是所謂「側看成嶺近成峰」，成為與豔麗海天相襯的本島招牌景色。

主島海灣崎嶇，村落稀疏，花卉、水果遍地。居民戲水、捕魚，自得其樂。島上最大的小鎮是Vaitape，鎮上有市場、商店、教堂、小港，每天都有遊輪到此地的海灣停泊，帶來不少世界各地的旅客。

黑珍珠

大溪地的黑珍珠馳名全球。在各個島上到處可見賣黑珍珠的商店，其中以珠寶王Robert Wan最為著名。Robert Wan為

一華裔的大溪地土著，他白手起家，於1973年開始從事黑珍珠養殖事業，得到日本珠寶世家Mikimoto的支持，經過許多嘗試、挫折，改良品種、品質。其後他挑選了幾個養殖條件優越的海島：Marutea Sud，Nengo Nengo，Fakarava，Mangareva作為其養珠的基地。如今他的珍珠行銷全球，也使黑珍珠成為大溪地馳名全世界的精華文化之一。

祭祀、集會的石碓古跡——Marae

我們在Tahiti、Moorea及胡阿希內幾個島上都見到許多古代玻里尼西亞人（Polynesian）祭祀、集會的石碓古跡——Marae。我們在胡阿希內島住的度假村就建在一群Marae之中。大溪地島及其附近的島嶼上有數百處Marae廢墟。其中以胡阿希內島上Fauna Nui湖邊的一群最為繁多、集中。在Moorea的Opunohu山谷之上也見到七個Titiroa Marae，規模很大，形式各異，建築美觀。

據考證，這些Marae的年代大致為西元850到1200年，乃是各個家族、部落、皇室為祭祀祖先、神祇、集會、出征、遠航等重要事項進行儀式的場所。其中有祭臺，供奉祭品，包括家畜、食物，也有用人作犧牲祭品。在Marae附近發現許多當時玻里尼西亞人用的工具，有魚鉤、獨木舟、槳、木製用品等等。

這些Marae使我們對古代玻里尼西亞人的社會、文化、生活及遷移增添了很多瞭解。

《叛艦喋血》與馬龍白蘭度

《叛艦喋血》（Mutiny on the Bounty）原本是1932年由 Charles Nordhoff和James Norman Hall寫的一本小說，敘述發生在1789年的一艘英國軍艦——HMS Bounty上，由代理上尉（acting lieutenant）Fletcher Christian領導，為反抗船長（Captain William Bligh）暴虐而發起的叛變奪艦事件。

好萊塢曾多次將這個故事搬上銀幕，其中最著名的兩部片之一乃是1935年發行，由Clark Gable與Charles Laughton主演，獲得了當年奧斯卡的最佳影片獎。但當時因技術及經費所限，外景都是在加州海邊的Catalina島拍攝。其後在1962年，米高梅公司（MGM）再度重拍《叛艦喋血》，請馬龍白蘭度（Marlon Brando）擔任主角；而且在大溪地實地拍攝，得以將大溪地的綺霞海色及世外桃源傳遍世界。

後馬龍白蘭度與該片中有中國血統的的土著女星Tarita Teri'ipaia結婚，並在大溪地附近買了一個叫Tetiaora的小島，留居在那直到他於2004年過世。至今《叛艦喋血》和馬龍白蘭度的故事猶為大溪地人人樂道。

保羅・高更

法國Synthetist大師保羅・高更（Paul Gauguin）的晚年是在大溪地及法屬玻里尼西亞度過，死後也葬於此。他作了許多大溪地人物及風俗的繪畫，也作了許多木雕，同時也從事寫作。他的風格影響到其後的畢卡索（Pablo Picasso）及馬蹄斯（Henri Matisse）。在大溪地島有Paul Gauguin的博物館，另

外在各島上都有紀念他的地方及港口，因為他是最早將大溪地
介紹給世界的人。

大溪地與法屬玻里尼西亞

　　法屬玻里尼西亞（French Polynesia）共有118個島嶼。這
些島嶼散佈在南太平洋中部，約有西歐大小的海域，但其島嶼
陸地的總面積僅有三千多平方公里，由Marquesas、Tuamotu、
Gambier、Austral及Society五組群島（Archipelago）組成。大
溪地是法屬玻里尼西亞（French Polynesia）中最大的一個島，
面積為1045平方公里，屬於社會群島（Society Archipelago）
中的向風島嶼（Windward Islands）；人口有18萬多，占整個
法屬玻里尼西亞的70%；地理上位於南緯17度，終年溫度在
21-31度之間，溫和怡人。

（1）環形珊瑚礁（Atoll）與潟湖（Lagoon）

　　法屬玻里尼西亞的島嶼均為遠古海底火山爆發而形成。
其後珊瑚礁（Coral Reef）逐漸在環島四周成長，而中部的島
嶼逐漸風化及下沉，形成島嶼周邊的環形珊瑚礁（Atoll），
及島與環形珊瑚礁之間的淺水潟湖（Lagoon）。也有些中部
的島嶼已完全腐蝕，或下沉到海面以下，僅剩一圈環形珊瑚礁
岩。潟湖的淺水使得陽光反射產生不同深淺的彩色，帶給玻里
尼西亞島嶼綺麗的美景。

（2）玻里尼西亞人今昔

　　根據考古推論，在三四萬年前的舊石器時代，臺灣、印

尼、澳洲、北新幾內亞，甚至索羅門群島都已有人類定居。但向東的玻里尼西亞諸島尚沒有人類的足跡。到了新石器時代，東南亞居民及中國南部的百越民族開始向海上遷移，先與各島嶼的原住民融合，再逐漸向東邊的玻里尼西亞群島發展。他們熟悉海事及星斗，駕著吃水不深卻經得起風浪的附有平衡托架（Outrigger）的獨木舟漂洋過海，最後一直到達夏威夷、紐西蘭及復活節島。據出土文物，他們大約在西元300-800年間到達法屬玻里尼西亞群島，在此生聚繁衍，形成許多部落，如今在許多島嶼留下他們祭祀、集會的石碓古跡——Marae。

16世紀，西班牙的航海者就見到了大溪地島，但直到1767年，英國人Samuel Wallis才首度登陸大溪地。接著法國人Louis-Antoine de Bougainville及有名的英國探險家James Cook都來到此地。1789年《叛艦喋血》故事中的軍艦——HMS Bounty來到大溪地，叛變發生後在大溪地島留下的船員在那參與土著的內戰，協助Pōmare家族控制整個大溪地島。後來Pōmare家族統治了所有今日的法屬玻里尼西亞。18世紀末，英國傳教士來此帶來基督教文化，並協助Pōmare王朝發展。1835年，達爾文（Charles Darwin）到此做了研究工作。直到1880年，法國人強迫Pōmare王朝交出政權，正式建立法屬玻里尼西亞群島的統治。

1860年代，約有一千名中國廣東人應聘來到大溪地，在Atimaono的農場工作。其後這個農場因經營不善而破產，但大多的中國人都留下定居。如今法屬玻里尼西亞的人口有12%是中國後裔、其他歐洲人占20%、玻里尼西亞人為68%。現居民

都擁有法國海外公民權。法文為正式語言，但一般居民也講玻里尼西亞土語。

大溪地、茉莉亞島、胡阿希內島

我們除了波拉波拉島之外，還在大溪地（Taihiti）、茉莉亞島（Moorea）、胡阿希內島（Huahine）三個島各逗留了幾天。

大溪地島是法屬玻里尼西亞最大的島，首府是巴比提（Papeete）鎮，也是群島的政治、商業、文化中心，附近有許多濱海的豪華旅館。全島由地峽（Isthmus）連接的兩部分組成。西北部為主島，東南為人煙稀少的小島。整個島走一圈只有七十餘英里，但主島上群山高聳，最高峰高達海拔7334英尺，所有的山巒都是青蔥綠蔭。我們沿著一條山澗蜿蜒而上，一路沒有任何住家，偶見幾個露營紮寨的年輕人，到達一個巨大的火山坑。這個山澗水勢不斷，瀑布長流，成為大溪地主要飲水之源。

茉莉亞島島距大溪地僅11英里，我們搭飛機臨空六分鐘就到了。這個島山巒及環海均很幽美。旅社近海的珊瑚礁十分美麗多彩，是游泳、潛望、泛舟的好地方。我們租了輛車，環島而行，並上到島中心的Opunohu山坡，在那眺望Cook、Opunohu兩個秀麗海灣，及壯觀的Royui山峰。還見到多所Marae古跡，見識不淺。

胡阿希內島是個非常原始、寧靜的小島。島上只有七千居民。我們的度假村建在一群Marae古跡之中。我們駕車環島，見到Fauna Nui湖邊的一群形形色色的Marae，領略了古代玻里尼西亞人在此生衍的情景。島上村落稀疏，許多地方不

見人煙，無比的安寧、幽靜。島上的居民樸實、純厚，大多都很肥胖。見到他們用很原始的方法用木樁鋪在路上，推船下海，十分辛苦，我遂加入了他們的工作隊伍。島上的動物並不多，沒有蛇、松鼠等小動物，也沒有馬，倒是有山羊。他們的烤全羊十分可口。芋頭及麵包果是居民的主食。嚐了一次麵包果，有點像紅薯但沒有甜味。四處都長滿鮮花，以木槿（Hibiscus）花最多；椰子、木瓜、芒果等水果樹到處可見。島上唯一的Fare小鎮，距度假村只需步行十分鐘。那裡有小港、商店、市場及幾個餐館。漁民捕到的魚整串掛在樹上銷售。工藝品有石雕、木刻及黑珍珠等。這裡的物價很貴，大約都是在美國的三四倍價錢。近年我與老妻去了許多國家才領會到美國的確是物產豐富、物美價廉，日子好過。

尾聲

我們在大溪地等四個島流連十多日。總的來說，這裡的環形珊瑚礁（Atoll）與瀉湖（Lagoon）的確是大自然中最美麗的海域。青翠山巒、花卉嬌豔、果木滿目，居民自得，令人陶醉。到此觀海、遊山、戲水、泛舟，忘卻城市喧囂，樂盛！

▌黑龍江與大興安嶺的北國風光

　　我曾西到喀什觀賞雄嶺荒漠，南至海南放眼滄茫南海，東往東北眺望浩浩江水，深覺中國地大物博，景色、風物燦然。以前一直沒能有機會去最北方領略北國風光，去夏與老妻專程由北京飛往漠河，臨此中國北極之鄉，並沿黑龍江、大興安嶺徜徉多日，領略了中國的北國風光、物貌以及當地人民走過來的艱辛歷程。

漠河縣城

　　我們由北京先飛到哈爾濱，再轉機向漠河飛去，花了近半天時間。拿出地圖一看，才注意到由北京到漠河的空中距離幾乎和北京到廣州相同，北京居然是中國「居中」之城。下午三四點時分，飛機冉冉下降，只見延綿起伏的山丘覆蓋著一望無際的森林。當日天陰風起，飛機降落後，旅客下機走百多米去候機室，立刻感到寒風襲人，這八月底的北國風光的確不同凡響。

　　導遊兼駕車師傅小王熱情地來接我們，車行沒多久就進入西林吉鎮市區。這裡是漠河縣的縣政府所在，也就是漠河縣的政治、經濟、文化中心。城西的高地上有個「北極星公園」，小王帶我們登高眺望，整個城盡收眼底：街道呈棋盤形，整齊有序；高樓不多，但大多新穎、整潔，有些俄羅斯風味的建築，現有居民只有約四萬人。小王告訴我們，1987年的

一場「五・六大火」將當時約兩萬人口的老鎮燒得精光，現在的城全是大火後重建的。城中有個「松苑公園」，園內古樹參天，落葉松、樟子松（美人松）、李子樹茂盛蒼鬱，花枝鮮豔。據小王說，「五・六大火」雖把整城燒光，松苑卻是絲毫未損，另外一個清真寺及幾個廁所，大概由於地勢所在，得以保持完好，但鎮民均認為乃神靈保佑。

次晨早起，在鎮上漫步，早市上熙熙攘攘，勤勞的漠河百姓已開始一天的工作。各色新鮮碩大的蔬菜、活跳跳的鮮魚、街旁叫賣的稀飯、餛飩小販，這景觀令我體驗到中國地大物博，人民勤奮向上、汲汲奮鬥的偉大精神！

「五・六大火」慘案

我們去參觀了「五・六火災紀念館」，這是一所解說發生於1987年5月6日，中國近代最大火災事蹟的博物館。裡面展示了許多當時的相片、火災經過及統計數字。

據現有官方資料，這場大火起自五名工人於5月6日不慎引燃乾草枝，另外當日又有其他四個地方同時發生山火。但據當地居民告訴我，起火原因主要是地方領導處置防火失當所致。因為每到乾燥季節，山火屢見不鮮，工作隊前往搶救撲滅乃常規作業。當時的工人失誤及山火經搶救後均已於7日清晨撲滅，但持續監控的工作被當地領導斷然停止，撤退了監控死灰復燃的工作隊伍。未料到了中午，天氣突變，刮起八級以上、風向不定的旋風，引起死灰復燃，火勢迅速蔓延，不可收拾。當晚，火海延燒到十幾公里外的漠河縣城，整個鎮付

之一炬。接著，火焰再向東南進逼，圖強與勁濤兩鎮也變成瓦礫。中共中央動員了六萬軍、警、民搶救，出動飛機、坦克、滅火彈等現代化裝備。這場大火延燒了28天，燒毀1萬7千平方公里，足足有半個臺灣大的林區；燒死211人，燒傷266人，牛馬家畜、房舍、裝備銷毀無數。

我們在展覽館見到相片展示當時熊熊大火、鋪天蓋地之勢，也見到沒能躲避火焰而被燒死的百姓慘狀。令人觀之觸目心驚，也使我對中國的資源、環保問題感觸萬千！

額木爾河九曲十八灣

次晨，我們隨小王，由西林吉鎮北上，一路都是鬱鬱蔥蔥的叢林，不久到了「九曲十八灣」。車在半山腰停下，那裡有一座木造的高塔，我們盤梯登高至頂，放眼眺望，頓覺豁然開朗，蜿蜒崎嶇的額木爾河九曲如蛟龍盤野，沿岸濃綠泛青的楊柳，無際的蒼松茂布，層層疊疊，松濤波湧似萬馬奔騰。這幅如畫的美景堪與加拿大班芙（Banff）及川西黃河九曲比美，令人陶醉！

中國最北的原始村落

再向北，我們先抵達一個被稱為「中國最北的原始村落」——北紅村。那裡地處北緯53度多，冬天氣溫最低可達攝氏-53度。家家都是木房，都養狗，院子裡都種滿蔬菜，樣樣都是茂盛驚人，連蔥都有半個人高。當地人告訴我，這裡蔬菜生長期雖短，但溫度適中，加之黑土地肥沃無比，種菜不需加任何肥料，卻都長得碩大茂盛。我們在居民的小飯店吃了一頓

午餐，當地的蔬菜與臘肉十分可口。

黑溜溜的黑龍江

　　我們在北紅村首次看到了黑龍江，嚇了我一大跳，因為整個大河都是黑溜溜的，顯得很髒。但到河邊仔細一看，卻是清澈見底。問當地人這黑龍江為什麼那麼黑？沒人回答得出。後來我在岸邊取了一些黑土的樣品，回家後請專家化驗，才瞭解到這黑土中含有大量的有機物。黑龍江兩岸均為森林及草原，草木落到水中後腐朽分化，成為極小的顆粒，將江水「染」成黑色的懸浮液。

　　黑龍江，蒙語稱「哈喇木倫」，滿語稱「薩哈連烏拉」，三種語言的意思均為「黑色的江」。其上游有南北兩源，南源為發源於大興安嶺西側的額爾古納河，西北源為發源於外蒙古肯特山的石勒喀河。下游與烏蘇里江匯合後經俄國注入鄂霍次克海。黑龍江水勢盛大，的確像一隻巨大的黑龍，名不虛傳！

　　下午，我們經過「黑龍江第一灣」。黑龍江在此呈馬蹄形地轉了一個180度的大灣，美麗壯觀，益顯黑龍江之雄偉。小王帶我們去烏蘇里灘，他告訴我們這裡就是中國最北的國境，在那裡立了一個大石塊，上面寫著：「恭喜您找到北啦」。

北極村回首中國國土一天天的淪亡

　　黃昏時間，我們抵達北極村。這個村落位於黑龍江南岸，在此發現過新石器時代人類的遺物。自古以來，黑龍江流

域、外興安嶺及其北的西伯利亞均為中華少數民族生息繁衍的領域。明代期間，在這廣大的疆域生活的是女真族，明政府在這裡設「奴爾幹都司」，其下的「木河衛」就設在今日的北極村。

清初康熙二十四年（1685年），清政府為準備對俄的雅克薩之戰，修建雅克薩至墨爾根（今嫩江縣）的驛道，以傳遞情報和運送物資。咸豐八年（1858年）清政府與俄國簽訂「璦琿條約」，中國割讓外興安嶺以南、黑龍江以北的大片土地給俄國，黑龍江成為中俄的界河。清政府遂建北極村以為守衛。後於光緒二十年（1894年）將驛道擴建到此處，為驛道的第30站──漠河站。

當大航海發現時期，西歐諸國均遠渡重洋探尋殖民地。但位於東歐的俄國因受地理環境及航海經驗的限制，只得在內陸向東邊的西伯利亞發展。十六世紀中葉，沙皇伊凡四世開始經略西伯利亞，最初乃是交給搜取皮貨的私人探險開發家族進行，逐漸建立據點、城堡。到了1648年，俄國人已發展到西伯利亞最東的白令海峽西岸，在那裡築建安納迪爾斯克（Anadyrsk）城。十七世紀三十年代，俄國政府見到開發西伯利亞的厚利，遂開始正式接管經營；於1637年成立「西伯利亞部」（Department of Siberia），設東、西兩個管理中心，西部在托勃爾斯克，東部在貝加爾湖西岸的伊爾庫茨克（Irkutsk）。俄人侵略東西伯利亞分三個方向：一為向東北的白令海峽及堪察加（Poluostrov Kamchatka）半島；二為鄂霍次克（Okhotsk）；第三則為向南，指向中國領土的黑龍江流域。

明崇禎十六年（1643年），俄軍越過外興安嶺，侵入中

國領土，進行掠奪，甚至殺食當地人。1649年，俄人哈巴羅夫（Yerofey Pavlovich Khabarov）沿黑龍江上游的石勒喀河（Shilka River）順流而下，攻占中國居民在黑龍江畔建立的雅克薩城寨，並修築碉堡駐軍防守。俄人沿黑龍江東下，一路劫掠屠殺中國居民，最後抵達烏蘇里江與黑龍江交匯的伯力，建哈巴羅夫斯克城（Khabarovsk）。1653年，俄人南下侵入松花江河谷，但被清兵擊退。1655年俄國擅自將外興安嶺以南、黑龍江以北的中國領土納入俄國領土，稱為「道林」（Daurien），派遣柏施科夫（Pashkov）為首任總督。1658年，柏施科夫在石勒喀河支流尼察河（Nercha）上建立尼布楚城（Nerchensk），大量由俄國移民，為久居發展之計。

當俄人侵入外興安嶺以南的黑龍江流域時，正值明末、清初之際，明政府自然無力顧及，而清廷入關以後的幾十年間著重於南方的征戰，也無暇兼顧此大片失土。直到康熙二十年（1681年）三藩之亂平定，康熙二十二年（1683年）臺灣明鄭歸順，清政府開始對俄國侵略進行全面反擊。首先於康熙二十二年向俄軍通牒，勒令俄軍撤離中國領土。俄軍不予理睬，並發兵至璦琿侵掠。清軍抵抗，攻克俄人在黑龍江下游建立的許多據點，兩年後肅清了除雅克薩城外的所有俄軍城堡。康熙二十四年（1685年）四月，康熙命都統彭春由璦琿率三千精兵前往包圍雅克薩城，激戰一個月，俄軍不敵乞降，被逼撤離雅克薩，退往尼布楚。但是年秋，俄軍又捲土重來，再占雅克薩。次年夏，康熙下令反擊，俄軍被困近一年，死傷殆盡，俄沙皇向清廷請求撤圍並議定邊界。清政府遂答應讓俄軍殘部66人撤往尼布楚。

　　康熙派重臣索爾圖率代表團及一萬五千軍隊前往尼布楚，於康熙二十八年（1689年）與俄國簽訂尼布楚條約，雙方議定中俄邊界西自黑龍江支流額爾比齊河（Gorbiza），經黑龍江上游，沿外興安嶺向東至於海，西以黑龍江上游支流額古納河為界。中國收復了外興安嶺及黑龍江的大片領土，但正式承認了俄國在東西伯利亞的殖民發展。

　　清代末年，清朝政治腐敗，內部動亂頻繁，列強紛紛侵擾。俄國再度染指外興安嶺，於咸豐八年（1858年）強迫黑龍江將軍奕山簽訂「璦琿條約」，中國割讓外興安嶺以南、黑龍江以北的大片土地給俄國；並將烏蘇里江以東地區定為中俄共管。兩年後（咸豐十年，1860年），英法聯軍攻占北京，毀圓明園。俄國趁機逼迫清朝簽訂「中俄北京條約」，將烏蘇里江之東至海的土地割讓給俄國。

　　北極村居民很少，家家院落長滿花卉、蔬菜。旅遊的人真不少，旅館很多，但水準不太高，夜間很冷。據說這裡是中國唯一能見到美麗奇霞的「極光」的地方。但小王告訴我，他一生也只看到過一次極光。

　　次晨我們在北極村的黑龍江沿岸遊覽。河邊建了一個很雅致的公園，附近還有一個很大的廣場。我們搭船在黑龍江上遊覽，對岸的俄國有一個小村，人口稀少，但見沿岸樹木鬱鬱蔥蔥，與中國境內的年少樹林大不相同。

　　我在黑龍江上北望外興安嶺的中國失土，感觸良多！

美麗多姿的大興安嶺

　　離開北極村後，我們向南而行，穿越大興安嶺林區，

一路林木蔥蔥。大多均是土石路，路況很差，但領略了森林的蒼茫幽深。見到一些居民到路邊草叢中去採黑莓（Blackberry），我們也下車在草叢中摘了不少，相當可口。經過一所「李金鏞祠堂」，乃是紀念清末李金鏞到此創辦漠河金礦往事的古跡。

我們出了黑龍江省，進入內蒙古，當晚在歸滿鎮過夜，旅館簡陋，當夜很冷。這是一個林區的小鎮，所有的居民都是為林業工作。這幾天我們經過的幾個地方，幾乎所有的人都與林業工作有關，就拿小王來說，原本也在林區擔任看守工。到此深深體會到「靠山吃山、靠水吃水」，靠林大家當然就「吃林」，以林業為生了。

次日上午，我們猶在大興安嶺的叢林中穿行，見到一處「月牙灣」，乃是在山路上俯視溪水灣流、叢林環繞的怡人美景。又見到一處「丫腳湖」，湖水靜謐幽雅。有趣的乃是，與黑龍江相仿，這裡湖水也是漆黑的。又見到一個飼養狐狸的農廠，裡面養了成百上千隻狐狸。據說大興安嶺的狐皮十分名貴，以往多為在森林中捕殺，現已成為飼養業的要項。

大興安嶺無大樹

中午時分，我們出了大興安嶺。自從抵達漠河以來，我們在大興安嶺內近三個整天，瞭解到大興安嶺並非高山峻嶺，而是海拔一千多米的丘陵地帶。其中樹木大多為樟子松與落葉松，也見到一些白樺樹及其他雜樹。但最使我失望的乃是三天以來，我所見到的都是年輕、直徑細小的樹，沒能見到一棵「大樹」，也可以說沒見到「原始森林」。最後我們到了一

處「金河興安村樹王景觀區」，沿階攀坡而上，見到一株掛了哈達經幡的「樹王」。但這棵樹比我們在美國許多人家後院的樹都小多了，僅20米高，底部直徑號稱有1.4米，但我看樹幹還不到一米。連老妻都不屑與它合照。這是我在世界各地見過最「袖珍」的「樹王」。但我在前一天經過一個鎮時，見到紀念當年開發林區的一組雕像，一隊工人合力提著一棵真實的巨樹，其大絕非「金河樹王」可比。這說明了大興安嶺的林木在過去這半個多世紀，因火災及任意砍伐，遭到難以挽回的殘傷，中國的環保問題嚴重至極。我深深感到中共建政以來對環境的破壞與資源的損失的確是令人痛心！

尾聲

此旅領略了中國極北的風光，黑龍江的雄偉與大興安嶺之蒼鬱，深感中國之地大物博，物產豐盛。但臨江北望淪亡國土，省思先民艱辛遭逢；眼見大興安嶺原始森林破損，國家資源耗盡，悲不自已！

▋呼倫貝爾的草原風光

　　仲夏之際，我與老妻飛往黑龍江漠河，徜徉於雄偉的黑龍江畔與蒼鬱的大興安嶺數日。南下進入內蒙古後，走出大興安嶺，一路欣賞山川、蒼林，最後到了一望無際的呼倫貝爾大草原，開懷數日。

森林草原過渡帶風貌

　　我們在大興安嶺的叢林中走了三天，樹林逐漸稀疏，丘陵漸為平緩，草原間隙展現。導遊小王告訴我們這裡是由大興安嶺森林到呼倫貝爾大草原中的「過渡帶」。這裡的土地十分肥沃，我們經過幾處麥田，見到草原上百花爭豔。據小王說，前一陣油菜黃花盛開，遠及天邊，美麗非凡。居然見到一戶孤零零的養蜂人家，我們下車去與他們搭訕，知道他們是浙江奉化縣人，蔣總統的老鄉，千里迢迢跑到這遙遠荒僻的地方來謀生。買了一瓶他們的蜂蜜，十分可口。

額爾古納河

　　小王帶我們沿著額爾古納河邊的土路緩緩而行。這條河大多只有幾十米寬，但隔開了中國與俄國。這是康熙二十八年（1689年）簽訂的中俄尼布楚條約界定的。河的西邊原本是中國鮮卑、蒙古等少數民族生息之處。十七世紀俄人侵入西伯利亞，建立了許多堡寨。在議定尼布楚條約之初，中國提出中俄

西以貝加爾湖為界，但最後妥協，俄人答應將占領的黑龍江以北、外興安嶺以南的大片土地歸還中國，清政府乃同意額爾古納河以西、貝加爾湖以東的地區為俄國擁有。這也埋下近代俄國不斷侵擾中國的蒙古與東北的禍患。

我們眺望蜿蜒曲折的額爾古納河，兩岸草原綠茵滿野、樹木蒼翠，人煙稀少，靜謐幽雅，這大自然的美妙令人驚歎。我們屢屢停車觀賞、拍照。

臨江

我們在一個叫臨江的小村落過夜。臨江位於額爾古納河畔，這個村是一個中俄混居的村落，只有幾排木屋民房，現大多改建成旅遊客店。夏日來此的觀光客還不少，村裡的客棧都住滿了。我們住的旅館的老闆是一個俄羅斯後裔，旅社裡陳列了許多富有俄羅斯風味的圖畫、裝飾品。清晨早起，濃霧濛濛中見到許多早起的年輕人騎馬自得。這裡的馬都很精壯，有幾個馬夫是大鼻子，顯然為俄羅斯後裔。我走到江邊，見到幾十米遠的對岸就是俄國國境。村中還有一個小山坡，其上有個高聳的瞭望臺，登臺可望見整個村落以及附近的良田綠野。這是一個很有風味的小村。

呼倫貝爾草原

離開臨江，我們繼續沿著秀麗的額爾古納河向南而行，進入遼闊的呼倫貝爾草原。呼倫貝爾草原與大興安嶺接壤，是中國最東的草原，由呼倫與貝爾兩個大湖而得名，面積近十萬平方公里，約有三個臺灣大。

首先我們見到中俄兩邊的草原上都堆集著成卷的牧草，偶見拖拉機滿載牧草，緩緩而行。牧人騎馬與獵狗驅趕著成群結隊的牛羊。這美景寫盡了「天蒼蒼、地茫茫、風吹草動見牛羊」。

我們參觀了一處蒙古包及祭敖包的旅遊景點。祭敖包是蒙古民族盛大的祭祀活動之一。敖包通常設在高山或丘陵上，用石頭堆成一座圓錐形的實心塔，頂端插著一根長桿，桿頭上系著牲畜毛角和經幡布條，四面放著燒柏香的墊石；在敖包旁還插滿樹枝，祭供有整羊、馬奶酒、黃油和乳酪等等。當日參觀的旅客非常多，許多人到那裡求神祈福。

我們登上一座小丘的旅遊中心，放眼眺望根河濕地。這裡是草原中的低地沼澤與河道，只見曲溪環繞草原，河水清澈，靜謐流淌，兩岸樹木叢生，綠意盎然。濕地上花草、叢林搖盪，遠處環山白樺昌茂。這裡沒有城市喧囂、沒有人雜污染，真是一片自然的淨土。

夜間我們在額爾古納市過夜。這是一個次級城市，但新蓋的大樓不少，欣欣向榮。晨起散步，見街道整齊、清潔，又見早市，蔬菜、肉、魚及各式早點的小攤，猶是二三十年前老北京的風味。

中華游牧民族的搖籃

呼倫貝爾一片無邊無際豐實的草原，加之北與大興安嶺森林及其旁的草林過渡帶，提供了漁獵、游牧民族最佳的生活成長環境。呼倫貝爾的遠古文明源遠流長，在這裡發現的最早人類遺跡是距今一萬到一萬八千年，舊石器末到中石器時代的

棻賽諾爾人。其後東胡的烏桓（烏丸）、鮮卑、室韋、契丹和蒙古都是從這裡走向中原和世界；匈奴、回紇、突厥、女真諸民族也曾涉足生息於此。

我們到呼倫湖遊覽。這是一個很大的草原中的內湖，總面積為2315平方公里，為中國第四大淡水湖，以烏爾遜河與其南的貝爾湖連接；原向北流入海拉爾湖，再注入額爾古納河；但近年來因環保不佳，已堵塞而成為內湖，現開發為一處泛舟戲水的旅遊景點。史書記載，漢武帝派驃騎大將軍霍去病於元狩四年（西元前119年）北伐匈奴，臨瀚海而還。這瀚海乃是今日的呼倫和貝爾兩湖。另外，明成祖於永樂二十二年（1424年）第五次親征蒙古，北抵貝爾湖之東側，在其歸途中病逝於榆木川（今內蒙多倫西北）。這都說明，呼倫貝爾草原在中國歷史上各民族的同化、整合中一直居於重要的位置。

鮮卑

東胡一系的鮮卑人是對中華文化發展產生最大影響與貢獻的少數民族，先後建立了北魏、契丹（遼）和蒙古（元）三個朝代。鮮卑人，周代稱「山戎」，其先出自「大鮮卑山」，即今大興安嶺。1980年呼倫貝爾考古工作者發現大興安嶺北麓的嘎仙洞鮮卑先祖石室，找到北魏太武帝（拓跋燾）太平真君四年（443年）派遣中書郎李敞臻往大興安嶺的鮮卑先祖石窟舊墟中做的石壁刻文，證實鮮卑拓跋氏出自大興安嶺的紀實。

鮮卑人原居住在大興安嶺的叢林中，以狩獵、採集、漁獵為生。後南遷，先在草木過渡帶生息，再南抵呼倫貝爾草原。漢代匈奴入侵呼倫貝爾，鮮卑人曾退往大興安嶺，後漢伐

匈奴，鮮卑南下占據匈奴故地。漢末、三國時代，檀石愧領導、統一鮮卑，勢力龐大。後部落離散，宇文、慕容、拓跋諸部各自在今日遼寧、河北、內蒙活動；另乞伏部遷往雍、涼二州（今陝、甘、寧交界），慕容別支的土谷渾則進入青海高原。

五胡十六國時代，鮮卑族先後建立前燕、後燕、南燕、西秦、南涼五個政權。

北魏

鮮卑拓跋部從呼倫貝爾南遷大澤，於315年建立代國，376年被前秦所滅。淝水之戰，前秦解體，拓跋珪於386年乘機復國，建都盛樂（今內蒙和林格爾北）。398年，拓跋珪遷都平城（今山西大同），改國號為魏，史稱北魏。拓跋珪死後諡號為道武帝。439年，太武帝拓跋燾統一黃河流域，結束了中國北方長達一百三十多年的紛亂割據局面。

北魏（386-534年）統一、統治北方長達148年，特別是其中馮太后與魏孝文帝屬行漢化，為中華民族的融合及文化發展做出巨大深遠的貢獻，同時也為後續的北周、北齊，以致全國重歸統一的隋唐中華文化再現高峰的盛世奠定了基礎。

契丹（遼）

契丹是鮮卑後裔，屬宇文氏部落。北魏以來活動於潢水（今西拉木倫河）和土河（今老哈河）一帶，西部與奚族比鄰，後在遼河上游一帶游牧。唐初，八個部落已形成聯盟，八部酋長推舉可汗。916年，阿保機邀七部酋長赴宴，以伏兵盡殺之，遂自行稱帝，號天皇王，國號大契丹（意為刀劍或鑌

鐵），建都臨潢府上京（今內蒙赤峰）。

阿保機稱帝後統治契丹、蒙古、回鶻、女真等族，並南下攻河東，俘虜九萬五千漢人，帶來先進的生產技術和經濟文化制度；根據漢字形狀創造契丹大字，同時仿照回鶻文及漢文創造契丹小字，使契丹成為具有文化與經濟基礎的封建帝國。

其後阿保機親征渤海。其子耶律德宗占領燕雲十六州（西起今大同、東到今京津），944-46年攻後晉，占開封。於次年（947年）改國號為遼，在開封舉行君位儀式，表示自己正式成為中國的皇帝。其後遼與北宋、西夏鼎立，在中國的文化發展上做出相當的貢獻，直到1125年遼天祚帝被金人所俘而亡。

另外當遼即將敗亡時，其宗室耶律大石率部西遷，建都虎思斡爾多（今伊黎河西），據有今新疆及其鄰近的地區，成為中亞的雄大帝國，存在了八十七年，史稱西遼（黑契丹、哈剌契丹）。西遼的建立，結束了西域各國內部紛爭不已和各國之間相互侵襲的局面，促進了中亞社會經濟文化的發展；為成吉思汗的西征及縱橫歐亞，在經濟、文化、軍事上奠定了深厚的基礎。

蒙古

蒙古出自鮮卑支系，原居於大興安嶺西麓，以狩獵為生，後南遷至額爾古納河畔，並居留於此直到隋代，被稱為蒙兀室韋。隋、唐之際（第七世紀末），蒙兀室韋開始南下至呼倫貝爾草原，在那裡生活前後約三百年。從唐代中、晚期（第八、九世紀），蒙兀室韋開始陸續西遷，一部分遷到蒙古高原東部的肯特山區，另一部南遷到陰山地區，這次的遷移一直持續到五代及宋初（第十世紀）。

從呼倫貝爾草原遷徙到肯特山區的蒙兀室韋人，經過三百年的發展，繁衍成尼倫蒙古和迭兒列勒蒙古諸部，相互征戰。1162年，鐵木真誕生於肯特山區的斡難河（今蒙古鄂嫩河）畔。鐵木真的母親訶額侖是來自呼倫貝爾草原的蒙古部落。後來鐵木真的大皇后孛兒台，也是來自呼倫貝爾草原的蒙古部落。

鐵木真少年喪父，年少時期的艱險經歷培養了其堅毅勇敢的素質，其後他恢復祖業，多年征戰，兼併蒙古各部。在這些戰爭中有十三翼、闊亦田等六次重要戰役是在呼倫貝爾草原進行的。1206年，鐵木真在斡難河（今蒙古鄂嫩河）源召開忽里台大會，即蒙古國大汗位，號稱成吉思汗。

其後成吉思汗滅西遼、西夏，南下攻金。1219年，成吉思汗率20萬大軍西征消滅花剌子模。1227年，成吉思汗去世。其後他的子孫又幾度西征橫掃歐亞，建立欽察、察合台、伊利幾個汗國，並統一中國，建立元代。他的西征使其成為歷史上最成功的征服者，雖然殺伐過度，破壞了當時中亞、東歐的社會，但也促進了東西的交流，對全人類歷史的影響至為巨大。

滿洲里與中長鐵路悲痛往事

我們前往滿洲里遊覽。滿洲里是1897年俄國人修築東青鐵路時興建的城市。現為中俄重要的通商口岸，市內木材建築材料工業發達，我們在沿途見到許多規模很大的木材廠。但導遊小王告訴我，這裡的木材大部分都是由俄國進口而來的。

我們到中蘇邊境觀賞，正巧見到一串很長的火車由俄境進入中國，車上裝滿了大大小小，各式各樣的木材。據說這些

木材都是產在外興安嶺。一個當地人告訴我：「我們是先割地，再買材！」

　　這條鐵路是1896年，李鴻章赴俄祝賀沙皇加冕典禮時，與沙俄簽訂的《中俄禦敵相互援助條約》（《中俄密約》）中授權俄國建設的；據聞俄國政府從「使事業進行之方便的300萬盧布特支費」中送了170萬盧布（約合今日四千萬美金）給昏老頭李鴻章。俄國為控制「東清鐵路」，成立了「東省鐵路公司」，從滿清政府取得鐵路兩側寬數十公里地帶的行政管理權、司法管理權和駐軍的特權，形成比一般租界規模大得多的「特別租界」。沿線興起了哈爾濱、滿洲里、綏芬河等一批大小城鎮。

　　1898年滿清又與沙俄簽訂《旅大租地條約》，俄國得以租借旅順、大連。「東清鐵路」的建成與旅大的租借使得中國東北成了俄國的勢力範圍，也造成其後半個世紀的日俄戰爭、九一八事變、偽滿洲國、蘇聯入侵以及韓戰等諸多戰亂，帶給東北以及整個中國人民無比的災難。

海拉爾日本堡壘與諾門罕之戰

　　我們最後到呼倫貝爾市的海拉爾區，參觀了一個「反法西斯戰爭紀念公園」。這個紀念公園是在原侵華日軍海拉爾要塞遺址上建立的。園區分為地上、地下兩部分，其中地面建有海拉爾要塞遺址博物館。地下部分由5個主陣地和4個輔助陣地組成，占地22平方公里。軍事工事在修建過程中，日本關東軍從中國內地抓來成千上萬名勞工。工程結束後，為保守軍事機密，關東軍將勞工全部殺害，海拉爾河北岸「萬人坑」內的

嶙嶙白骨就是鐵證。

我們進入地下要塞，內部建築寬大，高深，因四周為凍層，地下溫度接近冰點，可見當年建築時工程浩大。這些都是壓榨、犧牲中國人民所建的。地上的槍炮也顯示當時日本關東軍防禦軍力頗盛。

海拉爾是當時關東軍防禦蘇聯與偽外蒙古的重鎮，也是指揮諾門罕之戰的司令部。諾門罕之戰是1939年5月4日至9月16日，日本關東軍和偽滿洲國軍隊與蘇聯和其傀儡偽外蒙古軍，在中國境內內蒙古呼倫貝爾草原的諾門罕布林德地區，和當時屬於中國的外蒙古哈拉哈河中下游兩岸，爆發的一場激烈戰爭。這也是續1904年日俄戰爭後，日本和俄國為掠奪中國領土、資源，在中國境內進行的又一次大戰。

這場戰爭日本關東軍慘敗，死傷高達五萬多人（其中死亡一萬八千），顯示了日本關東軍不堪蘇軍一擊。日本的「北進」計劃至此告終，也為其後蘇俄恢復1904年日俄戰爭前，俄國在東北及遠東的勢力奠定了基礎；促成以後發生的雅爾達密約；蘇軍進占東北，姦淫掠奪；國民政府被逼承認外蒙古獨立和中長鐵路與旅大租借予蘇俄三十年；以及其後發生的韓戰（朝鮮戰爭）。中國的領土淪亡，資源盡喪、人民塗炭。

尾聲

此行觀呼倫貝爾浩瀚、豐盛草原，幸盛！體驗其孕育中華游牧文化之偉績，始知「山川資豪傑、時勢造英雄」、「地靈人傑」非荒誕之言也！目睹日、俄侵華遺跡，占中國國土、掠中國資源、虐中國同胞，悲不自已！

夜郎焉知貴州山水賽天下

　　「地無三里平、天無三日晴、人無三兩銀」，這是自古以來人們對貴州的描述。以往因為山地交通不便，與外界隔絕，少有人問津。仲夏之際，我與老妻飛往貴州，由其東北角一路遊覽至西南角，徜徉近十日，領略了貴州的奇秀山水與民族風情，此行堪與我們在世界各地任何一次的旅行比美，才深感以往的夜郎焉知其貴州的山水足以賽天下？

銅仁

　　我們由北京飛到貴州銅仁。銅仁居於雲貴高原東邊的武陵山區，與湖南接壤，在全國來說是個名不見經傳的小城，但在貴州卻是個交通要衝，有「黔東門戶」之稱。自古以來銅仁是由湖南進入雲貴及西南的要道。附近有豐富的汞、鎂和煤礦，使得銅仁經濟發達，欣欣向榮。改革開發以來，沿海及各大城市首先進步，近年來次要及偏遠的城市也陸續發達。我們到過許多小地方，總是見到市貌繁華，人民生活大為改善，令我感到欣慰。

　　貴州是少數民族生息之地，共有49種民族。銅仁區域內有侗、苗、土家等多種少數民族。這裡也是當年中共元帥賀龍整軍起家之處。賀龍自稱兩把菜刀起家（也有說是柴刀），可謂「土匪出生」。但英雄不論出生，他於1914年加入孫中山領導的中華革命黨，曾任討袁護國軍指揮等軍職，因作戰失

利，於1924到1926年兩度退到銅仁休整募兵，後來帶走六千黔東青年，其中大多是苗族子弟，1927年在江西領導南昌起義，開啟了中共的武裝建軍。由此可見銅仁對中國近代的歷史有相當的影響。

梵淨山

銅仁附近有許多美好的自然風光，其中最負盛名的乃是梵淨山。梵淨山是武陵山脈的主峰，海拔2572米，為彌勒道場，與五臺山、九華山、峨眉山、普陀山齊名，號稱「中國五大佛教聖地」之一。我們乘纜車拔高一千多米，再步行攀頂，一路見到因風化作用而形成的嶙峋山岩，奇峰突兀，怪石林立，如萬卷書、蘑菇石、擎天柱，老鷹石、鋸齒石、太子石、新、老金頂等。新金頂由層理清晰的水平板岩組成，從側面眺望，有似一堵八九十米高的巨屋，層層板岩恰似一冊冊巨大的線裝書堆成的萬卷書庫，故稱之為「萬卷書」。這些奇岩與張家界山石有相似之處，但有其獨特的靈秀。

最後我攀階而上，登到頂峰——老金頂。老金頂是由千枚岩組成的一柱獨峙高聳的石峰，較四周高約百米，形態挺拔峻峭，四周懸崖絕壁，攀登驚險，而石峰頂面僅30多平方米，其中為一條40米深、寬約2米的狹縫把山頂一分為二，縫中有一石拱橋相連，名為「天仙橋」。山頂建有一佛寺，在此眺望蒼翠群山環抱，深感梵淨山之美在其清靜（梵）與潔淨（淨）。靈秀與悟道，這是梵淨山與眾不同所在。

鳳凰

我們從銅仁搭車去湖南鳳凰，鳳凰是過去十多年來興起的一個旅遊熱點，成為近年來中國旅遊的奇葩，但也帶來中國旅遊發展的警鐘。

我們在鳳凰徜徉了半日。總的來說，鳳凰的確是一個很美、很可愛的小鎮。我們從銅仁出發，車行在山巒中和溪水畔約一個小時，突然見到了鳳凰，令我想起《桃花源記》中所描述的：「緣溪行，忘路之遠近。忽逢桃花林，夾岸數百步，……，芳草鮮美，落英繽紛。……。復前行，……，豁然開朗。土地平曠，屋舍儼然，有良田美池桑竹之屬。阡陌交通，雞犬相聞。其中往來種，男女衣著，悉如外人。黃髮垂髫，並怡然自樂。」正如費孝通所說：「鳳凰真是滿城文物、滿城風景啊！」鳳凰是連綿群山中的一個世外桃源，青山環拱、碧水謐流，屋舍依山畔水，儼然有序。在此也曾孕育了沈從文、熊希齡等許多名士。

鳳凰的旅遊興起，一半是其天然的秉賦，另一半是在於人為。當地人的努力是值得敬佩的。一個十多年前默默無聞的窮鄉僻壤，一躍而成每年旅客有七百萬，每日旅客高達四萬人的搶手景點，這的確是個奇跡。但過分的操作，帶來了許多負面：環保、色情、罪犯等等問題都相繼而來。而原本許多自然之美都被人工掩蓋了。古語說：「真好比西子，盡濃淡總相宜！」但過分的濃抹總是多餘，令人想起《紅樓夢》裡寶玉對黛玉說：「我不去，見了別人就覺怪膩的。」

我們去的前幾個月，當地新上任的領導來了個「三把

火」，首先規定，進入本鎮者一律收費人民幣168元。這一來，可好了！旅客少了一半多，商店生意少了，旅社空了，老百姓沒錢可賺了。鳳凰未來的旅遊事業及地方經濟令人擔心。鳳凰的故事帶給中國發展旅遊的一個警鐘！

荔波大、小七孔

我們由銅仁飛到貴陽，再搭車約半日抵達荔波，首先遊覽大七孔景區。這個景觀以原始森林、峽谷、溪流、湖泊為主。我們隨著導遊小陳及洶湧的人潮，沿著溪流旁的木棧道而行，只見兩岸樹木蒼翠，溪水碧藍如玉。這個景色與九寨溝頗為相似，卻各有千秋。經過風神洞、恐怖峽、地峨宮幾處景點，均舒柔迷人。最後見到被譽為「東方凱旋門」的天生橋，這是一座由於斷層及風化造成的幾十米高而又寬大的石岩拱門。這個景觀峻險神奇、氣勢雄偉磅礡；加之四周蒼林、碧藍溪水，美不勝收。我在世界各處見到過許多天然拱門，但這個大七孔天生橋肯定地可與任何世界上的石岩拱門比美。

次晨，我們去小七孔景區，遊覽了輕柔恬靜的涵碧潭、古風猶存的小七孔橋、飛流狂瀉的拉雅瀑布、潭瀑交錯的響水河、盤根錯節的龜背山、林溪穿插的水上森林、密林鑲嵌的鴛鴦湖，都可謂玲瓏剔透、渾然天成。我們在眾多的年輕遊客中，沿溪攀高、穿湖。當日炎熱，我們一直汗流浹背，山道起伏屢屢，雖年紀不饒人，跟不上這些年輕孩子，但陶醉在這舉世的勝境，堅持地走完了全程，暢快無比。

獨山抗日紀念園

從荔波前往西江的路上，我們經過獨山，激起我對幼齡時抗日逃難的追懷。1944年，日本因太平洋戰爭節節失利，希能打通由中國北方直通中南半島的陸上交通，同時逼迫國民政府妥協，遂發動了「豫湘桂」戰役，從河南經湖南、廣西一直打到貴州獨山。是年底，我才出生數月，隨著父母在「湘桂黔大撤退」的難民潮中由桂林千辛萬苦地輾轉來到獨山，然後繼續北行過貴陽去重慶。獨山是中國抗戰的最後據點；也是當時唯一國外戰略、民生物資由滇緬公路、駝峰運到昆明，以火車輸送到獨山終點，再轉運各地的重鎮。日寇進攻貴州，沿途燒殺，占據獨山後，用火藥炸毀、燒毀全城，然而在要隘黑石關和深河橋先後被中國英勇抗日軍民擊潰，於12月7日不得不退出獨山與貴州；日軍侵入西南與消滅中國的夢想就此破滅。獨山的深河橋與盧溝橋均具有重要的歷史意義，中國的英勇抗日是從盧溝橋一直打到獨山深河橋，這兩個地方都是值得中國人紀念與驕傲之處。

我們在高速公路旁停車，走過山澗小道，見到了一個「深河橋抗日文化園」的石鑿大牌坊。其內有一個紀念館，展示抗日文物。向北行則是一座寬闊的堡壘，面對著群山深谷，其東為高聳的高速公路大橋，但當年抗日時的舊道與小橋依然如故。臨此眺望，益覺我父母逃離顛沛艱辛，及中華民族抵禦外侮不屈不饒的偉大精神。

古夜郎

　　古代夜郎國最早可能在戰國時就建立於貴州、雲南、湘西、川南一帶，直至西漢末年被漢朝消滅。其主體民族有苗族、彝族、布依族和仡佬族幾種論說。導遊小陳是苗族人，他對我說「夜郎自大」事實上是個誤解，因為其出自《史記·西南夷列傳》：「滇王與漢使者言曰：『漢孰與我大？』。及夜郎侯亦然。」這樣看來，夜郎是替滇王背的黑鍋。另外「黔驢技窮」也把貴州人醜化了。這個典故出自唐·柳宗元《三戒·黔之驢》：「黔無驢，有好事者船載以入。至則無可用，放之山下。虎見之，龐然大物也。以為神。……他日，……稍近益狎，蕩倚沖冒。驢不勝怒，蹄之。虎因喜，計之曰：『技止此耳！』因跳踉大㘎，斷其喉，盡其肉，乃去。」可見貴州根本沒有驢子，技窮者非黔驢也。

西江苗寨

　　貴州因多山隱蔽，植被茂盛，自古以來為少數民族生息、聚居之所。全省共有49種少數民族，其中以苗族人口最多，現有近四百萬。其次為布依族、侗族、土家族。傳說苗族發源中原地區，為蚩尤後裔，後遷到長江、洞庭湖一帶，現主要分佈於西南與中南省份，其中近40%在貴州。而在東南亞的越南、泰國、寮國、緬甸也有相當規模的苗族。上世紀越戰期間，美國利用中南半島的苗人對抗越共，1975年，寮國戰亂後，數萬苗族人成為難民，部分移居到美國和法國，現苗族遍居全球。

　　中國最大的苗寨是在貴州中部雷江縣的「西江千戶苗

寨」，有「苗都之稱」，被譽為「苗族民族文化藝術館」，是研究苗族歷史、文化的「活化石」。

我們車過凱里市，進入山巒起伏的山澗小道，一路景色青蔥秀麗。抵達西江苗寨已是夜晚，但見鎮上遊客如梭，川流不息。小鎮燈火輝煌，各式土產、糕餅、小吃店擠滿顧客。西江共有約一千二百多戶、六千居民，典型的木造苗族房舍──吊腳樓滿布山谷及山腰。我們沿著主街，見到苗人用木槌敲打糯米、酥糖，叫賣的小吃攤販，以及穿著豔麗的苗族少女，這夜市令人興奮開懷，連臥在路正中的狗都悠哉陶醉。我們登到山峰，眺望整個苗寨山谷，燈火燦然、遠近有序，比之夜觀洛杉磯燈海益為和諧雅致。

次晨早起，獨自漫步，走過主街鬧市，不見夜間人潮喧囂，偶遇幾個早起準備炊事的小販、打掃街道的小工，以及幾隻無事閒蕩的小狗。與昨夜相較，這清晨顯得無比的寧靜、安詳、舒暢。我再度走到頂峰，四望群山，阡陌縱橫、綠蔭滿野、屋舍儼然、佈局幽雅，這真是一個美麗和諧的世外桃源。

據導遊說，他們苗人多居於山谷山腰，與外世隔絕，就拿這西江苗寨，以往居民出外購物都須爬山越嶺，走山道半天。直到近幾年來為發展旅遊，當地政府開通了一條公路，這苗寨才與外界來往，「始知有漢、及論魏晉」。

我們觀賞了一場苗族的歌舞表演，表現了苗族的風情及衣飾，非常精彩。其中還有一隊老人合唱，裡面有許多八十多歲的長者，居然高歌響亮，可見這些離群索居的苗人是多麼的「怡然自樂」！

鎮遠古鎮

我們離開西江，不久就到了鎮遠古鎮。鎮遠素有「滇楚鎖鑰、黔東門戶」之稱，也是湘楚、中原西通滇黔至緬甸、印度等東南亞國家的「西南絲綢之路」中的重要驛站；鎮沿舞陽河兩岸而建，舞陽河下游為沅江，沅江注入洞庭湖，與長江流域水路相通。

戰國時代，楚頃襄王於其二十年（西元前279年）派莊豪率軍由沅江溯舞陽河伐夜郎，抵達鎮遠。其後秦昭王三十年（西元前277年），白起伐楚，置黔中郡鐔城縣。鎮遠建城已有兩千兩百多年歷史。這裡山明水秀，文物豐富，居民多為苗族、侗族、水族、布依族等少數民族。

鎮上屋舍多為白色磚樓，整齊雅致。城東有一處青龍洞古建築群，始建於明洪武年間，重樓危殿、雕塑精工、依洞旁崖，貼壁凌空、背靠青山、面臨碧水，堪稱中國建築史上的瑰寶，也是國內罕見的佛、道、儒三教合一的場所。其下有一「王陽明講學舊址」，據傳為王發配貴州時到此講學之所。王陽明為明代大思想家，同時能文能武，多次平定地方叛亂，功業炳勳。他在晚年奉召前往廣西討伐少數民族造反，馬到成功，宰獲良多。但我們的苗族導遊卻對我說：「王陽明不是個好東西！殺了不少我們少數民族百姓。」這弄得我一頭霧水，不知是這位苗兄搞錯了，還是「老王賣瓜，自賣自誇！」

我們登頂眺望，整個鎮遠城盡收眼底。層層白樓，舞陽河蜿蜒如太極穿城而過。夜間去逛鎮遠古城，看古城歪歪扭扭，歪門斜道的巷子，這裡兩岸商店林立、茶樓酒肆、戲樓宮觀、遊

客如梭、船隻川流，儼然一副少數民族的「清明上河圖」。

次晨天未破曉，我早起獨自沿河而行，此時薄霧迷茫，寂靜萬般，趕早的垂釣雅士已靜坐待魚。我一路慢行，兩岸房舍燈火，相映水中，倒印如雙。這良晨美景令我憶起徐志摩的《康橋》：「啊，這不是新來的潮潤沾上了寂寞的柳條？靜極了，這朝來水溶溶的大道，只遠處牛奶車的鈴聲，點綴這周遭的沉默。順著這大道走去，走到盡頭，再轉入林子目裡的小徑，往煙霧濃密處走去，……。」但我深信這鎮遠之靈秀絕不亞於康橋。

黃果樹瀑布

我們十多年前去過黃果樹，這次舊地重遊。景區設施改進了許多，遊客人山人海，據說每年有一千四百萬人來此，只是外國人並不多。黃果樹是中國最著名的瀑布，也被譽為「亞洲第一大瀑布」，雖然沒有尼加拉瓜、伊瓜索及維多利亞三個瀑布的規模、氣勢，但它是世界唯一可以上下前後多方位角度欣賞的有名瀑布。特別它有個「水簾洞」，乃是一天然生成，加上少許人工，形成於瀑布背後的一條洞穴通道。這在世界上都是少見的。

我們隨著人潮，先在棧道上觀賞瀑布正面、側景與滾滾奔騰江水，四周森林綠翠滿谷。最後進入「水簾洞」，置身其中，水簾漫頂而下，雷霆轟響，給人驚心動魄的體驗，這真是一個難得的奇觀，令人陶醉其中，不覺周身淋濕狼狽。

離開「水簾洞」，來到「天星橋」，這是一個碧根藤墨繪製的千古絕畫，風刀水劍刻如萬傾盆景，景色幽致。最後我

們去看遊覽景區最寬的瀑布──「陡坡塘瀑布」，這個瀑布較低，但很寬闊，景色十分怡人。

興義馬嶺河峽谷

我們離開黃果樹景區後繼續沿高速公路向西南而行，當晚抵達黔、桂、滇三省交界的興義市。興義有「黔桂鎖鑰」之稱，為一商貿中心，特別是煤的集散地。有一老城，規模不小，近年旅遊業興起，新建了一座新城，高樓林立，市貌繁榮。

興義最有名的風景是馬嶺河峽谷與萬峰林。我們首先去了馬嶺河峽谷。這個峽谷是因造山運動而將地表剖開、深切的一條大裂縫，號稱「地球上最美麗的傷痕」。我們清晨早起，趕到景區，由平地乘電梯下到谷底。見到峽谷平均寬度在200-400米之間，最窄處僅50米，而深度一般約兩三百米，最深處達500米。馬嶺河流過谷底，因地表兩岸溪水充沛，下瀉入深谷形成了數百條高逾百米的瀑布，水聲轟隆、氣勢磅礴。兩岸碳酸鈣沈積岩壁成為壯觀、獨特的岩頁壁畫，稱之為「天星畫廊」、「五彩長廊」。瀑布、壁畫、峰林相交織，令人歎為觀止。我們在谷底小道流連約兩小時，盡興而去。

萬峰林

萬峰林屬於典型的雲貴高原喀斯特地貌，由兩萬多座形如春筍的奇峰秀石組成，綿延數百公里。我們離開馬嶺河峽谷，立即趕到萬峰林。搭上景區的旅遊車，跟隨導遊講解員，首先沿山腰道路瞭望、俯瞰，後又下到山谷農田及布依族村寨，時時下車觀賞、拍照。登高、臨谷，總見遠及天邊、一

望無際的群峰，翠秀似林、和諧雅致。山谷田野如茵，小溪蜿蜒似帶，村寨稀疏點綴，宛如一幅濃墨重彩的山水畫卷，也真是一處不可多得的人間淨土。

明代著名地理學家、旅遊家徐霞客曾兩進興義考查、觀賞萬峰林，曾賦詩：「天下名山何其多，唯有此處成峰林；峭峰離立分寬穎，參差森列撥筍岫。」徐霞客「志在四方，問奇於名山大川。」暢遊三十餘年、足跡遍十四省、最後來到雲貴、對萬峰林給予了高度的評價。山川若有靈，亦當驚知己之難遇也！

貴陽與貴州建設

最後我們回到貴陽。十多年前曾來貴陽遊覽，此次舊地重遊，只是貴陽已改變萬千。現高樓林立，新區繁華。我們去黔靈山公園，見禪林弘福寺、香火鼎盛，頗具靈性的野生獼猴，令人喜愛。前往貴陽「市徽」甲秀樓，南明河中翹然挺立，煙窗水嶼，如在畫中。

此行見到貴州高速公路，穿山越谷，工程不凡。沿途苗民新舍儼然，深感「開路、致富」，今日貴州已不再是「人無三兩銀」的光景了。

尾聲

此旅領略了梵淨山清靜與潔淨、大七孔峻險神奇、小七孔輕柔恬靜、西江苗寨世外桃源、鎮遠古鎮有勝康橋、黃果樹瀑布天下獨特、馬嶺河峽谷氣勢磅礡、萬峰林奇峰成林；臨獨山抗日紀念園，念先輩抗日艱辛、精神偉大；睹貴州新貌，百姓房舍儼然、生活舒暢，欣甚！

綺麗的花東縱谷

　　臺灣東部山巒起伏，景色清秀，無西海岸之人口稠密、車馬喧囂。仲夏之際，與老妻及友人王君駕車由臺北沿東海岸南下，逍遙二日，一路暢遊，流連忘返。

路途

　　王君駕車，沿北宜高速公路而行，過石碇、坪林，不久進入長約13公里的雪山隧道。一出隧道就到了宜蘭（蘭陽）平原，遠望海中龜山島歷歷在望。過礁溪、頭城、宜蘭、蘇澳就開始沿海攀山，在蘇花公路走了兩三小時，到了花蓮。

花東縱谷

　　我們由花蓮邊駛過，離開海邊沿著九號公路向南而行。頓時只見稻田滿野，平原開闊，兩旁高山連綿。這就是花東縱谷。

　　在遠古地殼運動中，菲律賓板塊插入歐亞大陸板塊的底部，擠壓而形成西邊的中央山脈與東邊的海岸山脈。換句話說，中央山脈位於歐亞大陸板塊之東側，海岸山脈在菲律賓板塊的西側，而花東縱谷則是兩板塊交界的低窪峽谷。花東縱谷南北長約180公里，東西寬2-7公里，面積約1000平方公里，海拔50-250米不等。

　　花蓮溪、秀姑巒溪、卑南溪及其他許多小溪流從中央山脈海拔兩三千米的高山傾瀉到谷地，落差非常大，造成許多美麗

的瀑布與悅目的溪流景觀，也提供了農作物的豐富水源。大部分的溪流在縱谷中都是南北走向，分別由花蓮或臺東出海，惟有秀姑巒溪下游河道侵蝕海岸山脈，切割成壯麗的峽谷，在花蓮、臺東兩縣交界附近出海；並襲奪了古花蓮溪的河道，形成了現在的廣闊河道。這是縱谷中遊客泛舟的美麗景區。

我們過了鳳林、光復，兩旁盡是一片綠意如綿的秀麗山脈，沿路見到東部幹線鐵路，平原開闊、農作茂盛，到處都是果園、茶園、稻田、牧場；據說在油菜花盛開時期，黃花遍及天邊，與山脈、溪流交織成綺麗的田園風光。

我們到了瑞穗鎮，見到許多溫泉浴的旅店及街邊的廣告。聞名全省的紅葉和瑞穗溫泉均離公路不遠，只惜我們要趕路，未能停車泡溫泉浴。

赤柯山金針花

過了瑞穗，我們離開九號公路，越過秀姑巒溪，進入海岸山脈，稍時即到了玉里鎮的赤柯山。小路兩旁盡是黃澄澄的金針花，我們進入一個農莊，步行登上一座小山頭的觀景臺，一眼望去，滿野綠蔭的山頭被遍佈的金針花點綴得綺秀怡人。這種景色和我們見過的美國德克薩斯州小藍帽花（Bluebonnet）和冰島的白羽扇豆花（Lupin）有相似之處，都是鮮花遍野、遠及天邊，令人心曠神怡。

見到許多農民在採金針花，驕陽日曬，十分辛苦。但他們告訴我，採收金針，必須花苞成熟、呈金黃橙紅色，需在沒有開花前採收。成熟的花苞為期只有一天，到了隔天的清晨，花苞就綻放了。開花後就不能製成一般食用的金針，所以

一天之內就必須採收完畢。對赤柯山的農民來說，滿野黃花是沒有經濟價值的，但卻帶來無數的遠方遊客。

赤柯山原來整座山種滿了赤柯樹。日據時代，日本人將堅硬的赤柯樹砍下運回日本做成槍托，赤柯山因此得名。可是後來赤柯樹被日本人砍光了，早期改種玉米、花生、地瓜，後來才種金針花，讓赤科山變成了觀光旅遊的好地方。

知本半山之宿

黃昏之際，我們穿過臺東市區抵達知本，夜宿於山坡上的孫氏莊園。這個莊園種滿桃子、火龍果、巴拉、蓮霧、木瓜、香蕉等水果，也開滿了各色的鮮花。夜間萬籟寂靜，只見天上的星斗與臺東市區稀疏的燈火，還有海上天邊綠島隱約的亮光，這寫意的景色令人陶醉。

清晨起早，天猶朦朧，見四處人家院落，綠蔭滿園、鮮花綻放；後山環拱，林木蒼蒼。遙望綠島，恰似一隻小舟在天邊搖盪。頃刻，旭日脫穎湧起，海天一為染紅，壯哉！孫先生夫婦四十多年前大學畢業，即來此執教。如今不僅桃李滿天下，也深得日月山海靈秀。

史前博物館——卑南文化

離開孫氏莊園，我們下山去臺東市區。這是我第三次來此，市容雖較以前繁華，但基本變化不大，沒有西部城鎮之喧囂。我們去參觀了市內的史前博物館和城郊的卑南文化遺址。

臺東史前博物館建於2002年，內有臺灣自然史廳、臺灣史前史廳、臺灣南島民族廳、中庭議題區等。展示了臺灣地理

的形成及演變、南島民族的遷徙、臺灣原住民的生活，以及卑南文化。有許多出土的文物，加之精闢的說明，使這個博物館水準不凡。

　　位於臺東市郊的卑南文化遺址發現於1980年，現為臺灣考古史上最大規模的一個遺址，其面積廣達三十萬平方公尺。不但聚落龐大，而且大量的頁岩石板建築顯示卑南文化已經有頗具組織的社會結構。狩獵與農耕是卑南文化的主要謀生方式。除了農具、獵具等石器外，陶器是日常生活最普遍的用具之一。玉器多為族人平常的裝飾品，及過世後的隨葬品。在那裡發現了一千五百多座墓葬與數萬件陶器及石器出土。此外，有數以千計的石板棺埋在卑南遺址的建築物底部。棺內有豐富又精美的陪葬玉器、陶器。

　　卑南文化主要分佈於臺灣東部的海岸山脈和花東縱谷南段的河邊、海邊或山區的緩坡地。重要遺址除了卑南遺址之外，還包括掃叭、富山、漁場、漁場南、東河Ⅰ、東河Ⅲ等地方。在這些遺址都出土了大量鐮刀、石刀等農具，可見當時農耕已很發達。至於海岸地區的遺址，挖掘到豐富的網墜、尖器等漁業用具，顯示這些原住民也靠海為生。

　　目前的資料指出，卑南文化為新石器時期，與舊石器時代長濱文化毫無關連性，而卑南文化人可能是排灣族的祖先。博物館內還展示花東縱谷為原住民的主要聚集區，孕育了臺灣十四大原住民族群中的五個原住民族群：阿美族、泰雅族、布農族、太魯閣族及卑南族。原住民文化更是縱谷區內最重要及最具代表性的珍貴資產，這些世代在此生活的的原住民們，與大自然奮鬥、努力不懈、繁衍至今。

與颱風賽跑

根據天氣預報，有一個小型颱風由菲律賓向臺灣而來，預計一兩天後將來到臺灣。這兩天烏雲密佈，我們得趕緊趕路，跑在颱風前回到臺北。

成功三仙台海岸

我們沿海線北上，過成功鎮不遠，到了三仙台。見到海上有一串火山岩島嶼，島上有三座小山峰，相傳古時鐵拐李、呂洞賓、何仙姑曾於島上休憩，故名三仙台。這裡的海岸是珊瑚礁岩，也有一些沙灘，景色幽雅，據說也是釣魚的好地方。只是海上築了一座多拱的彩色長橋，太過「人工商業化」，破壞了自然景觀。

鹿野高臺

我們出了臺東，已是烏雲滿佈，走了約30公里，來到鹿野高臺。這裡位於花東縱谷南端，為一臺地。其兩側有新武呂溪及鹿野溪，在此交匯成卑南大溪，向南奔流；往東正對都蘭山。舊名「野鹿」，因以前經常有野鹿出沒而得名。這裡土質優、氣候佳、日照長，是上好的茶產地，所種茶葉屬凍頂烏龍品種。茶葉每年可採收多次，命名為「福鹿茶」。

我們到達臺地，見到頗大的草原，據說每年的「熱氣球嘉年華」在此舉行，人山人海，盛況空前。假日也有許多遊客到此休閒、品茶、眺望壯麗山川。只是當我們到那時正逢傾盆大雨，整個臺地只我們三人，不見其他遊客。既來之，則安

之，我們打著傘，急步登上瞭望臺，俯瞰草原青青、卑南溪蜿蜒而流、對面都蘭山雄偉聳立，風雨雲霧中，朦朧蕭瑟，益顯壯觀雄麗。風雨中整個峽谷寧靜無比，我們流連良久，不覺周身之濕。

這次風雨觀景，令我想到《定風波》：「莫聽穿林打葉聲，何妨吟嘯且徐行。 竹杖芒鞋輕勝馬，誰怕？一蓑煙雨任平生。……。」蘇東坡描寫雨中出遊淋漓至盡！

花蓮戴氏餛飩

王君老馬識途，他說花蓮市裡有家賣雲吞的小店，全省馳名。我們遂進入花蓮鬧區，找了一陣，看到了「戴氏餛飩」的牌子。停車入內，店雖不大，卻有兩層，裡面坐滿了人。我們每人要了碗雲吞，這家的雲吞的確不同凡響，不愧為全省之冠。

蘇花公路

我們進入蘇花公路時，已是烏雲密佈。路旁也有字幕警告整個公路將在數小時後關閉。我們抓緊時間趕路，也一路領略這沿海公路的險峻、壯麗。

蘇花公路的歷史可追溯到清末，清政府沒有遠見，置臺灣東部少數民族地區於化外，不進行開發。直到1874年牡丹村事件發生，日本派兵侵占臺灣東南部後，才開始鞏固邊防與安撫原住民。欽差大臣沈葆楨下令開闢蘇澳到花蓮的道路，使能通行車馬，當時稱作「北路」（蘇花古道）。北路沿著峭壁開出，因路況不穩定，時有坍塌，交通不便；又不時受到原住

民侵襲，加上首尾間遠、駐防兵勇、維護不易、瘴厲疫病等問題，於完工後不及一年半即移紮棄營，任其荒廢。日據時代，多次整修拓寬，於1932年全線120公里完工通車，改稱為「臨海道路」。光復後國府多次整修、加寬、擴建。其後環海線鐵路完成，取代了大部分的運輸、交通需要量。蘇花公路主要作為觀光道路。

我們停車步行到廢棄的老舊道路，的確彎曲、狹窄，可想當年車過此路是十分驚險的，以致失事慘案頻傳。2010年10月，受強烈颱風梅姬與東北季風影響，蘇花公路發生多處坍方，不幸造成一件一人死亡、二十五人失蹤的悲慘事故，其中有二十一名是來自廣東珠海的旅行團員，他們也許都被埋在公路懸崖附近的海底。我們參觀了設在路邊的「安魂紀念碑」，為死者哀悼。

尾聲

黃昏時分，我們出了蘇花公路，沿北宜海線公路，陰雨中回到臺北，已是萬家燈火。此行見花東縱谷青山秀水、鮮花綠野、民俗純樸；知本孫氏莊園山海靈秀；臺東卑南文化古跡珍貴；蘇花公路峻險壯觀；東海岸海濤澎湃、奇岩秀石，始知臺灣的確是個美麗的寶島！

冰封雪飄遊班芙

　　位於加拿大洛磯山脈的班芙（Banff）與露易絲湖（Lake Louise）舉世聞名，叢山崢嶸、層林鬱蔥、碧湖清溪，有如仙境。我與老妻曾多次前往攬勝，卻均在夏日旺季。一般人去旅遊也大多是去領略炎夏的湖山風光，就連影片、書籍所載也盡是夏秋之美景。久想去看看那裡冰封雪飄的嚴冬景色，終於找到個旅行團，冬末之際乘興上路。

溫哥華的中國區

　　天未破曉我們由休斯頓飛往西雅圖，旅行社派人帶我們小遊西雅圖，旋即前往溫哥華。頭一晚的旅社在大溫哥華市區的列志文（Richmond）。這是一個近二三十年興起的小鎮。上世紀八零年代底，許多香港華人深怕九七香港回歸，開啟了來溫哥華的移民潮。接著九零年代起，大陸移民也紛紛來此，原本空曠的列志文成了繁華興盛的城鎮。在路上見到的幾乎都是華人，商店、飯館林立，到處是中國字招牌；這裡的中國菜十分可口。據聞列志文60%的居民是華人，而整個大溫哥華區有三四十萬中國人，溫哥華成為北美新興的華人重鎮。

穿越三層山脈

　　次日清晨，我們整團五十多人乘巴士出發，這幾天穿過海岸山脈（Coast Mountains）、哥倫比亞山脈（Columbia

Mountains），最後抵達洛磯山脈（Rocky Mountains）。這三座山脈與海岸線平行，自西北向東南延伸，都是因地殼太平洋板塊切入北美板塊之底產生壓擠而隆起。第一天沿著高速公路而行，越過海岸山脈，進入飛莎高原（Fraser Plateau）。飛莎高原是介於海岸山脈和哥倫比亞山脈之間的飛莎河流域盆地（Fraser River Drainage Basin）。飛莎河發源於洛磯山脈西側的Robson山附近，先經洛磯山地溝（Rocky Mountain Trench）向北，後急轉向西南，在溫哥華城南郊注入太平洋，全長約1400公里，覆蓋了22萬平方公里的流域。我們一路見到的都是山澗、丘陵及盆地平原，滿野蒼林、雪山連綿，偶過湖泊、小鎮，少見人煙。黃昏抵達位於Okanagan湖畔的維倫（Vernon）過夜。

太平洋鐵路的最後一根釘

第二天起早出發，越過哥倫比亞河（Columbia River）。這條河全長約2000公里，是北美洲西北部注入太平洋最長的河流，發源於洛磯山地溝中的哥倫比亞湖（Columbia Lake）。先沿洛磯山地溝向北流，後轉而向南流經美國華盛頓州（Washington），再沿華盛頓、奧瑞崗（Oregon）兩州交界，最後注入太平洋。我們逐漸爬高進入哥倫比亞山脈西側，午前抵達Craigellachie，該處位於老鷹峽道（Eagle Pass）中。這裡的海拔為550米，是橫貫加拿大的太平洋鐵路（Canadian Pacific Railway）與一號公路（Trans-Canada Highway）所經要道。加拿大的太平洋鐵路始建於1881年，當時修築鐵道的主要是由中國廣東雇來的華工。施工從東西海岸同時進行，最後於1985年11月7日在此接軌。如今在這留有一個「最後一根釘」

（The Last Spike）的紀念碑，其旁有一個老火車頭。還有一幅當年完工的圖畫，只是其中沒有一個中國人。直到近年，加拿大政府明令聲明，表揚當年華工為建築鐵道貫通加拿大東西兩岸作出的重大貢獻。

破冰大炮、以毒攻毒

繼續翻山上路，只見兩旁雪山、冰河不斷，公路兩邊也堆積了好幾米高的雪牆。不久我們到達羅傑峽道（Rogers Pass）停車小休。這裡位於國家冰川公園（Glacier National Park）的中心，海拔高達1330米，有一個小型展覽館展示這一帶的風情。據稱在嚴冬這裡積雪高到七米，四周的冰川、雪山經常發生雪崩（avalanche），阻塞道路，使得交通斷絕數小時到數日。為了預防雪崩，護路隊伍聯繫軍方用大炮轟擊可能發生問題的冰山，以減少雪崩造成的災害。我們在展覽館附近見到被大雪埋了一半的防雪崩大炮；展覽室內陳列了一個105毫米的炮彈。看來這種以毒攻毒的辦法還真是防止雪崩的良劑。

拍攝齊瓦格醫生雪景的雅賀國家公園

離開羅傑峽道，不久開始下坡，到了分割哥倫比亞山脈與洛磯山脈的洛磯山地溝（Rocky Mountain Trench），再度越過哥倫比亞河（Columbia River）就進入了洛磯山脈。我們首先在雅賀國家公園（Yoho National Park）裡的小鎮——Field小停。這裡是個山谷、峽道，海拔已達1千6百米，四周都是三千多米高的雪山，道路及公園裡堆滿冰雪，正逢上雪花紛飛，雪景美麗非常。這個小鎮只有160多居民，但卻留下一個名滿全

球的往事。據說上世紀60年代的經典電影巨作——《齊瓦格醫生》（Doctor Zhivago）中，齊瓦格醫生帶著他的妻子與孩子搭火車由莫斯科逃到Yuriatin，在寒冬冰天雪地中艱苦的旅程就是在這裡拍攝的。

班芙雪山、清溪相掩映、遊客不絕

　　離開雅賀國家公園未久就進入了班芙國家公園（Banff National Park）。加拿大洛磯山脈分設了許多國家公園與省立公園。其中以班芙國家公園成立最早，它也是全加拿大的第一個國家公園。我們沿著一號公路向東南而行，兩旁白雪皚皚，杉、松遍野，弓河（Bow River）帶雪蜿蜒而流，遠處雪山連綿耀眼。沿途了無人煙及叉路，卻見到不少公路天橋（overpass）。原來這是為野生動物穿越公路覓食、飲水而建。據估計每年會有幾十萬隻動物跨橋而過。

　　近一小時，我們抵達班芙鎮。班芙是一個群山環拱，三水穿越的山谷小鎮。 這裡的海拔約1376米，四周的Cascade、Rundle、Sulphur、Tunnel、Norquay等幾座山的海拔均在2到3千米。弓河發源於洛磯山脈弓冰川（Bow Glacier）下的弓湖（Bow Lake），滾滾而流約80公里，在班芙與兩條支流——40 Mile Creek、Spray River交匯，向東流經加爾各里（Calgary），在平原上進入South Saskatchewan 河，最終注入哈德遜海灣（Hudson Bay）。

　　班芙的開發始自1875年。當時有兩個獵人、探險家到此發現了溫泉（Cave and Basin Hot Springs）。於是逐漸開發，在1887年建成溫泉浴池；也就在同一年班芙國家公園（當時稱

為Rocky Mountain Park）成立。從此班芙成為旅遊勝地，它的山川美景傳遍世界。

我們在該鎮度過一晚，到大街上流覽、晚餐。雖在淡季，街上還是擠滿遊客。各種賣紀念品、土產的商店、旅行社、滑雪公司以及各式餐館，應有盡有。我們品嚐了號稱加拿大首屈一指的阿伯塔（Alberta）牛排，十分可口。

弓河大江東去

我們首先去鎮邊的弓河瀑布觀賞。這裡弓河由北而來，突然轉了個90度大灣，向東流去。支流Spray River也由南而來與弓河匯合。此處弓河跌落十多米，形成瀑布。冬末之際瀑布成冰，與清澈溪水、兩岸蒼林、遠處雪山相映怡人。回首而望，弓河穿越Rundle與Tunnel兩山之間平野，蜿蜒朝東而去，岸邊平曠的草地被潔白冰雪覆蓋，兩岸松杉鬱鬱，東望高山皚皚，這裡是班芙鎮的招牌景點。成人趕著在此拍照留戀，孩子們爭相在冰上戲耍。

溫泉旅社與瑪麗蓮夢露

弓河背靠Rundle山，在半山上有一所溫泉浴池——Banff Upper Hot Springs。這是由1887年始建的浴池為基礎，在1912到1914年重建而成。我們去那裡參觀，事實上是一個大型游泳池。只是裡面擠滿了泡湯的遊客，大家在嚴冬享受著陽光與溫泉，愜意非凡。

溫泉浴池下方為班芙溫泉旅社（Banff Springs Hotel），是一個美麗、莊嚴、豪華的大旅社。始建於1888年，當時

是世界上最宏大的豪華旅館。上世紀中葉20世紀福斯公司（20th Century Fox）有名的電影——《大江東去》（River of No Return）主要是在班芙拍攝的。該片的女主角瑪麗蓮夢露（Marilyn Monroe）於1953年夏天來到班芙，下榻於此。該片中木筏在弓河急流上漂浮的驚險鏡頭將班芙國家公園的清溪、杉林、峻嶺的綺麗風光傳遍全球；瑪麗蓮夢露的迷人歌聲與紅顏薄命的風采令人留下永遠的懷念。據聞瑪麗蓮夢露在河邊拍片時不慎傷了足踝，在旅社養傷數日。旅社的服務員爭著服侍她，最後每天由大家抽籤決定。這段故事至今猶在班芙傳為佳話，也為班芙增色不少。

冰封的露易絲湖

次晨清早離開班芙前往露易絲湖。前一日天陰細雨，今天居然放晴，激起大家高昂的興致。約半小時餘，我們抵達露易絲湖，只見停車場四周雪堆如山。走過一串樹林，豁然見到一片滿目潔白的雪地，定神凝視才知道這就是冬季的露易絲湖面。露易絲湖並不大，東西最長處約兩公里，南北最寬處約半公里，總面積只有0.8平方公里，為一由冰川形成的高原湖泊，海拔為1,750米，最深水深達70米。湖邊南、西、北三面群山環抱。正西方有Lefroy和Victoria兩座冰川，四周松、杉滿山遍野。湖的東岸建有一座雄偉、美麗的豪華賓館——Fairmont Chateau of Lake Louise。最早原住民稱此湖為「缺魚的湖」（Lake of Little Fishes），因為由冰川溶解的湖水含有岩石微粒，以致呈現美麗的綠寶石色（emerald color），但不適於魚類生存。

我曾多次在夏天來此觀賞，碧綠平靜的湖面、遠處潔白

的冰川、三面環抱的峻嶺、鬱鬱蔥蔥的松杉，襯托著湖邊醒目柔美的旅社，和諧而幽雅，這無疑是我一生見過最美的湖泊。但今天這裡的景色可謂截然不同：湖面雪白如絹，遠處湖山迷茫，孩童履冰似蟻，蒼天綠松相映，令人心曠神怡、塵世皆忘。

據說露易絲湖從十一月到次年五月，共七個月為冰凍期，水面冰凍的厚度高達兩米。湖上堆了幾個雪人，還做了一座冰雕堡壘。我們在湖上漫步良久，也拍了許多相片。在冰上站久，再加上微風，還是覺得寒凍襲人。我們到湖邊賓館稍作休息後，遂盡興而去。

白角山頂俯瞰大地雪飄

離開露易絲湖，我們到附近的滑雪場（ski resort），搭纜車（gondola）十多分鐘登上白角山（Whitehorn Mountain）頂。這裡海拔高達2090米，山坡有好幾條滑雪大道。見到許多滑雪者順坡而下，一瀉千里，好不暢快。山頂雪白耀眼，居高俯瞰，視野遼闊，附近幾十公里的洛磯山脈盡收眼底。遠眺四周冰山環繞，各顯崢嶸，氣勢雄偉；弓河蜿蜒而流，原野叢林蒼鬱；露易絲湖與其旁雪山、冰川、叢林、旅社隱隱在望。

放眼北望，洛磯山脈叢山疊嶺、雲雪蒼茫。一號公路向北行進入賈斯珀（Jasper）國家公園。只惜冬季冰凍，公路封鎖，我們不得進入觀賞。洛磯山脈中最大的冰川——哥倫比亞冰原（Columbia Icefield）坐落公路之旁。多年前我們於仲夏登臨Athabasca冰川，遇到大雪繽紛。從冰川發源的Athabasca河向北流，經過平原，匯入Mackenzie河，最後注入北冰洋

（Arctic Ocean）中的薄福海（Beaufort Sea）。可見加拿大洛磯山脈是三大洋的分水嶺，這裡的冰川融雪分流到太平洋、大西洋與北冰洋。

加拿大風情與購物

此行曾到三個土產店參觀、購物，其中包括蜂蜜、西洋參和冰酒。這些店都是近年針對華人遊客而設，的確也招攬了許多生意。我們團隊大家都可謂「滿載而歸」。另外我注意到加拿大的一般物價比美國，特別是德克薩斯州要貴50%到一倍。加拿大稅率很高，但社會福利尤其醫藥保險都比美國好很多。加拿大有998萬平方公里土地，卻只有3千6百萬人口，地廣人稀、資源豐富，人民一般溫文有禮，注重生活情趣，懂得享受人生。

尾聲

幾天暢遊後，返抵西雅圖搭機飛回休士頓。此次冬遊加拿大洛磯山脈，領略了班芙與露易絲湖冰封雪飄之勝景。此處的嚴冬與夏秋雖景色殊異，卻是各顯綺麗，「真好比西子，盡濃淡總相宜」，不愧為世界首屈一指的湖光山色。

探史篇

中國到唐宋之際，海上的貿易興起。北面到日本、朝鮮，南往南洋，西去中東阿拉伯，商務頻繁。琉球是中國面向海洋最近的島群，位於中國與日本海運的中途，也往往是中國百姓出海貿易謀生的首站。是以琉球受中國文化影響深遠，在唐宋時就與中國有相當多的民間來往。

訪琉球、懷釣魚臺

　　琉球是位於臺灣與日本之間、中國大陸之東的一長串島嶼。總面積約3600平方公里，多為珊瑚礁嶼，其中最大的島嶼是占地1207平方公里的沖繩本島。它在歷史上一直是中、日文化交匯之所，近幾世紀成為中、日、美三方爭執之地。琉球人民也經歷了多次慘痛的戰火洗禮。

前往琉球

　　久想去琉球看看。2011年趁回臺之便，與老妻及友人王君隨團前往那霸，作了五天的琉球巡禮，領略了其海天風光，也體會到琉球人民走過來的風霜。

　　從臺北起飛後約一小時多就到了那霸。我們一團共約二十人。導遊是一個在臺灣長大的臺、琉混血，他的漢語、臺語及日語都說的很好，人十分博聞、風趣，令我們學到許多琉球的往事，也盡情地欣賞了琉球的海天一色。

琉球民族的起源

　　我一直想買幾本介紹琉球的書，但沒能找到好的中文或英文的。最後只得買了本日文的琉球歷史書，唸了其中的漢文部分，也猜出了六七成。加之導遊給我指點些日語，使我對琉球人走過來的路有了淺顯的瞭解。

　　琉球民族的起源有許多不同的說法：來自中國、來自日

本及來自南太平洋的馬來語系，至今沒有定論。現已發現的石器時代的早期琉球居民有琉球本島的山下町洞人、港川人、以及宮古島的Pinza-Abu洞人。

早期琉球深受中國的影響

史書上對流球最早的記載出自《後漢書。東夷列傳》：「會稽海外有東鯷人，分為二十餘國。又有夷洲及澶洲。」後在《隋書。東夷》上首次應用流球之名：「流球國，居海島之中，當建安郡東，水行五日而至。」隋煬帝兩度令朱寬前往流球。在此早期，流球和臺灣是混而一談的。

中國到唐宋之際，海上的貿易興起。北面到日本、朝鮮，南往南洋，西去中東阿拉伯，商務頻繁。琉球是中國面向海洋最近的島群，位於中國與日本海運的中途，也往往是中國百姓出海貿易謀生的首站。是以琉球受中國文化影響深遠，在唐宋時就與中國有相當多的民間來往。

久米至聖廟

琉球文化受儒家影響頗深。明代尚氏王朝向中國朝貢，福建人移民來琉球，帶來儒教。其古代行文均為漢字。直至如今，儒教猶是琉球文化、宗教主體之一。

導遊帶我們去參觀那霸久米至聖廟（孔廟）。此廟始建於清初（1676年），二次大戰中遭美軍轟炸化為灰燼，1975年移往若狹重建。該廟正門上高掛「至聖廟」匾額，內為四殿環繞的院落，中間為一片草坪。正殿為大成殿，祭祀孔子及顏回、曾子、子思及孟子四賢。其右側為天尊廟及天后宮，分別

祭祀道家玉皇大帝、關帝、海龍王及媽祖，香火旺盛。其左側
為明倫堂，乃是琉球最早的公立學校，為儒家學者程順則於
1718年建造，代表了琉球的儒家與教化歷史。

後坡上有紀念十七八世紀程順則及蔡溫兩位儒士在琉球
傳播儒家的功績。這個孔廟雖規模不大，但佈置莊嚴有序，顯
示琉球接受中華文化與教育的淵源。琉球在古代的官方文件一
直採用漢文，直到19世紀末日本併吞琉球後強迫琉球人採用日
文，限制中文，破壞了許多琉球的固有文化。

波之上神宮

琉球人固有的宗教信仰為琉球神道，包括祖先、御嶽、
來訪神、龍宮、東方、妹神、山川、風、雨等信仰；後結合中
國儒、道、佛及日本神道。現有神社祭祀祖先、烈士、英雄等
神靈；神宮則祭祀太陽神、風、雨等自然神祇。

我們參觀了號稱琉球第一神宮的「波之上神宮」。該
神宮坐落在一個小珊瑚礁山丘之上。其內供奉琉球國土守護
神，是琉球重大祭祀的場所，一般人民與許多觀光客都到此許
願福祿、祈求平安。廟宇的建築是典型的日本式的神宮型。在
那裡，我們見到旅客求願及法師作法。導遊也教大家如何許
願，團員們紛紛求願。

福州園

福州園座落在波之上神宮附近，為1991年紀念那霸建市
70周年，以及那霸與福州結為姐妹市十周年而建。庭園內有
福州傳統的古建築、水池、假山，園內種植了各種花卉、草

木。佈局優雅、諧和。中國福建一帶百姓在宋、元時就來琉球通商。明洪武年間，琉球受明朝冊封，官方及民間均有很多人來琉球，其後陸續移民來此的福建人也很多，久米村一直是中國福建後裔聚居的地方，有「久米三十六姓」之稱。福建園及孔廟顯示以往中國與琉球的交流。

三山時代

12世紀，琉球本島出現了山南、中山、山北三個王國，這個時期稱為「三山時代」。元世祖忽必烈曾派遣使者詔諭流球，但因海路遇難，無功而返。明初（1370-1380年）朱元璋遣使詔告琉球諸國，三山陸續入貢明朝。1390年起，琉球諸離島部落酋長入貢中山。

朱元璋冊封尚氏王朝

1406年，尚巴志發兵起義，中山王國滅亡；此後尚巴志陸續滅山北、山南。朱元璋取得天下後遣使詔告冊封琉球，賜姓尚，琉球國第一尚氏王朝建立，向明朝稱藩朝貢。後第一尚氏王朝頻發內亂，在尚德王時期金丸被群臣擁立為君，改名「尚圓」，1469年，琉球國第二尚氏王朝建立。尚真王時期，南征八重山、與那國等島；尚清王時期，攻占奄美群島；「三省三十六島」局面形成，繼續向明朝稱藩朝貢。

明初，朱元璋為防止倭寇及方國珍、陳友諒殘餘的海外餘黨，頒佈「海禁」，民間不得私自出海及與外人貿易。但琉球可以「朝貢」和「回賜」的方式與明朝官方進行貿易。琉球的「進貢船」頻繁來往福州、泉州、那霸之間。琉球的經濟賴

以發展，並吸收中國的先進文化與技術，提高了琉球文明。同時琉球也成為中國與日本及其他東南亞國家進行貿易的中轉站。只惜明朝的「海禁」直到晚期穆宗隆慶元年（1567年）才廢除，是以長期地限制了民間貿易及中、琉的交流發展。

琉球古王城──首里城

首里城是琉球尚氏王朝的皇城，始建於十四世紀末，融合了中國與日本建築的風格，在二次世界大戰美軍進攻琉球時被焚毀，1992年10月重建。

該皇城位於一個山頭，四周有用古老石築的高牆。我們從守禮門向上，過一歡會門，再沿階而上，過奉神門進入內城御庭，見到紅色木造的宮殿。正東為正殿，坐東向西，意為朝向中國。室內多為日本格式，一樓為國王執行政務和主持儀式的場所。二樓有國王的御座及御差床，為舉行各種儀式和慶宴時國王起駕所設。牆上有康熙賜「中山世土」的匾額。其兩側分為北殿、南殿及藩所。北殿是審議重要案件及迎見冊封使節的地方，南殿及藩所為接待薩摩藩官員的地方，其後有書院及王子休憩的「鎖之間」。

這個皇宮莊嚴齊整，整個御庭建築諧和、雅致。以當時琉球僅16萬的人口而言，這是個頗具規模的宮殿，顯示了當時琉球國泰民安、經濟發達。

日本侵入琉球

琉球因隣近日本，自古均有來往，豐臣秀吉時期（1589年）即有意染指琉球。1609年，日本九州薩摩藩在德川幕府的

許可下，入侵琉球；尚寧王被擄，被迫簽訂《掟十五條》：琉球國向薩摩藩稱臣，割奄美群島予薩摩。從此琉球同時向明朝及日本朝貢。

明末中國內亂，無暇顧及琉球。清初順治封尚質王為琉球王，琉球依然向清朝稱藩進貢。但因清初長期執行「海禁」，中國對琉球的影響逐漸被日本取代。

美國強迫琉球開放那霸

1853年5月，美國海軍準將佩里（Matthew C. Perry）的艦隊第一次到達琉球。1854年3月，佩里在《神奈川條約》的簽訂過程中要求日本開放琉球的那霸港口。日方表示琉球是個遙遠的國家，日方無權決定其港口開放權。1854年7月11日，佩里與琉球國政府以中、英兩種文字簽訂開放那霸港口的條約。琉球海上貿易受到衝擊。

日本併吞琉球及李鴻章談判之僵局

1871年，日本在全國廢藩置縣，琉球被編入鹿兒島縣。次年（1872年）日本正式宣佈琉球群島為日本領土，並置琉球藩，封琉球國王尚泰為藩王。隨後於1875年強迫琉球與中國斷絕外交關係。1879年，琉球藩被廢除，設沖繩縣，尚泰王與其他重要王室成員均被迫離開琉球，遷往東京。

在日本併吞琉球的過程中，琉球親中國人士向德宏、林世功等祕密前往中國，請求清朝出面交涉琉球問題。1877年，中國首任住日公使何如璋在東京為日本併吞琉球提出抗議。1879年，美國前任總統Grant訪華，會晤李鴻章，答應調停琉球問

題，中日代表展開磋商。日本首先提出《分島改約案》，願將宮古、八重山二列島給中國。中國曾考慮此案，讓琉球國王在此二列島復國，但琉球親中人士表示兩島貧瘠，無法生存，不願接受。次年（1880年），李鴻章會見日本代表竹添進一郎，提出琉球三分方案，將包括琉球本島在內的中部諸島歸還琉球，恢復琉球王國，將宮古列島、八重山列島及其以南各島劃歸臺灣，另將北部包括奄美大島在內的五個島嶼劃歸日本。但日本不願接受，雙方談判陷入僵局，未能簽訂條約，琉球問題被長期擱置。

甲午之戰，日本霸占琉球既成事實，並擅自強奪釣魚臺

1894年，中日甲午戰爭暴發，中國節節失利。次年（1895年）初，日本圖謀臺灣、澎湖，首先於1月14日擅自宣稱原屬臺灣的釣魚島群島歸屬沖繩。其後於3月5日至26日攻占澎湖。是年4月17日，馬關條約簽訂，清朝割讓臺灣、澎湖給日本，琉球群島與釣魚臺群島遂為日本強占。

二次大戰中悲慘的沖繩之戰

第二次世界大戰後期，日本在太平洋戰爭中節節敗退。美國於1945年初反攻重占菲律賓後，決定越過臺灣，於4月1日開始進攻琉球本島。當時日本在琉球聚集了約十萬重兵。日本軍國主義為保衛日本本土，將琉球作為最後的孤注一擲，不僅下令軍士堅決犧牲，死戰到底；同時欺騙琉球人民，聲稱美軍殘暴猙獰，有如日軍在中國、東南亞所為，攻陷琉球後，不但老人、小孩將被殺死，婦女亦將被送到軍營裡施暴。雖然美軍

一再廣播、喊話，聲明優待俘虜、安撫百姓，但日軍裹挾百姓，頑抗到底，使得戰事持續整整82天（4月1日-6月21日）。日方守軍共94,136人陣亡（其中28,228人為琉球青年被逼參軍者），而更悲慘的乃是琉球民眾、婦孺被逼支援頑抗者最後跳崖或引爆炸彈自殺，或被日本兵士打死以減少山洞中日軍缺少食物的壓力，造成94,000個冤鬼。這次戰爭使琉球人口減少四分之一。也使得美國決定於一個多月後在廣島、長崎使用原子彈。日本軍國主義帶給琉球人民的慘痛是罄竹難書的。

我們在那霸看到一張相片：一個七歲的女孩——Tomiko Higa在戰火中，父母雙亡，又與姐姐離散，最後聽到美軍廣播，聲明優待俘虜、安撫百姓後，獨自舉著一隻白旗，緩緩走出躲藏多日的洞穴。這張相片令人見之落淚。

開羅會議中蔣介石拒絕託管琉球

二次世界大戰中，中、美、英三國元首於1943年在開羅聚會，商討戰後日本歸還侵略領土的問題。在會議期間，羅斯福向蔣提出戰後由中國託管琉球的建議，蔣當即表示中國無意單獨託管琉球。這表現了蔣氏對海權認識的欠缺，也引發了其後中日釣魚臺主權的爭執。

1945年，日本戰敗、投降。根據《開羅宣言》及《波茨坦宣言》，臺、澎歸還中國，琉球由聯合國交美國託管。

琉球重歸日本，釣魚臺成為中日爭議

到了1972年，美國出於政治考慮將琉球的行政權交給了日本政府。日本將沖繩復縣，另外擅自宣佈釣魚臺隨琉球歸屬

日本，造成中日釣魚臺群島主權爭議至今。

今日琉球與那霸美軍

琉球現稱沖繩，總人口約137萬（2008年統計）。因琉球本身沒有豐富的物產及成型的工業，經濟重要來自對外中轉貿易，也需日本的支援。

另外琉球現尚有龐大的美軍基地，駐軍連眷屬共約五萬人。這也是琉球很大的經濟支柱。琉球人大多樂天知命、安於現實，民風純樸。

國際名人通區

國際名人通區在那霸市中心。那裡有一條繁華的鬧街，集合各式各樣的民俗藝術品店、珊瑚貝殼館、咖啡店等等，是購物逛街的好地方，遊客絡繹不絕。我們在那裡見到「石敢當」風獅爺，與金門的風獅爺相似，但造型有異。可見海島受風頻繁，風神成為百姓祈拜的重要神祇之一。

玉泉洞及文化樂園

玉泉洞號稱是東南亞最大的鐘乳石洞。我們到那，沿階而下，進入一個長約九百多米的地下通道。這個岩洞的鐘乳石、石筍有細緻叢生的，也有巨柱高垂的。其中有一地下溪流，源頭流水潺潺，到盡頭成潭一平如鏡。這個溶洞非常有特色，也表露了琉球的石灰岩的地質特性。

出了玉泉洞，其旁有一王國村，在那裡觀賞琉球傳統的大鼓民俗豐年祭舞。還見到陳列的一艘複製的古琉球向明朝朝

貢的船──南都丸。這艘船長達34米，與當時中國泉州的商船形式相同，說明那時琉球受中國文化之深。其旁有琉球古民房群，及傳統工藝、玻璃、陶器工房。

園中有一大片「熱帶水果園」。琉球陽光充足、氣候炎熱，易於種植果樹。在園中我們見到香蕉、火龍果、巴拉、鳳梨、芒果、榴槤、蓮霧等熱帶、亞熱帶水果。琉球與臺灣相鄰，出產的水果大致相仿。

讀谷村

我們去讀谷村參觀製鹽工廠。琉球四面臨海，居民用海水煮鹽，歷史悠久，歷代不斷改進，現琉球鹽的品質是日本500多個製鹽廠之首。我們在那見到用風力製作濃縮海水的高塔、用太陽能的烘烤箱，及整個製鹽流程的，以及許多製成品及工藝品。

我們又去附近的傳統工藝製作廠。這裡保留了一些琉球王朝時代的石碓道路及古建築。有一處房舍是當時中國使節居住的行館。在那一帶有許多販賣紀念品的商店，陳列了各式各樣的工藝品。最多的是彩繪陶器及織布。其中風獅爺最引人注目。導遊贈送每個團員一套未塗色的小風獅爺陶器，讓我們自己上色。大家興致衝衝，紛紛繪出精美的成品。

沖繩美麗之海底水族館

我們乘車由那霸向北，走了一兩小時到本部町去參觀沖繩美麗之海水族館。這是一個世界級的水族館，占地遼闊，海天天一色，風景極佳，館中海生動物種類繁多，分成珊瑚

礁、黑潮及深海三類。幾個很大的水槽裡面由鯨鯊、鯊魚、鬼蝠魚、海牛等大型海魚。也見到小缸裡的小深水發光魚。展覽了約350種海中生物。館中的海豚表演吸引了大批的遊客。

尾聲

　　五天的琉球之旅匆匆而過，我們搭上飛機返回臺北。此行琉球的海天一色、樸實民風，過往中、日文化的交匯、衝突，留給我難忘的記憶！特別是見到過去幾個世紀日本向琉球、臺灣的侵略，帶給琉球人民悲慘的戰火，也使中國、臺灣海權盡失，生民塗炭。如今釣魚臺事件再起，我國民均應記取慘痛的歷史教訓，為維護海權而吶喊、奮鬥！

宗喀巴與塔爾寺

　　塔爾寺是黃教（藏教格魯派）創始人宗喀巴‧洛桑箚巴（1357-1419）的誕生地。宗喀巴是世界矚目的一位佛學家、哲學家、思想家和宗教改革家。

　　久慕宗喀巴及塔爾寺的大名，遂與老妻、女兒同往西寧。飛到西寧已是深夜。次日清晨，下起了小雨，遂搭乘一輛計程車，冒雨前往。約四十分鐘後，就到了位於湟中的塔爾寺。

八寶如意塔

　　走進塔爾寺，迎面的廣場上矗立一排八個白色八寶如意塔，紀念釋迦牟尼一生中出生、初轉法輪、悟道、降伏魔怪、超度眾生、圓寂等八件大事，我們也在此照相留念。導遊向我們解說了宗喀巴的一生及黃教的興起。

宗喀巴與黃教興起、發展

　　宗喀巴於1357年誕生在當今塔爾寺所在的地方。他七歲出家，16歲就赴西藏學習佛學。在藏期間，他廣拜名師，向藏教的噶舉派、薩迦派和噶當派等不同宗派的高僧大師求法。通過勤奮學習，他逐漸精通了各派教義，在實踐中修煉儀規，逐漸形成自己的思想體系。

　　1402年，他完成了巨著《菩提道次策廣論》，主張僧侶要嚴守戒律、禁止娶妻、生兒、育女等一般的世俗生活。針對

當時僧眾輕視經教、不務理論的次第學習、而以修密法為終生目標的現象，他積極提倡學經要遵循次第。1406年他又完成了《密宗道次廣論》，為修煉藏密者指明了圓滿的修行軌儀，從而使藏傳佛教密宗從理論上更趨完善。這兩本巨著代表了宗喀巴對佛教的完整看法和他的思想體系。宗喀巴對佛教的改革和馬丁‧路德對基督教的改革堪稱人類宗教史上兩大里程碑。

1409年甘丹寺在拉薩東北落成，宗喀巴任甘丹寺法台（甘丹赤巴）。1416年弟子降央曲傑在拉薩西部建哲蚌寺。1418年弟子強欽曲傑在拉薩北部建色拉寺。這三寺的建立奠定了格魯派蓬勃發展的基礎。因宗喀巴和此派僧侶頭戴黃帽所以這派藏教俗稱黃教。1447年弟子根敦珠巴在日喀則修建了紮西倫布寺。此後不久，饒桑布在康區建昌都寺，上喜饒桑在阿里地區建達摩寺。青海塔爾寺及甘肅拉林方寺也逐漸完成。格魯派在藏傳佛教中發展迅速，在藏教諸派中後來居上，百年以內（16世紀初）已初具規模、在整個藏族地區建立了穩定的基礎。

1419年宗喀巴在拉薩圓寂，大弟子賈曹傑繼任第二任甘丹赤巴；第三弟子克主傑接任第三任甘丹赤巴，後被追認為一世班禪；第八弟子根敦朱巴後被追認為一世達賴。形成達賴、班禪兩大轉世系統，傳續至今。

1642年，五世達賴在西藏取得世俗的行政統治權，成為藏族社會勢力最大、影響最深遠的一大宗派。達賴、班禪、章嘉、哲部尊丹形成四大活佛系統。蒙古也廣泛信仰黃教。黃教對藏、蒙地區政治、經濟以及文化生活產生了深遠的影響。藏教和大乘、小乘並駕齊驅發展成佛教的三大支。而其中藏教以黃教為主導。

大經堂

　　我們過了廣場，見到大經堂。大經堂是全寺僧眾聚集禮佛、誦經的場所，整個大殿方正勻稱，宏偉寬敞，可容納6000人同時頌經。大經堂內矗立的108根明柱通體用盤龍彩雲圖案的毛毯包裹，頂棚上五彩吊頂，方型方陣懸曳，綾筒飄逸，間垂的堆繡和藏式卷軸畫上的神佛形態各異。大經堂兩側藏經頗豐，是塔爾寺歷年積累所得。

　　塔爾寺是青海佛學最高學府。除大經堂外，塔爾寺還設有密宗經院，收藏密宗教義；醫明經院收藏藥石、針灸、禁咒等沿序之學；時輪經院收藏天文、曆算、占卜、工藝、律儀等書；印經院印刷各種經籍。藏經博大精深，哲理浩瀚。據導遊介紹，有一次一位享譽世界的德國火箭專家拜訪藏佛，閱讀了一些藏經後，發現他一輩子研究出來的火箭原理早就在藏經中論述說明了。此專家羞愧無比，回國後就自殺了。這個故事信不信就由你了。

大金瓦殿

　　穿過大經堂，就來到整個塔爾寺的中心──大金瓦殿。大金瓦殿面積近450平方米，是塔爾寺的主殿，為漢式宮殿三簷歇山式建築，雄偉壯觀。殿中心建有一塔，名曰「大靈塔」，據說是宗喀巴誕生之地。相傳宗喀巴出生時，其母將胞衣埋在大金瓦寺正中即現在的大靈塔地下，後來宗喀巴遠去拉薩，其母思子，遂在此建立一座小塔，後人在小塔的基礎上建起了高11米的大靈塔，並將以後形成的寺院命名為塔爾寺。靈

塔周圍有枝葉繁盛的菩提樹圍繞，雨中更顯清幽怡人。

進了殿中，只見香火鼎盛。神龕上供奉著宗喀巴像，佛像周圍綴滿了寶石珍珠、瑪瑙翡翠，整個殿內顯得金碧輝煌。殿內的地板上有幾條3-4釐米長的溝槽，原來是信徒們磕頭太虔誠所致。據說這個大殿的地板三、五年就得更換一次。

出了大金瓦殿，又過文殊菩薩殿和小金瓦寺等殿，各殿由雕花窗隔開，窗櫺著彩染色，雕刻設計做工奇巧細膩，孔楞相間而不貫通。

藏教藝術三絕

在塔爾寺可見到許多精美的工藝。其中聞名於世的藏教藝術三絕：酥油花、壁畫、堆繡更是讓人歎為觀止。這「三絕」遍佈於塔爾寺各殿之中，多表現宗教故事和歷史傳說。

酥油花是用犛牛油來塑造各種佛像、人物、花卉等的一種民間藝術形式。其作品個個栩栩如生，工藝細膩精巧，造詣非凡。在酥油花館陳列的有一幅「文成公主赴藏圖」，一組油塑以唐朝長安城太和殿和拉薩大昭寺為背景，佈局了「五難婚使」、「許婚贈禮」、「辭別長安」、「柏海遠迎」和「拉薩完婚」五個場面，展現了文成公主進藏完婚的宏大歷史場面。

壁畫有的直接繪於牆上，有的繪於棟梁上。壁畫染料採用礦物染料，色澤鮮豔，經久不褪。堆繡則是用各色綢緞剪成各種形狀，塞以羊毛、棉花之類的充實物，在布幔上繡了具有明顯立體感的佛像、佛教故事、山水、花卉等，顯現塔爾寺獨有的藝術形式。

尾聲

參觀完塔爾寺已過中午。整體來看，塔爾寺雖不如拉薩的布達拉宮和哲蚌寺等規模宏大，但它佈局和諧，保存完整，工藝精美。在這令人體會到深厚的黃教氣息以及宗喀巴對佛教改革做出的貢獻。

▍袁世凱墓，而今安在哉？

頗具爭議的梟雄

　　袁世凱是中國近代歷史的一個重要人物，也是一個頗具爭議的梟雄。他機智多謀、工於心計，初攀附李鴻章，在朝鮮甲申政變中，當機立斷擊退駐朝日軍，維繫清廷在朝鮮的宗主權，初露鋒芒。然其閱覽有限，未能洞悉朝鮮內部問題及日本野心，在朝鮮十二載，終至甲午之戰。臨戰潛逃，後人多有評議，謂甲午之慘敗貽害中國半世紀，而李鴻章、袁世凱實難推其咎也。其後袁棄李鴻章，攀附翁同龢、榮祿，主持小站練兵，初掌新軍，後任直隸按察使、工部右侍郎。1898年秋於戊戌政變中先示好維新派，後出賣康、梁、光緒，得以扶搖直上、擢山東巡撫、直隸總督兼北洋大臣，而至軍機大臣兼外務部尚書。期間襄贊洋務運動及清末新政，對近代中國政治、經濟、軍事、教育等方面的現代化做出貢獻。其後趁辛亥革命，一手玩弄滿清孤兒寡婦，另一手忽悠孫中山，竊得大總統職位，卻對共和體制多所破壞。個人私心彌天，罔顧民情與時朝，登基稱帝，激起舉國憤慨、眾叛親離，落得不及百日退位，沮喪歸天，也帶給中國長期的紛亂及人民無比的苦難。

葬於河南安陽袁林

　　袁世凱死後，葬於河南彰德（今安陽）「袁林」。其後

軍閥戰亂不已，國民黨北伐、日本侵凌，以至中共主政，基本上，袁一直被認為是個歷史的「負面人物」，而其墓塚亦早已被人們遺忘。

我於2002年前往安陽，見到「袁林」雖經歷了諸多戰亂及文化大革命，卻完好如故。2009年秋季，我與老妻及友人重遊安陽，特別再去「袁林」參觀、訪問。

袁林氣派非凡

最近幾年，安陽地方政府將「袁林」作了一些整理、修復。「袁林」是依照古代皇帝陵園的格局，占地約一百四十畝，坐北向南，總長一千多米，南端有好幾百米的引道，兩旁樹木齊整。過了神道，有一石橋跨越一條蜿蜒小溪。橋前有一六柱五拱的石雕大牌坊，柱上還隱約可見文革時留下的口號——「毛澤東……」。想來這也成了「袁林」在文革時的護身符。

我們走進牌坊，見到望柱、石馬、石虎、石獅、石文武官員等列於兩邊，相向而對。其中部分石像在文革時稍有損壞，現已修復。走過石像，見一高聳的碑亭，內有一石刻大型龜（或謂龍之長子叫屭），背負一大石碑，其上刻有徐永昌題「大總統袁公世凱之墓」。再向北走，東、西各有值房三間，過一大門，見東、西配房各五間，院中放了一座風磨銅鼎爐。朱紅的正殿名「景仁堂」，正中原供奉牌位，兩旁陳列袁生前的衣冠、劍帶等遺物。現作為展覽館，介紹袁世凱的生平。

出了「景仁堂」，向後就見到墓塋，為一中西合璧的墓園。前有西式鐵門、鐵欄杆、石供桌、石香爐等物。袁墓為一高一丈二尺的圓形大塚，為堅固的鋼筋水泥，周圍用青白石

砌成。墓頂已是雜草叢生，墓地四周種植了一些松柏。說實話，這「袁林」較清代東、西兩陵中幾個中、後期皇帝的陵園都要氣派得多。

袁林遊客多

當天來「袁林」的人不少，我們見到一大隊服裝整齊的軍人列隊參觀。我問他們：「你們為什麼來這裡？」他們均答道：「學習歷史的反面教材。」我又問了幾個當地人：「袁世凱好不好？」他們大多說：「應該一分為二來看待。」可見當地人認為袁雖有過，但都不忘其照顧鄉里之功。

十年文革期間，「破舊佈新」，搗毀了不少古跡。譬如我1985年去杭州，想參觀西湖邊的岳飛墓，導遊告訴我：「早就被紅衛兵鏟光了！」但為什麼「袁林」能躲過這場浩劫呢？當地人告訴我如下的一段有趣故事。

主席憑弔袁林

1952年，毛澤東乘專用火車出巡，當車子接近安陽時，他突然表示想要在安陽下車。當時安陽並非重鎮，亦無黨、政要務在此。眾人納悶，只得照辦，大小官員均列隊恭候。還安排了全城唯一的一輛美製的1/4噸小吉普為其遊安陽的座車。毛下火車後對安陽官員吩咐要去殷墟看看，大家趕緊安排。但當時殷墟考古工作尚未恢復，到那只見一片荒蕪。

參觀完殷墟後，毛又說想去袁世凱的墓地，眾人面面相覷，也不敢多問去幹什麼？只得擁簇而行。毛到了「袁林」後，走過牌坊、石像、碑亭、景仁堂，均一一仔細觀看。最後

走到墓塚的大門前，毛突然說要在這休息，並用個午餐。屬下趕緊準備。主席在那裡一面用餐，一面望眼袁氏墓塋，沉思良久。

主席離去後，安陽地方官員趕緊做了「主席視察總結」，領會心靈，認為主席要他們「留下一個歷史的反面教材」。從此之後，誰也不敢破壞「袁林」。到了文革時期，「袁林」列入了「主席重點保護名冊」之內，是以保存至今。

我們在「袁林」見到陳列的毛主席1952年來此參觀所乘坐的美製吉普車。可能就是這輛老吉普擋住了文革時「意氣橫飛、無所不砸」的紅衛兵們。

省思

回思中國近代，自孫中山領導推翻滿清及兩千多年的帝制，走向民主、自由的漫長道路中，又出了袁、蔣、毛三位「萬歲」。照理說，袁也可謂蔣、毛的「老大哥」與「先行者」，是以也得到毛澤東的「眷顧」。但不論是「學習歷史反面教材」還是「一分為二來看待」，保護古跡、瞭解歷史以為借鏡，乃是不可否定的正道！

┃尋訪太平天國永安建制舊蹤

中國自清代乾嘉開始，人口急速增加、土地分配不均、官僚體制積弊，其後西方外力侵凌，激化農村破產、經濟崩潰、民生凋敝，引發了一個多世紀的社會大動亂及大革命運動。太平天國起義應時而起，對中國近代一系列的革命、圖強自救運動具有先行促導的作用。其革命歷程中興亡、得失的經驗深足為當今中國走向富強康樂道途中的借鏡與教訓。

太平天國蹤跡所及最重要的里程碑乃是：金田起義、永安建制和天京建都。清代廣西永安州為如今的蒙山縣，這裡是太平天國自金田起義後攻克的第一座城市。太平軍在此整修了六個月，封王建制，頒新曆（太平天曆），並發佈檄文表明推翻滿清政府，基本上確定了太平天國政權結構和領導系統，使其初具國家規模，並為太天平天國以後的進軍構劃了藍圖。

前往永安

為了追尋太平天國永安建制的舊蹤，我與老妻於初秋之際桂林、陽朔遊覽後，由陽朔南下前往蒙山縣城（蒙山鎮）。由陽朔去蒙山路途雖不太遠，但需在荔浦轉車，費時不少，卻也領略了這一路青山綠水的風光。現今蒙山縣城為一個中型城市，沿古永安州城四周擴建，市區繁華。我們走出車站就搭上一輛機動三輪車去古永安州城參觀。

蕞爾小城博物館

　　這個古城很小，令我吃了一驚。該城始建於明代成化13年（1477年）。清道光24年（1844年）重建，周圍僅876步，城高1丈6尺、寬僅6尺。用現代的尺碼全城走一圈只有約600米，整個城大約是150米乘以150米、約0.0225平方公里、6英畝的面積，現尚保留一部分城牆。城內遺有清代的州署，也就是太平天國駐紮永安時，洪秀全、楊秀清駐蹕之所。他們在這設王府建王朝，指揮全軍對清軍作戰，當時這裡是太平天國政權的中心。現內部僅存一關帝廟，其旁有一株大樹，下有石碑，上書：「天王洪秀全發佈詔令處」。院內有洪秀全、馮雲山、楊秀清、蕭朝貴、韋昌輝及石達開諸王的塑像，

　　老城內設有一個太平天國博物館。蒙山地處偏僻，參觀的人很少，講解員知我們遠道而來，十分熱情地給我們講解展覽的古跡及太平天國在此的軼事。

大風起兮太平興

　　太平天國的興起始自洪秀全於1843年在廣東花縣創拜上帝教。後馮雲山在廣西紫荊山深入民間，含辛茹苦，發展了兩千多教徒，初具聲勢。1847年洪秀全來到紫荊山，遂以紫荊山為中心，積極在各處擴大發展教徒，把拜上帝教改造成一個革命組織。到1850年上半年，已在廣西、廣東發展了六、七處會眾據點。1851年1月11日太平軍在金田集結基本完成，擁眾約萬人，乃在金田村營盤正式起義，向東進發與清軍在牛排嶺、三里墟、中坪三戰三捷，後在象州遭清軍伏擊，糧鹽缺

乏，遂折返紫荊山區。回師金田後於9月11日夜由新墟突圍，在宮村打敗清軍，太平軍遂從容北上大旺墟，分水陸兩路向永安進軍，23日會於樟村，沿湄江（蒙江）北上，先攻克距永安18華里的水竇村（今水秀村），接著抵達永安城下。當時清軍守城主帥為永安知州吳江與平樂協副將阿爾精阿，守城兵勇僅800餘人，加之城牆不高，太平軍於25日一舉攻陷州城。經過八個多月草行露宿、轉戰不息，出入於蠻煙瘴雨中的流竄，太平軍終於找到一個安頓與整修的環境。

永安建制，初立政權

我們在博物館見到當年太平軍用的土槍、土炮、炮彈、錢幣及一些用具，還有一個當年永州城的模型。出了博物館，見到院內有一排壁雕，敘述太平天國在永安金田起義的軼事。院中有一個當年遺下的古井。我們走上遺留的部分城牆瞭望，這個城牆的確不太長，也不太高。但當時在這邊遠的盆地、山谷中也是一個防守的要地。

太平軍克永安後，將領導中心設於州城內，而在山谷盆地四周設兩道環形防線抵禦清軍。在此太平天國進行了軍事、政治等方面的一系列整頓和組建，主要包括整治軍紀、分封諸王、頒行《天曆》、規定禮制等，同時也肅清了內奸，使其成為一個組織緊密、紀律嚴明、目標明確的革命團體，奠定了其後金陵建國的基礎。

對峙半載

出了古州城，我們搭車去附近的團冠嶺，是一個位於州

城西邊的小山頭。山頂為當年太平軍設的「西炮臺」。登上這個山頭，四處眺望，永安的景貌一覽無遺。永州古城雖小，但其四周為一個有百餘平方公里的盆地。一條湄江自北向南流過城邊。湄江之東另有一個小山頭，為當年太平軍守衛州城所築的「東炮臺」所在。盆地四周遠處環山，易守難攻。東邊的高山為龍寮嶺，乃是其後太平軍突圍北上的故道。遠望南方，是當年太平軍與清軍依河長久對峙的水竇村。當太平軍攻占永安後，清廷咸豐皇帝震驚，督促欽差大臣賽尚阿調滇、黔、楚、蜀兵眾四萬餘人，廣西，廣東，安徽等省綠營、八旗勁旅，另加永安本地團練，號稱十二萬人包圍永安，務求盡剿。

太平軍以永安州城為中心，在周邊以長牆、壕溝、地道等工事連接起來，南到水竇村，東至古蘇沖，北至上龍，西至龍眼塘，築了兩個環形防線。清軍烏蘭泰部攻南路，向榮攻東路，劉長清、李能臣攻北路。自10月14日起到12月10日先後發動五次進剿、激戰，但均被太平軍擊退，其後雙方呈交峙狀。清軍實行「鎖圍」，加緊經濟封鎖，期望將太平軍困死於永安地區；對前沿陣地日夜分班進攻，並以各式大炮對州城猛轟。

據博物館管理員告訴我們，有趣的乃是當太平軍被圍，而與清軍對峙的時候，雖然戰事往往十分激烈，但有時也停火來做點生意。在水竇村的太平軍經常向隔河的清軍購買糧食、藥品及其他日用品。這正是所謂的：「打歸打，生意還是得做的。」

突圍北上，叱吒風雲

面對清軍的圍攻，太平軍逐漸收縮陣地，但困難的乃是

補給問題。到了1852年4月，太平軍在永安已停留6個月，糧
食、彈藥殆盡，必須另找出路。遂於4月5日夜間趁大雨向東邊
的古蘇沖突圍，翻過龍寮嶺前進。次日，清方始發現太平軍人
去營空，立即尾隨追擊。太平天國婦孺老弱後隊被清軍屠殺兩
千餘人，激起全軍同仇敵愾。8日晨，太平軍趁雨霧於三沖高
地設伏大破清軍，一舉殲敵四五千人，擊斃四鎮總兵。太平軍
得以從容沿山道，過荔浦、陽朔附近，北上直攻桂林。

　　太平軍圍桂林30餘日不克，遂主動撤圍，破全州，沿湘
江北上，水路並進，指向湖南。在全州附近蓑衣渡受阻，馮雲
山不幸犧牲，太平軍乃走陸路向東入湘。湖南天地會眾紛紛
響應、投營，使太平軍劇增至五萬餘人，軍心大振。後圍長
沙、克益陽，獲民船萬餘艘；取岳州，又得清初吳三桂暗藏的
大批軍火，士氣高昂，水陸十餘萬眾出湖南攻取武昌。全軍遂
沿長江而下，聲勢浩大，勢如破竹，於3月19日攻克南京，改
稱天京，據為根本，在此定都達十一年之久，對中國近代的大
動盪、大革命時期起了重要的影響。

歸途省思

　　此行我綜觀永安州城雖為「蕞爾山城」，但四面環山、河
流阻隔、易守難攻。我國自古以來，每當動盪時期農民起義頻
起、板蕩英豪備出。但大多的起義軍及豪傑均在流竄中歸於滅
亡。劉邦首定關中、朱元璋先據金陵，都是他們有異於流寇而
能一統天下的主因之一。太平天國金田起義因時而起，可謂得
天時也，而永安得地利以建制、整軍、治政，策劃半載。其後
入湘得人和而氣勢震天，以取金陵建國，歷時十餘年、縱橫十

七省，非一般盜賊、流寇可比。是以蒙山（永安）是太平天國
起義中非常值得紀念，也是中國近代史上極具意義的一個關鍵
地方。

瑠公圳對開發臺灣的貢獻

臺灣水圳開鑿源遠流長

臺灣的開墾始自原住民的刀耕火耨,據史冊記載早在三國時期(西元220-280年)就開始受到中國的影響。及於明末漢人集眾渡海屯墾,近河溪積水灌溉,精耕細作,奠定了農業發展的基礎。臺灣位於亞熱帶,為四面臨海、高山縱貫的島嶼。夏季颱風頻繁,雨季集中在5月到10月。11月到次年4月雨量較少,農作受到影響。臺灣有29條主要河流從高山傾瀉而下,水位變化迅速,大多時間許多河流水量稀少。臺灣水圳的修建源遠流長,早在漢人大批移民墾荒之前,原住民就沿河耕種,同時挖鑿近距離小溝渠引水灌溉,築小水池蓄水。明末顏思齊、鄭芝龍率眾屯墾北港,鑿井飲用、引河水灌溉。荷蘭人據臺期間,百姓利用天然池沼或鑿坑儲水,種植水稻。鄭成功收復臺灣後,設府屯田,就近河川引水灌溉二十餘年。清代早期移民逐漸增加,民間人士出資修建水圳以擴大墾地。其中規模最宏大,工程最艱巨、開鑿較早,而對開發臺灣貢獻最大的首推臺北盆地的瑠公圳。

臺北盆地沖積平原

臺灣的開發始自南部,而如今的臺北開發較晚。臺北盆地四面環山,大部分原為沼澤,僅由淡水河與海聯通。原為平

埔族（凱達格蘭族）聚居的地方。康熙三十三年（1694年）臺灣北部發生大地震，臺北盆地沉陷，海水倒灌，形成一個大湖。由於四面山嶺泄下的流水夾帶大量沙石，未久沙石淤積形成南有新店溪、西有大漢溪（原大嵙崁溪）、淡水河、北有基隆河的沖積平原。沖積平原土地肥沃，兼有交通、飲水、灌溉之便，最適於耕種、屯聚。人類的四大文明發祥地：兩河流域、尼羅河流域、黃河流域、印度河（或恒河）流域，都是沖積平原。因之臺北盆地沖積平原乃是臺灣最佳的農業、文化、經濟發展地區。

早期臺北的開發

　　早在荷蘭人據臺之時，福建泉州漢人渡海，沿淡水河航行，在如今萬華與平埔族原住民互市。荷蘭人稱該地為Handelsplaasts，意為交易場所。清康熙四十六年（1709年），閩南泉州陳賴章三姓墾號來到臺北墾荒。到了清雍正元年（1723年），泉州之泉安、南安、惠安三邑居民過海來此搭建茅舍聚為村落，以賣蕃薯為生，時稱「蕃薯市」；同時與平埔族交易，以農具、鐵器、醫藥換取皮毛、農產、水果等。當時平埔族多以獨木舟往來；平埔族人稱「獨木舟」為「Vanka/Banka」，泉州人的閩南語譯音稱此地為「艋舺」（Bangkah），艋舺遂成為臺北盆地最早的漢人與平埔族雜居之處。其後泉州安溪、同安人也移民到艋舺。因爭水源經常發生械鬥。咸豐三年（1853年）因爭奪港口泊船，三邑人以龍山寺為據點發動攻擊、焚毀安溪人的祖師廟，並夜襲霞海城隍廟一帶的同安人。逼使安溪、同安人北遷聚居於大稻埕及大龍

峒。除了艋舺、大稻埕、大龍峒之外，福建移民先後在臺北盆地沿河的三峽、公館、景美、木柵、新店、石碇屯墾。

郭錫瑠開發臺北東部

臺北盆地北、西、南三面河川，東部依山，加之地形由東向西向下傾斜。以致如今臺北精華所在的大安、信義、松山幾個地區在早期雖土地遼闊，卻引水困難，農耕不易，大多荒蕪，推延了開發臺北的步伐。

清乾隆元年（1736年），墾戶首郭錫瑠先生帶領一批漳州移民來到臺北墾荒、築圳，推動、加快了臺北的整體開發。郭錫瑠是福建漳州人，生於康熙四十三年（1704年），幼時隨父來臺，在半線（今彰化）墾荒，慘澹經營近三十年，頗有成效，成為墾戶首。乾隆元年（1736年）他遷居到大加納堡（今臺北信義區），開墾興雅莊荒地（今基隆路一段）。其後又轉往中崙（今松山區）墾殖，利用天然池沼圍築堤防蓄雨水（謂坡或碑）種植水稻。但因雨量不均，蓄水有限，水稻成長欠佳。

初期鑿圳、前功盡棄

郭錫瑠在中崙屯墾成效不佳，他環顧臺北東部及如今景美、公館山邊有廣大的荒地難以開發。從長著眼，他認識到如今新店位於盆地東南邊緣，地勢較高；而新店溪由群山傾瀉而下，水勢充沛，於是計劃從新店溪與其支流——青潭溪交匯之處（今碧潭上游）鑿渠引水。他的方案高瞻遠慮，目光遠大，但在工程方面有三大困難：（1）從青潭溪口到臺北東

部距離有二十餘公里，十分遙遠；（2）途中要跨過霧裡薛溪（今景美溪），工程宏大；（3）青潭溪口旁為堅硬的山岩，需鑿約100多米長的隧道穿過，頗費人力、經費與時間。另外當時青潭溪口距泰雅族原住民部落很近，容易遭到攻擊，工人性命沒有保障。

雖然面對種種困難，郭錫瑠義無反顧地於乾隆四年（1739年）變賣家產，籌集了兩萬兩銀子，組成「金順興」號，次年開始動工。但在施工期間，屢受泰雅族原住民襲擊，人員多有死傷。郭錫瑠盡力做好原住民的工作，善待他們；並以「和親」策略娶泰雅族公主為妻，並雇用泰雅族居民為工人和保鏢，改善了與原住民的關係，施工得以持續。

只是在挖鑿穿過如今新店區新店路的「開天宮」下堅硬山岩的隧道時進展緩慢。十三年後（1753年），郭錫瑠資金用盡猶未能鑿穿這一百多米的石腔。他只得與大坪林五莊墾戶蕭妙興協商，最後決定雙方交換鑿渠地權與水權，由蕭妙興與五莊股東合夥組成「金合興」號接手，繼續挖鑿石腔以供大坪林的農田灌溉，此即其後於乾隆三十七年（1772年）完工的大坪林圳。而郭錫瑠改由今獅頭山麓北二高碧潭大橋下開鑿水渠取水口；並用「石筍」堵新店溪水提高水位、增大水量。是年新店溪對岸由林成祖墾戶築堰取水鑿建的永豐圳完工，亦築堰堵水遂逐漸形成如今碧潭的景觀。為克復跨過霧裡薛溪的問題，郭錫瑠設計出一條木製水槽（大木梘），架空作為跨河長橋。水槽截面為凹字（U）形，其內層塗上油灰以防漏水。當年沒有水泵，渠道盡可能沿山邊地勢較高之處開鑿。這個巨大的工程又經過八年多的辛勞，終於在乾隆二十七年（1762

年）竣工。郭錫瑠苦心經營了22年，得以成功地將碧潭新店溪的河水，經過景美、公館，引入臺北盆地東部，也就是如今的大安區、信義區和松山區。當時這條長二十多公里的水圳被定名為「金合川圳」。

金合川圳開啟使用後，居住在景美附近的居民為圖方便，經常以木水槽為橋樑走過霧裡薛溪，造成水槽嚴重損壞，未久已難以修補。但失敗未能把郭錫瑠打倒，他又集資購買陶缸改做水管，埋在河床下（霧裡薛溪平時河床大部分乾枯，施工沒問題。）為暗渠，利用虹吸作用升降水位。臺北的供水得以恢復。可是好景不長，幾年後（乾隆三十年，1765年）的夏季，臺北遭颱風侵襲，霧裡薛溪上游山洪暴發，急流夾帶沙石沖涮河床，將暗渠毀壞殆盡。郭錫瑠當時已61歲，經歷了26年的努力，落得財、圳兩空，身心俱疲，以致憂鬱成疾，三個月後離開人世。

子繼父業以成

郭錫瑠去世後，其子郭元芬繼承父業再度籌資重新修建水渠。他一方面將其父開鑿的獅頭山麓取水口整修，並加固「石筍」堵水。另外仍然利用木棍跨過景美溪，但將水槽截面改為斜傾尖底的V形（菜刀棍），使人無法通行過河，避免了損壞。乾隆三十八年（1773年）修建竣工，經過八年斷流的金合川圳又開始向景美、公館、大安區、信義區、松山區等地供水。

三大幹線覆蓋廣闊

瑠公父子修建的金合川圳在清代中葉的契約中常被稱為

「青潭溪大圳」或「大坪林青潭大圳」。金合川圳從碧潭取水口，過大坪林、跨景美溪（大木梘）。在景美街分出興福支線，沿景美山山腳往北，至靜心中學南邊。

主幹線過萬隆，在萬盛街處設「小木梘」立體交叉跨過霧里薛圳，到公館，在公館分為四線：

（1）第一幹線：沿蟾蜍山北側往大加蚋（今信義區），經頂內埔、下內埔、六張犁、三張犁、車層（今大安區內）、五分埔、中崙、興雅莊，到達錫口、上下塔悠（今濱江街、撫順街、松山機場一帶）。沿線有如下支線多條：

五分埔支線：基隆路二段「車層汴」處分出，延信義路南邊在中強公園接上信義路五段、六段，經福德街抵中坡附近。中有分支延虎林街往北。

興雅派線：在延吉街與市民大道路口附近的「頂店仔汴」分出，大致沿著市民大道（原鐵路縱貫線）南側向東至臺鐵臺北機廠。

中崙派線：「頂店仔汴」分出，沿著市民大道（原鐵路縱貫線）南側向西至復興南路一段路口附近。

舊里族支線：在八德路三段「蕃仔汴」處分出，至截彎取直前的基隆河河曲。

西支線：民生東路四段與光復北路口附近的「司公汴」分出，經松山機場西南側至民族東路。

東支線：在「司公汴」分出，穿過松山機場至上塔悠、下塔悠，有第一、二、三，三條分線。

此幹線及其支線覆蓋了臺北盆地東部大安、信義、松山三區大片土地。其中第一、第三支線流入基隆河。

（2）**第二幹線：**自公館向北沿今日羅斯福路四段西側到臺大正門口，折向正北沿新生南路三段西側到大安區溫州街54巷與新生南路三段之間，與霧裡薜圳的「九汴頭」為界。灌溉臺北大安區。

（3）**大安支線：**由公館穿過今日基隆路四段進入臺大向北，過辛亥路、和平東路二段到敦化南路二段與信義路四段交口附近的大安國中，灌溉大安、信義兩區。

（4）**林口支線：**流往林口莊（今汀州路）到古亭倉頂（今崁頂、青年公園附近），灌溉中正區南部近新店溪的農地。有可能連接從師大附近，西至崁頂入新店溪，及西流經雙園（今萬華區）流入淡水河的天然溝渠灌溉萬華區。

清代瑠公圳灌溉農田1200多甲，約為當時臺北盆地一半的農地。

清代與日據時期的改進與整合

清代早期臺灣的水圳大多是墾戶主私人集資修建，直到道光年間，移民暴增，墾荒迫切，開始有政府營建的水圳，譬如高雄的曹公圳。同時也注重水圳問題，時人緬懷瑠公父子開鑿成渠之功勳，遂將金合川圳改名為「瑠公圳」

道光八年（1828年）郭錫瑠曾孫郭章機把瑠公圳一半產權售予板橋林家，次年再將剩餘一半轉賣給林氏。

日據時代於1901年成立「公共埤圳規則」，瑠公圳與霧裡薜圳均被指定為「公共埤圳」，日總督府向林氏收購瑠公圳產權。1907年成立「公共埤圳瑠公圳組合」，開始逐步將臺北各水圳合併、統一管理。同年將跨霧裡薜溪的大木梘拆除，改

建為公路、水路兩用的水泥橋。1923年將景美到公館之間的瑠公圳和霧裡薛圳修改、合併為「瑠公圳」。同時聯通在溫州街54巷與新生南路三段之間，原霧裡薛圳的「九汴頭」以利灌溉臺北西部中正、中山、大同、大安四區。

臺灣光復後，國民政府於民國三十五年（1946年）組成「臺灣省瑠公農田水利協會」管理瑠公圳，民國三十七年（1948年）改組為「瑠公水利委員會」。至於民國四十五年（1956年），瑠公水利委員會與原管理大坪林圳的「臺灣省文山水利委員會」合併成為「臺灣省瑠公農田水利會」，使臺北盆地的瑠公圳、霧裡薛圳、大坪林圳三大水圳合而為一，灌溉淡水河以東、基隆河以南、新店溪以北的臺北盆地。民國五十六年（1967年）七月臺北市改為直轄市後，該會於次年改稱「臺北市瑠公農田水利會」。

原新生南、北路排水溝被誤稱瑠公圳

如今年紀較長的朋友大概都記得上世紀40-60年代的新生南、北路是日本形式的兩旁單行道路夾著中間的露天大水溝。至今一般人都還誤認為這條縱貫南北的大水溝就是瑠公圳。事實上這條大水溝是1933年日據時期，日本總督府為了臺北市區規劃發展而開鑿的「特一號排水溝」，並非為灌溉而建，與瑠公圳的性質大不相同；而且距瑠公圳的修築晚了近兩百年。當時稱為「堀川」，兩旁馬路為「堀川通」。

因為瑠公圳的第二幹線鄰近大水溝西側，而大安支線流經臺大。如今在臺大新生南路側門附近還立了一個「瑠公圳碑」，但也註明非原址。

　　最大的誤會乃是民國五十年在臺大側門附近的新生南路大水溝裡發現被肢解的女屍，全省震驚，久久不得破案；據說連蔣介石都日日關注，督促破案。當時報章及街頭巷尾張貼懸賞，誤稱其為「瑠公圳分屍案」。是以「新生南路大水溝就是瑠公圳」就成了家喻戶曉。早期兩岸栽植柳樹、杜絹花，美觀怡人，臺大名教授、作家林文月女士曾作詩文：「嫩綠的柳芽支條垂撫在瑠公圳的堤上，嫣紅的、粉紅的、淨白的杜鵑花，叢叢盛開在和風中翼翼披靡的春草間。……」多麼的詩情畫意。回想當年敝人與如今老妻也經常徜徉於此。林教授的詩文真可媲美蘇東坡的〈念奴嬌・赤壁懷古〉，使黃岡得「文赤壁」之盛名。與此同理，新生南路大水溝就成了名滿天下的「文瑠公圳」了。

促進臺北早期開發、功在臺灣

　　瑠公圳竣工運行後，首先使在臺北東部的漳州農戶加速開墾的發展，也引來大批的福建移民，使臺北人口陸續增長。因為當時瑠公圳灌溉遍及臺北盆地一半的農田，提高了臺北稻米的生產，促進了臺北的經濟繁榮。其後聯通霧裡薛圳、大坪林圳以及新生北路、新生南路一段、忠孝東路三段、和平西路到萬華等地原有的天然水渠，使得淡水河以東、基隆河以南、新店溪以北的廣大地區水渠縱橫貫穿，一方面加快農業的發展，另一方面也為臺北城市開發中供水飲用、排水洩洪、市區綠化等要務奠定了基礎。使得臺灣的開發逐漸由南向北遷移。到1880年代，臺北已成為臺灣首善之地。

　　1874年，日本侵略臺灣南部，殘殺原住民，是為「牡丹

社事件」。清政府有鑒於日本與列強覬覦臺灣，乃在艋舺與大稻埕之間的未開墾荒地構築面積僅一平方公里的臺北城。1884年臺北城完工，城內接著建天后宮、城隍廟等廟宇；同時相繼建造了淡水廳、臺北府等署衙。1885年，臺灣成為行省，省會設於彰化縣橋孜圖（今臺中市南區），但是實際上是在臺北。劉銘傳擔任臺灣省首任巡撫，開始建設大稻埕至基隆與新竹的鐵路，加強郵電、道路等基礎建設，並將臺灣巡撫衙門及布政使司衙門設置於城內今日中山堂所在，臺北市的省會雛形已初步完成。1894年,繼任巡撫邵友濂正式將省會遷至臺北，從此臺北市乃成為臺灣的政治中心。當時臺北城偏處臺北盆地西部，而其東部大多是稻田，農產豐富，促使臺北經濟日漸發達。臺北遂成為臺灣政治、經濟、文化、宗教中心。

造福臺北、偉績至今猶在

日據時代擴大臺北城區，逐漸向東發展。但其後日本發動侵華及太平洋戰爭，臺北東部的發展遲緩。1949年，國民政府遷臺，人口急速增加；盆地東部積極發展，及於1980年代已成臺北市的中心地帶。臺北盆地以其優越的農業開發基礎逐漸轉變為繁華興盛的大都市。根據統計資料，現臺北市的人口為270萬多，而人口密度高達每平方公里9944.57人。以往的農田幾乎都轉建高樓大廈，而瑠公圳也大部分覆蓋作為地下排水溝渠。瑠公圳已走過兩百多、近三百年漫長的歲月，完成了它灌溉臺北盆地的歷史使命，而轉換成大都會的地下排水、洩洪系統。正有如都江堰之於成都，瑠公圳使臺北市免於颱風、暴雨積水、氾濫之災。其重要性不減當年，繼續為臺北人民的福祉而川流不息！郭錫瑠當

年興建瑠公圳，造福臺北、臺灣百姓的偉績至今猶在。

結論

　　水利乃富國強兵、造福黎民之本。昔大禹治水，我先人得以肇基華夏；西門豹掘渠道引漳河灌溉鄴縣，魏文侯富足威震七雄；鄭國築水渠啟關中沃野千里，秦始皇叱吒一統天下；李冰父子築都江堰，漢高祖從容兼併群雄；李元昊鑿昊王渠，西夏雄霸西北垂二百載。郭錫瑠先生篳路藍縷、鍥而不捨以成瑠公圳，興農、建都，功在臺北、臺灣，豐碑永照史冊！

附錄：霧裡薛圳

　　霧里薛圳是臺北盆地內最早有興建紀錄的水圳，建於清雍正年間。乾隆年間周永清籌措資金重修，灌溉臺北市西側；因當時水源來自霧里薛溪（今景美溪），於是稱為霧里薛圳。後段併入瑠公水利組合後，前段改為排水溝渠，導入新店溪內，現今仍有多段遺跡可循。主幹線由景美經公館、基隆路圓環，大致沿汀州路走，經新生南路西側，到今溫州街附近的「九汴頭」。後分出9條分流，其中含3條主支線，分別為第一、第二及第三霧里薛支線。

(1) **第一霧里薛支線：**向東穿越國立臺灣大學及辛亥路後，沿今復興南北路北行直到榮星花園，原圳道為今日之安東街，現皆已地下化，前頂好戲院與SOGO百貨後方之公園即為圳道的一部分。

(2) **第二霧里薛支線：**穿越溫州街，經過國立臺灣師範大學、三板橋（今林森北路九條通），北行至牛埔分出西新莊子支線和牛埔支線。本支線、西新莊子支線之圳道大致與新生北路平行。

(3) **第三霧里薛支線：**經古亭至和平西路、南昌街口，目前已填平。

猶太教與猶太人走過來的路

　　為什麼人類的一神宗教發源於以色列（Israel）？為什麼三大主要宗教均推耶路撒冷（Jerusalem）為其聖城？事實上猶太教（Judaism）是第一個成形的一神教（monotheism）[1]，其後基督教（Christianity）、伊斯蘭教（Islam）乃隨之應時衍生而出。一直想去以色列看看，主要目的之一是領略這自古以來各種文化交匯十字路口的風貌；探索為何世界三大宗教淵源於此。去年（2012年）秋末，筆者與老妻踏上以色列及約旦（Jordan）之旅。

流奶與蜜之地

　　我們在此次訪問中，見到各處的荒漠、山嶺、河谷、窪地及死海。這一帶是我們全球旅行中所見最奇特、複雜的地形之一。19世紀時大文豪馬克・吐溫（Mark Twain）來到以色列，見到荒漠、禿嶺，詫異地說他不能理解《聖經舊約》上何以稱以色列為「流奶與蜜之地」（The land flowing with milk and honey）；20世紀，史學家許倬雲兩度往訪以色列，在其

---

[1]　有些史學家認為埃及第十八王朝法老王阿肯那頓（Akhenaten，西元前1391-1336年）為最早的一神教創始者。但有以下幾點爭論：（1）阿肯那頓信仰阿頓——太陽神（Aten），但不排除對其他神的信仰；（2）信仰阿頓只限於皇族；（3）猶太遠祖亞伯拉罕（Abram，西元前1800-1600年）與其子以撒（Isaac）、孫雅各（Jacob）即開始信仰一神耶和華（Jehovah、Yahweh）；（4）阿肯那頓與摩西（Moses，西元前1393-1273年）同時期，有人認為阿肯那頓的一神教理論是受到摩西的影響。

作品《倚杖聽江聲》中提出了同樣的疑惑。

我們此次遊覽以色列及約旦，最初許多天見到的正如馬克．吐溫與許倬雲所述：大部分都是沙漠及石灰岩的禿嶺。但後來我們沿著兩百多英里的約旦河（Jordan River）向北而行，過碧藍如玉的淡水湖——加利利湖（Sea of Galilee），直到白雪皚皚的赫門山（Mt. Hermon）下的戈蘭高地（Golan Heights）。這一路盡是綠茵滿野，農作豐盛，連在深秋之際還是大棚香蕉遍野。這一帶四季溫暖，沒有強風。由於約旦河斜度很大，也非大江，加之有加利利湖的調節，很少產生具災害性的水患。這也正是「流奶與蜜之地」所在。

死海與荒漠

約旦河的雪水由海拔兩千多米的赫門山滾滾而下，以極大的陡斜流到海拔-212米的加利利湖，然後再向下，最終注入遼闊的鹽湖——死海（Dead Sea）。死海及約旦河谷的地形乃是由於地殼運動張開的一條南自非洲向北延伸長達六千公里的縱谷地帶（Great Rift Valley）。這個縱谷的最低處達到海拔-800米，也就是死海的最深處。如今死海的湖面為海拔-420米。死海四周為地勢非常低的谷地，以致氣溫很高，造成了一片「熱點」（Hot spot），熱氣向上對流，這一代的高空也成熱空氣。由地中海飄到此處的濕空氣，其溫度遠高於相應的露點（Dew Point），以致這裡很少落雨，乾旱無比。

我們兩度到死海之濱，一次在約旦境內，另一次是在西岸的以色列。我與老妻都下到水中，死海的水浮力非常大，但要游泳還不太容易。因為水苦鹹難嗍，我只嚐了一點水就受不

了。一般人只好「躺在水上」，用雙手劃水移動，甚至還可以躺在水上看書閱報。

這死海水中及沉澱的各種礦物很多。水底的泥呈灰黑色，遊客將它塗在身上，非常舒適，也可治皮膚病及美容皮膚。我一生曾在世界各處，不少的江海游泳，但這死海的確是我見到的最奇特的水域。至於死海水中的含鹽量到底有多高，我問了許多人，看了不少書，其答案各有不同。當然這也隨採集樣品的地點有關。我由於好奇，裝了一大瓶海水，找到一個浮體，讓它浮在死海的鹽水上，另外同樣地把它放在礦泉水上，由其沉在水中體積的比例，估計採集的死海樣品的比重為1.25。而一般海水的比重只有約1.03，這死海的鹽份的確是舉世無雙。這也就是其水中沒有任何魚類及水草的原因。加之地勢太低，其熱無比，寸雨不落，四周一片乾旱。這就是「死海」之名的由來了。

宗教與文明

由出土文物所知，人類對宗教的信仰淵源於新石器之始，那時人們的思維已在追索對天、神的敬畏，各民族都有其祈拜的日、月、雷、風及上天等眾神。宗教的演進與文明的發展是息息相關的，隨著文明的發展，眾神宗教也逐漸成形。

文明起源說

關於人類文明起源的討論頗多：有「種族說」、「地理氣候說」，以及湯恩比（Arnold Joseph Toynbee）提出的「挑戰與回應說」（Challenge-and-Response）等等論說，都

各具相當理論基礎。但細考兩河流域（Mesopotamia）、埃及（Egypt）、中國、印度（India）四大早期文明的產生，同時對比於近年來科技的發展，「掌握資訊」也應是人類文明起源、發展的重要因素之一。

以色列位居歐亞非大陸的十字路口，自古以來這裡的人掌握了最多、最先進的資訊，綜合、增長了他們的對宇宙的認識和生存的能力。根據出土資料，在一萬一千年前，耶律哥（Jericho）就有人類聚落或雛形城鎮。當時冰河期與Younger Dryas stadial時段的嚴寒與乾燥尚在尾聲，但耶律哥具其地理上較溫暖的條件，加之資訊的掌握，產生了文化的躍進。只惜約旦河的區域太小，以致其後人類兩大早期文明均發生在其附近兩旁，規模宏大的兩河流域及尼羅河（Nile）流域，而以色列成為文明的中轉站。

猶太教的形成與發展

猶太人（Jew）與阿拉伯人（Arabian）的遠祖亞伯拉罕（Abram）原居兩河流域。後遷徙到了迦南（Canaan，Palestine——巴勒斯坦）。根據聖經舊約，亞伯拉罕與其子以撒（Isaac）、孫雅各（Jacob）開始崇拜一神——耶和華（Jehovah，Yahweh），打破古代各民族信仰多神教的慣例，成為世界最早的一神教，也就是猶太教（Judaism）的雛形。

其後猶太人在迦南遭遇饑荒，流落到埃及，在那裡寄人籬下，忍受奴役，度過了四個多世紀。西元前1290年，摩西（Moses）率領猶太子民離開埃及，渡過紅海（Red Sea），到了西奈半島（Sinai Peninsula）。根據《聖經舊約》，摩西

登西奈山（Mt. Sinai），親受上帝耶和華曉諭並賜給他兩塊刻有《十誡》（Ten Commandments）的石板，確認以色列人為「上帝的選民」（Chosen People）。因之為以色列人制定法律、鞏固組織，堅定了民族奮鬥的指南與信心。摩西遂成為猶太教正式成形的實際創始人。

其後以色列人在西奈及今日約旦曠野中游牧四十年，上帝再度曉諭以色列人前往「應許之地」（Promised Land）——迦南去完成建國大業。摩西帶領眾人登上尼波山（Mount Nebo）的毗斯迦山頂（Pisgah），看見了上帝給他們的「應許之地」。

但摩西死在尼波山，帶領以色列人征戰迦南的重任就交由約書亞（Joshua）去完成了。經過無數次戰役，以色列人統治了大部今日以色列和約旦的領域。兩百年後掃羅（Saul）為王，建立君主制國家。其後大衛（David）繼位，定都耶路撒冷（Jerusalem），壯大了以色列神權國家。

西元前970-930年，大衛之子所羅門（Solomon、Jedidiah）在耶路撒冷建造了巍峨的猶太教聖殿，史稱第一聖殿（First Temple）。所羅門去世後，以色列內部分裂為二：北方為以色列（Kingdom of Israel），南方為猶太國（Kingdom of Judah）。

西元前721年，亞述人（Assyrian）攻克以色列，其人民被遷往亞述，後逐漸被同化、消失。

西元前587年，巴比倫（Babylon）攻陷耶路撒冷，摧毀第一聖殿，猶太國被滅亡，民眾被迫流亡巴比倫，史稱「巴比倫之囚」。當時猶太先知以西結（Ezekiel）宣傳耶和華是以色

列人的保護神，以色列人是上帝的選民，終有一天神的受膏者（The Lord's Anointed）彌賽亞（Messiah）會降臨，拯救、復興以色列，由他帶領以色列國恢復大衛統治時期的輝煌盛世。因之猶太教逐漸鞏固發展。

西元前539年，波斯（Persia）戰敗巴比倫，猶太人得以重返家園，並重建猶太聖殿，史稱第二聖殿（Second Temple）。波斯帝國統治迦南200多年後，亞歷山大（Alexander the Great）掃平迦南，取代波斯人的統治地位；其後強迫猶太人放棄猶太教，接受希臘（Greece）文化。猶太人反抗不斷。西元前63年，羅馬龐培（Pompey）大軍侵入巴勒斯坦（Palestine），攻陷耶路撒冷。到了西元前37年，羅馬（Rome）任命希律王（Herod the Great）為控制巴勒斯坦的國王。希律王在位33年（西元前37-4年），頗有作為，曾擴建了第二聖殿，修建耶路撒冷的供水系統，建新城及Masada等要塞堡壘，開Cyprus的銅礦及採紅海（Red Sea）的瀝青。但他亦以殘暴嗜殺聞名。

希律王去世後，猶太內亂紛呈，百姓開始大量外逃，流亡到世界各處。宏偉莊嚴的猶太第二聖殿於西元70年被羅馬軍放火燒毀。此後的1800多年，猶太人沒有政治的獨立和自由，流落世界各地，成為「無祖國的人」。但憑藉猶太教，猶太人一直能保持其文化、認同。直到20世紀猶太復國主義興起，終於在1948年返回迦南（巴勒斯坦），建立新的以色列國（Israel）。

回顧與省思

在回顧猶太人這三四千年飽經患難，堅持奮鬥，維繫其民族，也滋潤、發展了猶太教，同時在人類的思想、文藝、科

技、音樂、資訊各界均作出卓越的貢獻。猶太人不愧為「上帝的選民」，值得尊敬的優秀民族。在其長期的奮鬥中,特別在摩西帶領民眾出埃及,在極端艱難的地理氣候條件下的曠野中流浪四十年,激勵猶太人努力不懈,影證了湯恩比的「挑戰與回應」興文明之說。最終以色列人得以奪得以約旦河為主的「應許之地」，這塊適於農作、生存的「流奶與蜜之地」。猶太教的成長與演化具有其客觀存在的條件,同時也經歷了人類文明發展的典型與必然歷程。

我在以色列盡力試圖瞭解、領會當地的宗教氣氛。其中最使我留下深刻印象的乃是與導遊的一夕宗教談論,他是一個有深度信仰的猶太教徒,對我說：「人惟有獨自到荒漠之中,才能寧靜地瞭解自己的心靈,也才能真切地與上帝溝通！」他這段話充分說明瞭當年摩西帶領猶太人出埃及,輾轉於荒漠四十載,為何得以創造、發展了猶太教,這個人類最早的一神教。

探俗篇

我們此次旅途之初，就見到四處堡壘、瞭望臺，年輕的以色列男女都背槍實彈。其後突然敘利亞（Syria）向以色列戈蘭高地（Golan Heights）發射火箭，緊接著加薩走廊（Gaza Strip）的巴勒斯坦人（Palestinian）也向以色列開火，令我們全團緊張萬分，但導遊若無其事，告訴我們不必驚慌，不會有事。令我們領會了以色列人常年在硝煙烽火中習以為常的生活。

硝煙烽火中，訪以色列

　　一直想去以色列看看，瞭解舉世關切的以色列（Israel）與巴勒斯坦（Palestine） 爭執不休的問題（The Israeli-Palestinian Conflict）。曾兩度訂好旅程，到時均因以巴情況緊張，遂賠了訂金作罷。去年（2012年）秋末三度安排，臨行前全部旅費均已付出，但以巴危機又升級，老妻擔憂不已。我對她說「矢在弦上，不得不發」，就上路了。

登毗斯迦山頂（Pisgah）首見以色列

　　我們先到約旦（Jordan），在大城、荒漠、古堡、死海間倘佯一周，其後登上尼波山（Mount Nebo）的毗斯迦山頂（Pisgah）。根據《聖經舊約》，摩西（Moses）帶領猶太人出埃及，在西奈半島（Sinai Peninsula）及當今約旦南部的荒野畜牧、逐水草而居達40年，上帝許諾猶太人（Jew）到迦南（Canaan，Palestine）定居。 摩西在其臨終前登上毗斯迦山頂，遠望約旦河谷、耶律哥（Jericho）、耶路撒冷（Jerusalem）、死海（Dead Sea）這一片「應許之地」（The Promised Land）。我們那天在毗斯迦山頂所看到的也正就是摩西見到的以色列的群山、荒漠、河谷及稀疏的城鎮。這給我第一個對以色列具體的印象。

整個國家時時在備戰狀況

當我們全團由約旦渡過約旦河進入以色列，就見到四處堡壘、瞭望臺，年輕的以色列男女都背槍實彈。但導遊告訴我們不必驚慌，不會有事。在耶路撒冷的道路上及商場進口，往往有背槍實彈的兵士檢查安全。這個國家的男孩要服三年兵役，女孩也需兩年半，整個國家時時在備戰狀況，國家的大量經費都用在國防上，人民的負擔是可觀的。

正逢硝煙烽火

正值我們此次旅途之中，突然敘利亞（Syria）向以色列戈蘭高地（Golan Heights）發射火箭，緊接著加薩走廊（Gaza Strip）的巴勒斯坦人（Palestinian）也向以色列開火，令我們全團緊張萬分，但導遊若無其事，令我們領會了以色列人常年在硝煙烽火中習以為常的生活。

以巴衝突源遠流長

猶太人經過十幾個世紀無領土、國家，四處流浪的生活，從19世紀開始試圖返回以色列，陸續有小型的回歸潮。直到1917年英國宣佈支援猶太人在巴勒斯坦建立一個猶太民族家園，1920年英國人將巴勒斯坦託管地劃分為二：東部（今約旦）為阿拉伯人居住，西部為猶太居民區。1933年起，納粹在德國當政，掀起猶太人回歸高潮。到二戰結束，巴勒斯坦地區已有60萬猶太居民。

1947年11月聯合國大會表決通過將巴勒斯坦由猶太人及阿

拉伯人分治。但遭到阿拉伯國家聯盟的不滿，開始向猶太人襲擊，引起1948年的以色列獨立戰爭。埃及、伊拉克、約旦、敘利亞、和黎巴嫩聯合向以色列宣戰。戰爭中，約有40至90萬阿拉伯人逃離巴勒斯坦，流亡在外。

1949年停火協定達成，以色列獲得約旦河西面的更多管轄區，而約旦占據「西岸」（West Bank），兩國分治耶路撒冷，埃及占領沿海的加薩走廊（Gaza Strip）。

但和平好景不長，其後又於1956、1967、1973、1982年發生了四次大型的戰事。其中以1967年的六日戰爭規模最大，以色列在六天之內攻占耶路撒冷的約旦管區、整個「西岸」、加薩走廊、敘利亞的戈蘭高地（Golan Heights）以及埃及的西奈（Sinai）半島，使得50萬阿拉伯人淪為難民。這些由六日戰爭獲取的領土，除西奈半島在以後的大衛營（Camp David）合約中歸還埃及外，其他部分至今猶為以色列占領。現今以色列總人口為八百萬，其中六百萬為猶太人，一百六十萬為巴勒斯坦人，首都設在耶路撒冷。

1964年，巴勒斯坦解放組織（Palestine Liberation Organization——PLO）成立，其後與以色列簽署協定，巴勒斯坦人在西岸及加薩走廊的許多分區實行有限自治。直至1994，組成巴勒斯坦政府（Palestinian Authority）以執行西岸及加薩走廊各巴勒斯坦區的行政權。今年（2013年）初改名為巴勒斯坦國家政府（Palestinian National Authority），被聯合國承認為非會員列席國家（non-member observer state in the UN）。隨後在西岸的Fatah政府自行改稱為巴勒斯坦國（The State of Palestine），以耶路撒冷為其首都。

雖然巴勒斯坦組織逐漸進步，但他們與猶太人糾紛不斷，暴力事件頻起。我們此次除了去了西岸巴勒斯坦區的耶穌誕生之地——伯利恒（Bethlehem），其他的巴勒斯坦居民區均不得而入。經過歷史悠久、重要的耶律哥附近兩次，很想進去看看卻只能遠望興歎。沿公路見到有些巴勒斯坦區周邊有綿延的圍牆，乃是以色列人禁止他們「過界」而築。這令我憶起在柏林見到的柏林圍牆，這些圍牆都是用來限制人民自由生活的落伍玩意兒。也聽說巴勒斯坦人多所抱怨，他們因行動受到限制，影響工作機會，謀生不易。

　　現今除了留在以色列境內的巴勒斯坦人，還有流亡到約旦，敘利亞和黎巴嫩等多國的幾百萬巴勒斯坦難民，他們的境遇是悲慘而令舉世同情的。事實上以色列人和阿拉伯人都是閃族（Sumites）亞伯拉罕（Abram）的子孫，令人不免有「本是同根生，相煎何太急」之感。

戰火中訪戈蘭高地

　　我們這一團大多是來自美國的旅客，在預定前往戈蘭高地的前幾天，敘利亞及加薩走廊的巴勒斯坦人開始對以色列發射火箭。特別是戈蘭高地首當其衝，整團都十分緊張，有些人就打了退堂鼓。老妻特別擔心，也準備打退堂鼓。我告訴她，好不容易到這！又好不容易等到這千載難逢之際！想我四五十年前在金門前哨，老共每夜都對著我們發炮。有一次正對我們陣地的碉堡而來，炮彈擦地作響，但我們早就有備無患。事實上只要抓住要領，要挨上一炮的機會是非常小的。大家一再問導遊是否取消行程？安全是否能保證？導遊卻是若無

其事。於是我們就按照原計劃上路了。

　　一路幾度見到荷槍實彈的青年男女及許多軍車。經過一所頗大的軍營，坦克、戰車滿布原野。還見到路邊原野上許多以往戰爭殘留下來的敘利亞戰車、坦克。令我體會到以色列的確是在戰爭中成長的國家，也無怪乎導遊處變不驚。

　　我們由Tiberias乘車繞過加利利湖（Sea of Galilee），沿約旦河向北而行去戈蘭高地，一路綠茵滿野，農作茂盛，才體會到《聖經》所謂的「流奶與蜜之地」。這裡與敘利亞，黎巴嫩交界，原為敘利亞領土，以色列於1967年六日戰爭中攻占，管制至今。這片土地濱臨約旦河上游，不僅是良好的農產區，也是整個以色列與約旦的主要水源所在，以及軍事上可守能攻的要地。自古以來為埃及、羅馬、基督教、伊斯蘭教、猶太教、英國、土耳其等國家征戰之地。近代遂成為以色列與巴勒斯坦為了水源、農產、宗教與軍事所必爭之地。

　　行車一小時餘，我們登上一座山頭，那裡有廢棄的軍事堡壘，為當年以色列與敘利亞作戰中的防禦及瞭望重鎮。堡壘旁還遺留一些槍炮、壕溝、鐵絲網等防禦設施。我們進入碉堡裡面，地下有很長、很深的地洞，與金門、馬祖的地下工事頗為相似。雖然這幾天情勢緊張，山上也有荷實彈的士兵警衛，但來此登封瞭望的人卻不少。

　　在此遠望北方為赫門山（Mount Hermon），該山位於以色列、黎巴嫩交界，最高海拔2224米，終年積雪，為約旦河的唯一源頭。約旦河由此向南，總長264公里，最終注入海拔-420米的死海。西望則為敘利亞境界，綠野良田，景色優美，遠方城鎮依稀可見。這裡是以往諸次以阿戰爭的廝殺原

野，而這幾天烽火又起。 登高望遠，大地蒼茫、壯麗，益覺
人類自相殘殺之荒謬。

歸途省思

　　此行令我深深感到從《聖經舊約》所述，摩西、約書亞
（Joshua）帶領猶太人回到「應許之地」──迦南去完成建國
大業，和近世紀猶太復國都是人類史上的壯舉。但是為了爭取
生存空間與先前的居民之間的鬥爭是十分殘酷、無情的。其中
包含了「生存空間」、「資源」、「宗教信仰」、與「強權
霸道」的多方面因素。人類的文明總是向前發展的，如何兼顧
以色列人民與巴勒斯坦人民的未來，各宗教間的諧和，應該是
二十一世紀全世界矚目的重大課題。

以色列覽勝記

　　秋末之際往訪以色列，倘佯多日，領略其文化、宗教風采，體驗以巴爭執冷暖，所得良多，前曾撰文述之，現謹將所餘覽勝所聞列於本文，以呈讀者指正。

聖城耶路撒冷

　　如果我們要在世界上推舉一個對人類的歷史、宗教與文明最具影響的城市，我認為耶路撒冷（Jerusalem）是當之無愧的。根據考古發現，耶路撒冷的開發可追溯到西元前四千年，也就是說早於兩河流域及埃及這兩大人類文明濫觴時期，耶路撒冷已具城市規模。

　　其後耶路撒冷成為猶太教、基督教和伊斯蘭教三大宗教的聖地。從西元前十世紀，所羅門王（Solomon）聖殿（First Temple）建成起，耶路撒冷一直是猶太教信仰中心及聖城。根據《聖經》記載，耶穌在此受難、埋葬、復活、升天，耶路撒冷乃是基督教的根源所在。伊斯蘭教《古蘭經》（Qur'an）中記載先知穆罕默德（Muhammad）騎神獸布拉克（El Burak）由麥加（Mecca）到耶路撒冷，然後登上七重天，見到摩西（Moses）及真主（Allah）。是以耶路撒冷成為麥加、麥迪那（Medina）之後的伊斯蘭教第三聖地。

　　耶路撒冷最具吸引力的當然為其古城（The Old City）。這個古城現被一圈城牆圍繞，總面積只有一平方公里，其中分

為四個宗教與種族聚居區：猶太、基督、伊斯蘭和亞美尼亞（Armenia）。

首先我們去參觀猶太聖殿山（The Temple Mount），這裡是西元前第十世紀所羅門王建第一聖殿（First Temple）及西元前第六世紀建第二聖殿（Second Temple）的遺址。現雖為殘垣斷壁，但猶可見當年的宏偉莊嚴之貌。許多深層的古跡正在發掘中，這些出土的文物可能屬於較大衛（David）及所羅門更早的時代，可見耶路撒冷遠古文明的燦爛。

我們去西牆（The Western Wall——The Wailing Wall——哭牆）參觀。西牆為希律王（Herod the Great）於西元前一世紀所建。後第二聖殿被羅馬人燒毀，猶太人被禁止進入聖殿山，西牆成為猶太人的露天集會、祈禱的場所，延續近兩千年。我們在那裡見到男女分左右兩區，祈禱者絡繹不絕，許多人將許願的小字條塞在石縫之中。此處是猶太人最重要的聖地之一。

我們登高俯瞰古城全景，見到閃閃金頂的清真寺（Dome of the Rock）和宏偉的阿克薩（El-Aqsa）清真寺。在基督教區內最重要的是聖墓教堂（Church of the Holy Aepulchre），其旁為基督受難、埋葬、復活之路——苦路（Site of Christ's Crucifixion，burial and Resurrection）。基督教區之南為亞美尼亞區。亞美尼亞王國於西元301年將基督教奉為國教，是第一個舉國信仰基督教的國家。長年歷史中，許多亞美尼亞人居住在耶路撒冷，成為一個特區。但現僅剩不到兩千人。

聖殿山的對面的橄欖山（Mount of Olives）是猶太墓場（Jewish Cemeteries），猶太人世代代都希望能葬於此，因

為他們相信當最後審判時，在此埋葬者將會復活。

我們到猶太區的小巷遊覽。那裡的房舍都是用當地的石灰岩砌成，整齊、美觀。小巷內商店、餐館很多，吸引了許多遊客。

我們去參觀了Yad Vashem紀念碑和納粹大屠殺歷史博物館（Holocaust History Museum）。這裡的展覽與波蘭奧斯威辛（Auschwitz）博物館不相上下。奧斯威辛注重屠殺的現場、遺跡，而此處博物館收集、訪問了許多倖存的受害者，為歷史作了深切的見證。令人們學到慘痛的教訓。

耶路撒冷現為以色列首都，人口約70萬，其中猶太人46萬，伊斯蘭教徒23萬，基督徒僅1萬5千人。我們到新城區遊覽、晚餐，耶路撒冷給我的印象是有條有序，而以色列這個國家振作有為。

伯利恒

伯利恒（Bethlehem）距耶路撒冷約半小時車程。那裡是耶穌誕生之地，基督教的主要聖地之一。現在那裡的居民卻大多都是信奉回教的巴勒斯坦人。我們的導遊是猶太人，他不能帶我們去巴勒斯坦區，只好由司機開車將整團遊客送到那裡。這個小鎮坐落在一個山丘上，我們到那裡已近黃昏，只見停車場裡擠滿了旅遊的大巴士。一位當地的巴勒斯坦導遊來接我們。大家跟隨導遊沿街爬坡而行，狹窄的街道擠滿了旅客。不久我們到了「耶穌誕生教堂」（The Church of the Nativity）。

這個教堂是如今全世界最老的基督教堂，始建於西元335年君斯丹丁堡（Constantinian）時期，其後羅馬（Rome）

Justinian帝於第六世紀重修。十字軍東征時再度擴建。當西元614年波斯人侵入時，所有其他的基督教堂都被搗毀，僅有這個「耶穌誕生教堂」被保存下來。

雖近黃昏，但參觀的遊客非常多，我們排隊進入教堂，大廳兩旁各有44個大理石柱，均是第六世紀羅馬Justinian所建。牆上有許多鑲嵌圖畫（Mosaics）。正前方為基督教的祭臺，其位置正在耶穌誕生的洞穴（Grotto of the Nativity）之上。我們在大廳內排了約一小時的隊才走入地下的基督誕生之穴。現在耶穌誕生的位置裝了一個星形標記。許多虔誠的教徒都在那跪拜。據說每年來此膜拜的遊客有一百多萬，而前幾年以巴衝突不太緊張時，遊客曾高達兩百多萬。

在這個基督教聖地，我見到擁擠的教徒們虔誠地等待、膜拜，領會到基督教對世界及歷史影響之巨。

馬薩達

我們由耶路撒冷出發，過了山區，見到死海（Dead Sea），一路荒漠，了無人煙。死海一片謐靜、遼闊。近兩小時，抵達馬薩達（Massada）。這裡的地形十分奇特，乃是一個較四周高出一千三百英尺的獨立臺地。羅馬時代巴勒斯坦的希律王（Herod the Great）於西元前37年－西元4年在此建了一座堡壘。後來在西元66年，猶太反抗羅馬分子（Jewish Zealots）起義。羅馬進行殘酷鎮壓。猶太人最後退守Massada，僅剩960人。羅馬出動約一萬兵士包圍Massada長達兩年之久，最終攻下城堡。除了幾個婦孺倖存之外，其他的兵士或戰死，或自殺。這個悲壯的史詩成為猶太人為了信仰、自由不屈不饒的象徵。

我們搭纜車登上堡壘，見到遺留下來的房舍、守護牆、瞭望臺、蓄水庫。因為當地氣候乾燥，保留的很好。向四處俯瞰瞭望，死海、荒漠蒼涼。還可見當年羅馬兵士圍城時的營寨遺跡。這個堡壘高聳險要，確有一夫當關、萬夫莫敵之概。

貝特謝安

貝特謝安（Beit Shean）位於約旦河（Jordan River）旁，自古以來這裡是兩河流域（Mesopotamia）與地中海、埃及交流、貿易要道上的重鎮。五千年前的Canaanite時代即建有城鎮。其後在埃及統治（西元前15-11世紀）、Philistine及所羅門王時期建為具規模的大城。亞歷山大（Alexander the Great）征服該區後改稱Scythopolis、其後到拜占庭（Byzantine）時期，此地一直是商業、貿易重鎮，也成為基督教的中心。後該地經濟崩潰，加上749年的一場大地震毀了此城，以往的繁華昌盛灰飛煙滅。

現遺留下的古代遺址為羅馬——拜占庭古城及其旁的土丘。我們走入古城，見到古廟、長廊、石柱、浴室、鑲嵌圖畫及大理石雕刻等等。最令人驚歎的乃是一個可容七千觀眾的石階露天戲院，如今猶保存完好。這個古城占地遼闊，建築密集，749年地震後倒塌的石柱、廟宇堆滿四處。令人有「吳宮花草埋幽徑，晉代衣冠成古丘」之感，也向人們敘說了那久遠的繁盛昌榮。

阿音紮魯特之戰

我們經過Beit Shean時，導遊告訴我離那不遠的山谷裡曾

發生過一場在歷史上極為重要的戰役。1260年，蒙古第三次西征，成吉思汗之孫、托雷之子，伊兒汗國王旭烈兀（Hulagu Khan）率大軍屠巴格達、大馬士革後，向埃及進發，在Jezreel山谷裡被伊斯蘭教馬穆魯克（Mamluks）人包圍、擊敗，史稱阿音紮魯特之戰（Battle of Ain Jalut）。當時蒙古人在歐亞大陸所向披靡，欲向北非發展，未料在此遭到敗績。這場戰役使得蒙古人再也沒能越過以色列進入北非。

我在那四處瞭望，只見那一帶山丘起伏，植被豐盛，絕非蒙古鐵騎常年馳騁的草原、曠野與平原風光。無怪乎馬穆魯克人得以在此設伏以待，擊敗蒙古大軍。歷史何其吊詭，就在阿音紮魯特之戰一年之前，蒙古分兵三路大舉攻宋，元憲宗蒙哥親率主力進攻四川，攻占成都後，於1259年圍攻合州（今合川）。宋軍憑藉釣魚城天險，拒絕招降，頑強抵抗。蒙古軍連攻五個月猶未能破城。蒙哥不聽勸告，未接納改道進軍，堅持強攻，並親自上陣督戰，結果為宋軍炮火重傷，不久死在釣魚山下。蒙古軍只得撤回本國，而南宋得以延續了二十年。

《孫子兵法。九變》篇道：「城有所不攻、地有所不爭。」良有以也！

基布茲

基布茲（kibbutz）是一種以色列的集體社區。基布茲在以色列的創建中扮演了重要的角色。基布茲是希伯來文「團體」的意思，是一個志願組合的集體社區，主要務農，後也發展出一些農村工業。以色列的復國主義運動源於此，並在這裡成長。「基布茲」創建人都是堅定的猶太復國主義者。

以色列許多精英人物都來自「基布茲」。現以色列全國大約
有120,500人生活在269個基布茲中。成員人數從少數幾個不足
100人到超過1000人不等，多數有成員數百人。每個基布茲在
社會上和經濟上都是個自治單位，但有全國性的聯合會向它們
提供活動的協調以及某些服務。

我們的導遊幼年也就是在基布茲內度過，他母親現還住
在那裡。他帶我們去參觀了一所基布茲，看起來像是一個鄉間
村落，其中心有餐廳、禮堂、辦公室和圖書館等公共設施，周
圍是成員的住宅和花園。除這些以外是體育和教育設施，周邊
則是農田及工業廠房。見到一群兒童路過房舍，四處種的水
果及蔬菜都茂盛豐澤。村裡的工廠做輪胎等成品，規模還不
小。他們招待我們一頓午餐，簡單可口。

新移民村

在猶太復國運動中，世界各地的猶太人都陸續遷到以色
列。直到今日，猶有專門的機構去協助海外的猶太後裔回歸
故土。我們去參觀了一個由衣索比亞（Ethiopia）移民來此的
猶太後裔。他們的祖先流落到衣索比亞，近年來輾轉經過葉
門、中東回到以色列。只是他們大多不會講英語或希伯來文
（Hebrew）。我們去參觀他們的學校，主要是學習英語及一
些謀生技能。見到這個移民村，令我體會到猶太復國走過的艱
辛、漫長歲月及救助四海猶太同胞的赤忱。

加利利湖

加利利湖（Sea of Galilee）在約旦河的上游，為一南北長

13英里，東西寬6英里的淡水湖，其最深達50米，海拔為-212米。這個湖中有豐富的魚產，四周綠蔭滿地。我們見到大棚裡種著各類水果、蔬菜，與死海附近盡是乾旱荒漠有天壤之別。這裡可謂「魚米之鄉」，也正是聖經裡所謂的「流奶與蜜之地」。

我們首先到Capernaum小村，耶穌曾在此居住、佈道及施行法術，同時招集到最早的五個門徒。其中一個就是原為漁民的彼得（St. Peter）。我們參觀了一座西元二世紀的猶太大教堂（Synagogue）的遺址。相傳這教堂就建在當年耶穌佈道場所之上。

其次我們到Tiberias過了一夜。這個城始建於西元第一世紀，曾是猶太教的四大聖地之一，現有人口約六萬人，市容繁華，城內有許多溫泉浴所。在此瞭望加利利湖夜景，令人幽思當年耶穌佈道之僕僕艱辛。

約旦河

我們到當年耶穌受洗的Yardenit Baptismal Site去參觀。這裡是約旦河（Jordan River）的一個小支流。據聖經所載，當耶穌30歲時，他離開原居地——Nazareth， 在此接受約翰（John the Baptist）給他受洗。從此開啟其傳道生涯。

現在那有一個具規模的旅遊中心，一年四季參觀的遊客不斷。也有許多信徒下水受洗。小溪幽雅緩流，其中還有很多魚群。我們在那流連一小時多始離去。

拿撒勒、海法與凱撒利亞

離開約旦河谷,攀Galilean山而上,到了拿撒勒（Nazareth）小鎮,這裡的古城為基督徒與巴勒斯坦回教徒雜居,而北面的新城是1957年猶太人遷此所建。這裡表現了以色列三大宗教的並存及教民的雜居。我們在猶太區的小巷裡倘佯多時,見到許多當地的藝術作品,也參觀了一所猶太教堂。據說耶穌曾在此生活,聖徒St. Joseph也曾在此居住、工作。

離開拿撒勒,我們翻過山嶺,不久就見到蒼藍的地中海,到了海法（Haifa）。這是一個美麗富足的港口。我們在山道上俯瞰全城,滿城紅頂的房舍、高樓。沿山有一所Bahai花園。Bahai是一個教派,他們不認為各個宗教的教義為唯一真理,主張綜合各宗教信仰。這所花園美麗非凡,其中有一座輝煌壯麗的Bahai教堂。

見到眼下地中海舟楫往來不斷,可知本城商務昌隆。遠處則為美國海軍基地,此地是西地中海的戰略重地。海法城郊有Micrsoft、Intel等許多高科技公司。以色列的主要工業是高科技及醫藥,人才齊聚。近年以色列的外海發現了豐富的天然氣,現正在計劃開發中。

另外我們在約旦河谷及沿海地區看見到處都是農作大棚,應用先進的灌溉管道,改善並擴大了天賦的可耕範圍。使得深秋之際果樹豐盛,連香蕉都應時。以色列的農產自給自足,水果成為一大輸出。其灌溉技術現為中國等許多國家所引用。

見到坐落在海邊的凱撒利亞（Ceasarea）古城遺址。這是一座規模宏大的羅馬古城,該城為希律王始建於西元前29-22

年，當時是一個重要的港口。這裡繁榮了六七個世紀，以後戰亂頻繁，逐漸衰退。但到12世紀，十字軍東征，此處再度成為重要港口，重現繁華。一個世紀後，十字軍失敗，馬穆魯克人攻破Ceasarea。從此這裡淹沒於海濤、沙塵中。我們見到規模宏大的劇場（Theater），競技場（Hippodrome），架空水渠、皇宮、海港、城牆、堡壘，體會到本城經歷的輝煌與滄桑。

特拉維夫

我們在以色列的最後一站是特拉維夫（Tel Aviv）。相對於以色列其他城鎮的古老文物，特拉維夫是個新生之城。該城是1907年首批以色列人遷回故土後在古城港口Jaffa近郊建的一個居民點。現今占地52平方公里，人口約41萬，為在以色列僅次於耶路撒冷的第二大城。而其周圍臨海的特拉維夫大都市區（Metropolitan Area）共有340萬人口。這裡是以色列的金融中心，也是中東僅次於迪拜（Dubai）的商業中心。

我們於夜間搭車在城中心走了一圈，見到幾個博物館、Bauhaus現代建築、教堂。整個城市新穎、整潔，表現了以色列的欣欣向榮。我們到海邊的商業區去晚餐。以色列的食物非常可口。各種各樣的烤肉，特別是麵包及麵食。這也許由於生長於此的麥子非常好。事實上世界上最早的小麥原產地就在中東這一帶。

歸途

次晨早起，飛離Tel Aviv，臨空而起，俯視大地、蒼海。回思所見所聞：荒漠、山嶺、河谷、死海，久遠文化、

宗教，以巴未解之爭，及其人民汲汲求進的精神，令我深思難忘。

▌長春探古尋新

　　長春是東北的樞紐城市。我曾多次去東北哈爾濱、大慶、延邊，數度車過長春而不入其市。仲夏之時，趁黑龍江、大興安嶺、呼倫貝爾旅次之餘，由海拉爾前往長春。在那裡逗留兩日，尋訪老友、觀賞新城風光、體驗民情物貌、追懷故舊往事，可謂不虛此行。

前往長春

　　我與老妻暢遊了呼倫貝爾草原後，由海拉爾飛到哈爾濱，換乘動車組高速火車前往長春。見到鐵路兩旁農田遍及天邊，但同車的一位年輕人告訴我，現在這裡種植大豆和高粱的很少了，大多都改種玉米。因為食料與飼料需求極大，這一帶成了「遍地是玉米」，令我感到「此一時、彼一時也！」

市貌

　　長春的街道擠滿了車輛和行人，特別是火車站前真是「水洩不通」，老友老周來旅館接我們，車過市區，只見四處繁華欣榮。長春是中國汽車工業與電影企業的重鎮，經濟發達，到處飯館林立，這與二三十多年前我初次來東北的情況大不相同。當然餐館裡再也不像當年僅有土豆、粉條、大白菜，各地的好菜都應有盡有了。

老周志在千里

老周在美從事「超導」研究多年有成，退休後猶壯心不已，萬里迢迢地來到長春吉林大學，帶導年輕學人開展「超導」實驗研究。他帶我參觀了他們的實驗室，的確水準不凡。吉林大學現有在校全日制學生近七萬人，為一具有學士、碩士、博士完整的高水準人才培養體系。另外還有成人教育學生約七萬人。是一個頗具規模及水準的大學。

偽滿都城

長春建城很晚，因為清初朝廷對東北一直實行封禁政策，直到嘉慶五年（1800年）才設置長春廳，隸屬吉林將軍。同治四年（1865年）開始挖城壕、建長春城。光緒十五年（1889年），長春廳升為長春府，仍然隸屬吉林將軍。光緒二十二年（1896年），沙俄攫取了東清鐵路築路權，在長春城建起俄國人居住區——鐵北二道溝。光緒三十一年（1905年）日俄戰爭結束，在長春的沙俄權益被日本所取代。光緒三十三年（1907年）東北各地區由軍府制改為行省制，長春府隸屬於吉林省。

1931年9月18日，日本帝國主義發動「九·一八」事變，翌日長春淪陷。1932年3月9日，日本扶持清朝末代皇帝愛新覺羅·溥儀，成立傀儡政權——「偽滿洲國」，宣佈定都長春，改名為「新京」。8月，改為「新京特別市」，隸屬偽滿洲國國務院。1932年偽滿成立時，長春市區人口數為12萬。1943年末偽滿鼎盛時期市區人口為75萬。1945年偽滿末期，市

區人口為72萬人，其中約有14萬日本人，加上駐長春的大量軍隊、外國僑民和巨大的流動人口，整個長春都市區總人口已逾120萬，超過當時東京都市區人口，號稱亞洲第一大都市。

長春市現總人口約800萬，許多街道很寬大，偽滿的軍事、經濟、興農、民生、文教、司法、外交、交通八大部的建築都氣派十足、保存完好。另外偽滿中央銀行大樓現改為中國人民銀行大樓。這棟大樓於1938年8月建成，當時被日本人自詡為「亞洲第一堅固」的大樓。抗戰勝利後，國軍於1946年5月22日擊退共軍，進占長春，將此樓改為中央銀行大樓。國共內戰期間，國民黨東北「剿總」副總司令兼第一兵團司令鄭洞國將此大樓作為據點，在此指揮國民黨守軍抵抗共軍圍城多時。

另外我們還見到當年汪精衛偽政府駐偽滿洲國的「大使館」舊址，建築至今也保持完好。汪精衛組織偽政權後，首先承認偽滿洲國，正式將東北割給日本做傀儡。所幸在中國軍民八年浴血抗戰後，終於收復東北，否則當今的中國真不知又是如何的微弱？汪精衛真是個缺乏遠見的蹩腳政客。

溥儀皇宮

我們參觀了偽滿洲國溥儀的皇宮舊址。現已建為「偽滿皇宮博物館」。這個博物館佈置、說明甚佳。溥儀皇宮占地面積有13萬7千平方米，分為四個區域；中部為核心宮廷區；東部以東北淪陷陳列館為主；西部是御用花窖、御用跑馬場、禁衛軍營房、禮堂及鹵簿車庫；南區原為負責偽滿皇宮內廷警衛的禁衛軍操練、宿營、儲存彈藥之處，現改為旅遊商務區，販

賣古玩、珠寶、字畫及紀念品，還有一家皇宮御膳大酒店，是一個兼具餐飲、茶藝、演奏的文化酒店。

溥儀這個皇宮雖然沒有北京紫禁城的氣派，但也很有規模。看來溥儀當年在此度過的十三四年雖無權無勢，日本人卻把他供養得舒舒服服，有如過氣的「富家翁」。我們首先參觀了中部核心區的幾座大樓，這些宮殿都是中西合璧、古今雜陳的混合型建築，具有中式廊房四合院、日式大屋頂和歐洲特色的幾種風格。

緝熙樓是溥儀及其後妃的寢宮，取意於《詩經·大雅·文王》：「於緝熙敬止」。溥儀本意希能繼承康熙大業，企圖恢復「康乾盛世」。然而到頭來卻在此過了近十四年窩囊的傀儡生涯。勤民樓是溥儀的辦公樓；同德殿是溥儀皇宮當中最具宮殿風格的建築，內部裝修豪華、設備齊全、陳設講究。殿內有舉行儀式、處理政務、會見賓客、臣子的房間，還有電影廳、檯球室、鋼琴間及寢宮等。其外部的黃琉璃瓦的殿脊上邊的兩段，安裝的不是中國典型保平安的「鴟吻」，而是日本式的建築裝飾，可見溥儀連選房舍式樣的權力都被日本人剝奪了。另外懷遠樓是溥儀供奉列祖列宗的場所，也就是太廟，謂之奉先殿。北側為嘉樂殿，是溥儀賜宴的場所，謂之清宴堂。樓內是宮內辦事人員的辦公室。宮牆碉堡共有11座，用於巡邏、監視和防衛，可見當時這偽皇宮戒備深嚴。

展廳裡敘述了溥儀的生平及偽滿的歷史。溥儀一生做過三次皇帝，第一次在1908年，當時他只有三歲，懵懂無知地被慈禧太后拉去登基，幹了三年的宣統皇帝就被革命黨及袁世凱弄下臺了。1917年6月，12歲的溥儀又被張勳推出來復辟，

這次只幹了12天就垮了。1931年，日本發動九一八事變，次年3月日本人扶持傀儡政權偽滿洲國，把溥儀找出來先當「執政」，再當「康德」皇帝。十三四年後，日本戰敗，蘇聯進軍東北，溥儀被蘇聯紅軍俘虜，五年後被遣返中國，關押在撫順戰犯管理所長達十年。1959年12月4日，溥儀被特赦出獄，成為中華人民共和國的公民，後擔任第四屆中國人民政治協商會議全國委員會委員。1967年，溥儀因病在北京去世。綜觀溥儀一生幹過三次皇帝，三上三下`，落得窩囊。想到鄧小平也是三下三上，也被下放勞改，坐過監牢，但最後卻幹得轟轟烈烈，何止「於緝熙敬止」。

溥儀有五個妻妾，卻沒一個子女，他一生起伏多難，一直是別人的傀儡，任人擺佈。我在展廳裡見到的相片中有他到東京會見日本裕仁天皇、參拜靖國神社、與汪精衛舉杯唱和、在撫順改造縫補衣襪、接受特赦，最後還有與毛澤東兩個一胖一瘦的「皇帝」歡好聚會。最有趣的乃是有一張相片是意氣風發的薄熙來和谷開來到此地參觀的光景。薄、谷和溥儀有相似之處：均令人有「見他起朱閣、見他宴賓客、見他冰消了」之感。

最後我走到東御花園，見到一處「建國神廟」遺址。這個「神廟」是個滑天下之大稽的「怪物」，建於1940年，那年乃是所謂的「日本紀元2600年」。當時日本關東軍明確規定將代表日本皇室祖先的「天照大神」作為偽滿洲國的「國家宗教」，稱為「建國元神」，教溥儀親往日本迎接代表「天照大神」的三件「神器」──鏡子、玉和劍，並在皇宮御花園內修建了這個「神廟」以供奉「神器」。換句話說，也就是

要溥儀不要再祭自己的祖先，而是換個祖宗，改祭日本人的祖先。這乃是日本人造孽與瘋狂壓迫中國人的一個明證。其後在日本戰敗，蘇軍進占東北的前夕，關東軍為毀滅暴行證據，乃匆忙地用炸藥將其炸毀。但其底部基石均保持完好。留給後人憑弔、深省。

國共內戰中的長春圍城

國共內戰中的長春圍城戰始自1948年5月23日，直至10月19日國軍第六十軍反正，新七軍投降。整整期間150多天共軍對國軍守方進行了重兵圍困和經濟封鎖。圍困戰初期國軍嚴禁長春居民出城，「盡收長春人民所有糧食物資，由政府統一分配。」而共軍拒絕一切人員出入城，並進行嚴密的封鎖。到了圍困戰後期，國軍因糧食不足需優先供給軍隊，遂試圖將長春居民疏散驅離至城外，以降低市內糧食消耗。但遭到共軍的阻止。

當時守長春之國軍為新七軍和第六十軍，約6萬人；另外有地方守備部隊4萬人，共計10萬人。共軍出動九個縱隊，以圍城打援手段，攻打長春。基於長春城在中國抗日戰爭時期是關東軍司令部駐地，日本苦心經營多年，工事甚為堅固；而且圍城時，國軍可能從瀋陽援兵北上。林彪向中共中央軍委提議採取圍困及嚴密封鎖的部署。毛澤東批准了林彪的計劃，並發電指示：「嚴禁糧食、燃料進敵區，及城內百姓出城。」當時共軍四野第一兵團政委蕭華下令：「對長春外出人員一律阻止，……，縱有個別快餓死者須要處理時，也要由團負責，但不應為一般部隊執行，更不能成為圍城部隊的負擔。」

在5月底機場失守後，國軍長春守軍糧食供應只能靠空投。國軍組織了戰時糧食管制委員會並頒佈《戰時長春糧食管制暫行辦法》，規定市民自留口糧數量只許維持3個月，其餘按限定價格賣給市政府以保證守軍需求，否則一旦查獲將沒收糧食並嚴懲，引起了市民與軍隊搶糧的衝突。到了夏天，市內糧價飛漲，出現糧荒，有不少居民因此病餓死亡，並發生人吃人的事情。

長春圍困戰中具體餓死饑民的數目一直是個謎。日本方面估計餓死二十萬人左右；國民黨《中央日報》1948年10月24日報導稱長春城「屍骨不下十五萬具」；原國民政府長春市長尚傳道被俘後回憶稱：「根據人民政府進城後確實統計……餓、病而死的長春市民共達十二萬人。」長春城市人口在圍困戰前約為40萬到60萬之間。圍困戰後僅剩17萬人。

共產黨方面聲稱，造成大量平民餓死是國軍不肯放糧給城內市民所致。國民政府方面認為，解放軍圍城期間毛澤東手諭的「嚴禁糧食、燃料進入長春，及城內百姓出城」構成戰爭犯罪，共產黨應為這一慘案負全責。

我為追懷這慘痛的往事，在街頭不斷向當地居民詢問，但許多年輕人均不知其事。最後我走到朝陽公園，在那裡遇到一群正在休息的老人，他們個個對這段慘案滔滔道來，如數家珍。特別是其中一位八十多歲的老先生親口告訴我，圍城時城內餓死的人很多，許多饑民冒險向城外闖。當時唯一的突破口就在如今的紅旗街，人潮從那裡向南湧去。但大多均被共軍的機槍打死，卻還是阻止不了人潮。大家認為反正也是餓死，還不如被槍打死，少些折騰。這位長者當時只有十幾歲，餓得已

經不太清醒了，也不管三七二十一，一股勁在死人堆裡向南
躥，居然衝出去，撿回一條命，多活了這六七十年，成為珍貴
的「歷史見證」。他知道我對這段往事不辭辛勞來此探訪，感
到興奮不已，像遇到故知一樣，滔滔不絕向我訴說當年脫險的
奇遇，臉上傷感、自豪兼而有之！

　　古今中外，兩國交兵，特別是內戰中，圍城而不困百
姓。譬如清末湘軍圍太平天國都城天京（今南京），戰事慘
烈，城內斷糧，人食野草。但湘軍主帥曾國藩、曾國荃同意太
平軍將大批天京饑民疏散出城，以減少無辜百姓的犧牲，最後
天京城內只剩三萬軍民。

　　近代世界上最慘烈的圍城之戰可謂二戰中的聖彼德堡
（史達林格勒）之戰。我曾到俄國聖彼德堡，瞭解到當時德軍
圍城長達九百天，希特勒與史達林兩個渾球都堅持不讓百姓離
開圍城，結果餓死64萬人民。我在那裡的「圍城死難民眾紀
念館」流連、感歎良久。長春圍城的慘案與聖彼德堡慘案相
似，令我深感戰爭的殘酷與荒謬。我願中國人能記取這個教
訓，使這類的悲劇不再發生。

尾聲

　　此次長春之行，見老友培育學子，壯心不已；睹長春市
貌，欣欣向榮；觀偽滿舊址、臨圍城故地，追懷往事，觸景起
長歎！

▎南非，世界的轉折點

　　南非（South Africa）在地理與歷史上都是世界的轉折點（Turning Point），只是那兒地處天涯海角，路途遙遠。我久想去那遊覽、觀賞，最近老妻安排了八日南非之旅，於是我們上路，僕僕風塵地前往南非。百聞不如一見，此行開懷，收穫非淺。

旅途遙遠

　　我們由休斯頓出發，三個多小時後在華府（Washington D. C.）轉機；飛了八個鐘頭，過了大西洋，在西非塞內加爾（Senegal）的Dakar下降停留一個多小時；再繼續向東南，又飛了八個鐘頭，總算於夜分抵達開普敦（Cape Town）。這一程總共飛了約二十小時，是我們最長的旅途之一，所幸我們已習於長途飛行，不覺勞累。但可見南非真不愧為「天涯海角」。

開普敦（Cape Town）

　　開普敦是一個美麗、整潔的城市，有條有序，與香港有些相似。大都市區人口近四百萬，為僅次於約翰尼斯堡（Johannesburg）的南非第二大城。這裡是南非早期殖民時期的重鎮，移民的熔爐，現猶為南非國會（National Parliament）所在。

　　葡萄牙人最早來到南非，迪亞斯（Bartholomeu Diaz）於1488年航海途中見到了如今的開普敦及好望角（Cape of Good

Hope）。其後葡萄牙人試圖在開普敦設立據點作為向印度航行的中轉補給站，但在1510年與當地土著Xhosa人因誤會引起衝突，葡人被殺了五十多人。葡萄牙人遂放棄在開普敦據守的企圖，改選今日莫三比克（Mozambique）建立中轉據點。

直到1652年，荷蘭人開始在開普敦建立兵寨作為荷蘭東印度公司（Dutch East Indies）前往東方的中轉站。其後花了十三年（1666-79年）築了一個城堡，也就是當今猶存的好望角城堡（Iziko Castle of Good Hope）。十八世紀末，英國人把荷蘭人趕走，占據了開普敦，在此修城、開發，成為當時南非最大的城市及商業、政治、文化中心。

我們去參觀了好望角城堡，這是當今開普敦最老的古跡建築。首先見到其外的護城河，進入城堡，看見幾百年的房屋都保養的很好，內部有一個博物館，展覽開普敦的發展歷史，陳列了許多珍貴的遺物，講解員作了很精闢的解說。還見到穿著殖民時期軍服的兵士操練表演，並鳴放禮炮。

我們的旅館靠近碼頭（V&A Waterfront），那裡有許多商店、餐館、博物館、水族館，熱鬧喧嘩，吸引了很多遊客。此處的海鮮十分可口，價格也公道。

桌子山

開普敦的招牌景點是桌子山（Table Mountain）。開普敦依山面海，桌子山乃是該城的屏障，也制衡了這一帶的風雨、陰晴。此山最高海拔為1057米，底部為花崗岩，其頂部為一平坦的砂岩臺地。我們搭纜車登上山頂，整個開普敦市、遠處的綠野及滄海盡收眼底。山頂臺地十分遼闊，均為堅實的砂

岩，還長了許多灌木、花草。因受東面印度洋濕氣的影響，天氣變化頻繁，山頂時陰時晴。我們登上山頂時，晴朗無雲，但不久雲霧就籠罩了整個山頭，在雲霧中徜徉，別有風味。

好望角與迪亞斯的故事

葡萄牙的亨利王子（Henry the Navigator）於十五世紀初，明朝鄭和下西洋的同時，開始西非海岸的航海探險，經過六七十年的努力，Diogo Cão於1486年到了如今Namibia的海岸。他在那裡遇難、失蹤。接著國王King João II任命迪亞斯（Bartolomeu Dias）再向南航行，探索前往印度的航線。迪亞斯於1487年10月出發，12月時越過Namibia的Walvis Bay，繼續向南。1488年初，他向南航行到一個海角（Cape），發現海岸突然轉而向東南，這也就是以後鼎鼎大名的「好望角」（Cape of Good Hope）。迪亞斯向東南航行幾公里後又見到一個突出、狹長而美麗的海角，這乃是今日遊客不斷的開普角（Cape Point）。他再向東南航行了好幾天，向南位移約一百公里後，經過另一海角──Cape Agulhas。再沿海岸向前航行，發現已是指向東北。他知道了這個Cape Agulhas，而不是好望角，才是非洲的最南端。

更有意思的乃是當迪亞斯沿西非海岸向南航行的時候，海流是從南極而來，由南向北的大西洋冷流（水溫為攝氏9-16度）。而當他過了Cape Agulhas後，很明顯地海流是從赤道而來，由北向南的印度洋暖流（水溫為攝氏17-23度）。迪亞斯當時非常興奮，他知道他們已到了印度洋，朝著印度進發了！他向東北航行，一心一意要儘快到印度去。又走了約四百

公里，到了如今的Mossel Bay。1488年3月12日，他在Bushman
河口附近的Kwaaihoek下錨，補充淡水，準備繼續向東北航
行。但遭到大部船員的反抗，因為航行太辛苦、危險，他們實
在受不了。如果迪亞斯再堅持向東北航行，船員就要造反，把
他宰了。迪亞斯無可奈何，只得打道回家，開始返航。

　　迪亞斯的命不好，當時如果他能統御著船員，如今可能
人人都會稱道：第一個從西歐航行到東方的航海家，是迪亞
斯而不是迪戈馬（Vasco da Gama）！迪亞斯在返航經過南非
頂尖及好望角這一段航程中，遭遇到險惡的風暴（Storm）。
這主要是印度洋向南的暖流與大西洋向北的冷流在這一代匯
流，海流混亂、奔騰；加之印度洋大量的濕氣，造成雲霧、
風暴，海浪可高達一百英尺，海流能超過每小時五海里。當
時迪亞斯為其定名——「風暴角」（the Cape of Storms、Cabo
das Tormentas），也許他已有預感這是個對他不祥之地。但當
他回到里斯本向國王King João II報告後，國王很有政治與商
業的眼光，感到非常的興奮，於是將「風暴角」改為「好望
角」。迪亞斯一心想去印度，後又做了兩度航行，但均未能到
達印度。不幸於1500年5月29日，在經過好望角附近海域時遇
到強烈風暴，他及四艘船均遇難，結果無影無蹤。他消失在他
一生最輝煌的所在，至今猶留給人們無比的思念與惋惜，尋找
他蹤跡的活動至今未停。

　　我們團組前往好望角觀賞，好望角的確不太起眼，只見
海浪洶湧。但Cape Point卻擠滿了旅客。那裡有一串兩百多米
高聳的山脊，山頂及海角頂端各建有一座燈塔。我們搭小火車
登上山巔，眺望海天、地角，感到壯觀無比、心曠神怡；正如

曹操東臨碣石詩言：「水何澹澹，山島竦峙，樹木叢生，百草豐茂，秋風蕭瑟，洪波湧起。」

酒鄉

開普敦之東的丘陵地帶因天氣適中、土地肥沃，是種植葡萄、釀酒的好地方，謂之「酒鄉」（Winelands）。我們去參觀了一處葡萄園、酒廠，見到葡萄盈野滿山，綠油青蔥。我們品嚐了幾種葡萄酒，我雖非嗜酒老手，卻也感到酒品不凡。臨去買了幾瓶，未料價格便宜無比。

貧民區

我們在開普敦及約翰尼斯堡附近的Pretoria兩度到貧民區參觀。南非的貧民區主要是當年白人National Party主掌的政府執行的分隔政策（Apartheid）造成。當時成立了許多城區（Township），限定黑色及混血人民居住。有的城區，譬如約翰尼斯堡的Soweto，人口多達一百三十多萬人。各城區內的居住條件也有很大差距。

我們先參觀了開普敦的Langa城區，那裡頗有中國文革時的風味，政府也大力改進，逐年建了許多貧民住宅。我們又去Pretoria看了一處相當糟的貧民區——Tembisa，居民均住在簡易、擁擠的房舍裡，清潔、衛生條件非常差，這與我在印度見到的貧民窟有相似之處。

據導遊說，近年來南非政府一直進行改善，南非的失業及犯罪率有所減少；但據我觀察，解決南非的社會問題還有長遠的路途。

曼德拉與魯賓島

　　我們從開普敦港口搭船去魯賓島（Robben Island）。這裡是曼德拉（Nelson Mandela）曾被囚禁十八年的所在。航程約十公里，走了45分鐘。因為海流洶湧，船身左右搖晃達十幾度，令我有暈船之感。據說這一帶海域近幾十年來曾發生過二十多次海難，是以現在的船隻大多離此一百英里外航行通過兩洋之交。十多年前，我乘船過南美極點——哈恩角（Cape Horn）去南極時，也遇到風浪而暈船。這兩次經驗使我領略了這兩洋交匯的航海艱險，也對早期航海探險家深感敬佩。

　　魯賓島與臺灣的綠島有很多相似之處。這個島只有五平方公里大，沒有山巒。近幾世紀，這裡都是關政治犯或痲瘋、精神病患者的場所。因為離開普敦海岸有相當距離，加之海潮急速，送來的人想逆潮泅水逃走，有史以來成功的只發生過一次。過去的監獄現已廢除，留下作為旅遊景點，現島上有約150個居民，有一些是以前關在這的政治犯。譬如我們的講解員就是在中學時代參加反對當時政府的報社工作，也就被捕送到島上，關押多年。現在他回到島上居住，並以親身體驗為旅客作講解。

　　島上平坦無奇，風景乏善可陳，有許多小樹、灌木，還有許多非洲企鵝。我們參觀了當年曼德拉住的牢房、放風的院落、種菜的菜圃，以及做苦工的石灰岩礦坑。據講解員說，島上最多時曾關押了一千個政治犯。這裡風大潮濕，生活不適。曼德拉能在此熬了十八年，也真不簡單。

　　曼德拉出生於Xhosa族的Thembu皇族，受過良好的教育，

學習法律，後在約翰尼斯堡當律師。隨後參加反對分割主義（Apartheid）——National Party政府的African National Congress（ANC）。曾加入過南非共產黨（South African Communist Party——SACP），並組建武裝組織——Militant Umkhonto We Sizwe（MK）。1962年，因領導反政府暴動被捕，判處無期徒刑。他先被關押在魯賓島十八年；後轉移到Pollsmoor監獄，監禁七年；再轉到Victor Verster，住了兩年。南非的白人僅有9到10%，黑人有約78%，其他為混血或外來，總稱為有色族（Colored People）。少數的白人擁有了大部的資源、財富，當然不願放棄既得利益。ANC的社會活動始自上世紀20年代，遭遇到當時National Party政府的鎮壓，但經過六七十年的努力，並得到全世界人權運動的支援，最終分割主義式微，National Party政府開始與ANC對話，曼德拉得於1990年被釋放。

其後曼德拉於1994年當選南非總統，執政五年，從事改善社會、內政諧和以及外交事務，頗有建樹。1993年，他與當年他的政敵——前National Party政府的總統F. W. de Klerk共同獲得諾貝爾和平獎。1999年，曼德拉退休後猶從事慈善事業、社會改善等活動。他於數月前（2013年12月5日）去世，歸葬其出生的故鄉——Qunu。

我們除了參觀魯賓島外，還去了他最後監禁所在的Victor Verster監獄，以及他從政和葬禮所在的Pretoria。深感曼德拉的一生代表了二十世紀下半期全世界人民追求自由、平等，從意識形態尖銳鬥爭走向和平對話、求同存異的典範。

非洲企鵝

我們在旅遊開普敦附近的半島（Cape Peninsula）途中觀賞了一處海邊的非洲企鵝園地。這種企鵝比南極的企鵝小得多，因為不在冰天雪地，生活好得多，食物也多得多。牠們在沙堆、海灘做窩，怡然自樂！

約翰尼斯堡

約翰尼斯堡是南非最大的城市，地處南非東北高原（海拔超過五千英尺），原住民為祖魯人（Zulu）；現人口約五百萬，是南非的經濟、工業中心。南非政府的行政（executive）機構設在城區附近的Pretoria。另外司法（judicial）機構在Bloemfontein，立法（legislative）機構則在開普敦。南非的金礦最先於1871在Pilgrim's Rest和Barberton被發現。其後於1886年在約翰尼斯堡發現了Witwatersrand礦層中的Main Reef金礦，大批的淘金者湧入此地，約翰尼斯堡急速興起。南非的金礦歷久不衰，現產量猶為世界第五位。

1867年在Orange River發現鑽石礦、其後於1871年在Kimberley找到了巨大鑽石礦，成為當時世界最大的鑽石產區。從1871年到1914年，最多有三萬礦工在此工作，挖了一個占地43英畝，深800米的大洞（Big Hole），用鑽桿再鑿深到1098米，總共產出1450萬克拉的鑽石。

南非礦產豐富，產量居於世界首位的有鉻（chrome）、錳（manganese）、鉑（platinum）、釩（vanadium）和蛭石（vermiculite）；第二位的有鈦鐵（ilmenite）、鈀

（palladium）、金紅石（rutile）和鋯（zirconium）。另外南非是世界第三的產煤國家；同時也產大量的鐵，是中國進口鐵礦的第三大國。

礦產資源帶給南非巨大財富，近年來旅遊事業興起，每年約有五百萬外來旅客，使旅遊業成為當今南非的支柱產業之一。但南非長期以來，政治、商業管理方面產生許多腐敗問題，加之社會分配不均，經濟與社會問題尚待改善。

觀動物

我們到約翰尼斯堡北面的Entabeni Safari Conservancy去觀賞動物三天。這是一個私人管理的野獸園區，與前幾年我們在肯雅（Kenya）參觀的國家野獸園有所不同，沒有野獸滿野、千軍萬馬的大場面；但安排及住食都非常周到，導遊對園區瞭若指掌。我們乘坐沒有欄杆保護的中吉普，看到了各種野獸，與牠們僅數米之距，瞭解到許多動物的習性。譬如我們清晨開車到獅子的身旁幾米遠處。那裡有三個獅子，牠們遠望著草原上的牛羚（Wildebeest、Gnu）與鹿群，酌磨著如何弄個大餐，卻對數米之遙的我們視若無睹。導遊告訴我們，獅子雖然神氣十足，但就吃來說，比誰都費勁。牠們不是一天三餐，而是三四天才得吃一次。但每次母獅要吃二十幾公斤，雄獅得吃三十多公斤肉。長頸鹿幾乎是不睡覺的，一直在吃樹苗。犀牛一隻可值幾百萬美金，有些盜販者想獵取犀牛角以獲暴利，管理人員遂在犀牛角上放滿毒素，則沒人敢下手。大象能活65歲，一生換六次牙，第六次牙壞了後就不太能進食，也就走到生命的盡頭。其實這和人老了也沒什麼不同，有來有去

乃世間常理也。看到在水裡露出頭的河馬，牠們不會游泳，但大多時間在水裡，連交配都是潛水進行。牠們不吃葷，但也不是好惹的，體重有好幾噸重，撞你一下，保你完蛋。這動物的世界的確多彩多姿。

尾聲

　　八天的南非旅遊結束，我們又踏上漫長的飛行回美。能親見這個世界地理、歷史的轉折點：瞭解先期航海、殖民；殖民之艱險，金礦、鑽石礦之暴興、發展；曼德拉與南非民運走過的辛酸歷程；同時領略山海之壯麗、動物之千姿百態，可謂不虛此行。

▍清爽怡人的北海道

　　北海道是日本四島最北的地方，沒有像本州那樣人口稠密、車馬喧囂。春末之際與老妻在臺北隨一個旅行團前往，三個多小時的飛行，我們降落在千葉機場。

昭和柔佛巴魯

　　出了機場，一路都是山巒、樹林，清爽宜人，偶過一二小鎮。在天鵝湖畔停車休息。北海道的緯度和中國東北長春相似，四月底這裡猶是寒風襲人。

　　我們前往北海道三大景觀之一的支笏洞爺湖景區。那裡以洞爺湖為主，周邊有被稱為「蝦夷富士」的羊蹄山、昭和柔佛巴魯（柔佛巴魯）、有珠山、洞爺湖溫泉等景點，是北海道首屈一指的旅遊景區。

　　路經昭和柔佛巴魯，如果以地質年齡來說，這座山的確太年輕了。原來在昭和18年（1943年）12月28日開始，北海道發生大地震，餘震一直持續了近兩年，在福庭村莊西方的麥田產生了七個火山口，地面持續隆起，造成一個250米的潛在巨蛋。後熔岩巨蛋從地底上升，隨後漸漸冷卻而成形，1945年9月成為海拔407米的圓頂柔佛巴魯，是以定名為「昭和柔佛巴魯」。這座山獨自突起聳立，看起來非常壯觀。我們幾次在其旁經過，大家都為這火山奇觀驚讚不已。

洞爺湖

黃昏時分，我們抵達洞爺湖畔的旅舍。這個旅舍已有百年歷史，設備豪華，主要有溫泉浴。溫泉泡湯是日本的特有風俗及傳統，有整套的裝備和規矩。我們去領略了當地露天泡湯的滋味，頗為舒暢。

洞爺湖為日本面積第九大的湖泊。在火山口湖泊中則僅次於屈斜路湖和支笏湖，位居第三。其東西寬約11公里，南北長約9公里，形狀幾乎呈圓形。洞爺湖是在11萬年前由火山噴發造成的天然湖。五萬年前，湖底又發生火山爆發，形成湖中央的四個島嶼，統稱為中島。另外自兩萬年前開始，洞爺湖南岸多次發生火山噴發，有珠山隨之誕生。

洞爺湖和美國奧瑞崗（Oregon）州的Crater Lake極其相似，面積都是大約70平方公里，周圍有43公里，湖水最深達180米，終年不冰凍。湖的中心有幾座山巒。夜間迷濛中令人感到神祕、謐靜與和諧。斯時湖中燃放了很久的焰火，形形色色，為湖光山色增光添彩。次晨我早起沿湖邊漫步，湖水連天、山巒倒影、遠山環拱、寒風襲人，離開喧囂大城來此清閒，亦一樂也。

離旅館時，旅社經理多人舉青天白日旗歡送，熱情洋溢罕見。

附近有一個「登別地獄谷」，乃是猶在冒蒸汽的火山坑，這與臺灣北投火山的一些硫磺坑相似，但這裡的溫泉都是不含硫磺而無味的。

函館

　　在前往函館的路上，我們去了一所尼克斯海洋公園，觀看海豹、海豚及企鵝表演。行車數小時後到了函館。函館是一個位於北海道西南角的港口，隔津輕海峽與本州的青森相望，人口有30多萬。

　　我們首先參觀五棱廓。五棱廓是日本江戶時代門戶開放後建造的一個西洋建築格式的星形要塞城廓；1857年開始動工建造，歷經八年多的時間，於1866年建造完成。兩年後倒幕派提出王政復古，擁護明治天皇，在戊辰戰爭（1868-1869年）中擊敗江戶幕府。其間幕府將領榎本武揚退往箱館（今函館），並成立蝦夷共和國，據守五棱廓繼續抵抗。明治二年（1869年），倒幕的最後戰爭——箱館戰爭在此發生，政府軍戰勝，榎本武揚投降，幕府時期至此終結。

　　我們來到這座曾見證歷史的城堡，如今只剩城牆的外廓。城堡內被改建為花園，遍植吉野櫻花，乃是北海道有名的賞櫻勝地。櫻花覆蓋了整個城廓，滿園綻放、白粉相雜、嬌豔無比，這裡是這幾天我們在北海道見到的最美麗、壯觀的櫻花。城廓內現建有函館博物館，收集了當年戰爭中的許多遺物。城堡外立有一座「五棱廓塔」，高60米，遊客可登塔俯視五棱郭的全貌，並遠眺函館市全景。

　　其後我們去參觀了「女子修道院」，原由法國修女始建於19世紀，至今猶有幾十名日本修女在那度著與世隔絕的生活。那裡庭院幽雅，櫻花盛開。

　　我們去港口參觀「金森倉庫——明治館」，這裡原為早

年漁港的冷凍倉庫，現改為商場及觀光區，有許多商店販賣精美紀念品、海產等等，別有風味。

夜間我們搭纜車登上市區南邊的函館山。這座山海拔334米，登山觀夜景的遊客川流不息，擠滿了山頂。我們當晚的運氣很好，在白雲籠罩中上升，到了山頂居然見到清晰的萬家燈火、光影縱橫的街道，及舟楫閃爍的海港，此景真無愧謂「世界三大夜景之一」。

大沼國定公園、青葉之秋櫻花

清晨我們離開函館，向北而行，不久就到了大沼國定公園。這個公園主要之美在於湖山相映，在周長14公里的湖岸點綴著126個大小不一的島嶼，其中有18座橋跨島相連、林木蒼翠、湖水清澈，對映著遠處聳立的雪白駒丘火山，組合成一幅和諧、謐靜的典型日本自然風光。

我們去青葉之秋及Oniushi公園欣賞櫻花，這裡有14種，約1500株櫻花樹，主要的是染井吉野櫻，許多都是百年老樹。春末之際此地猶有微寒，清晨旅客稀疏，也令我們清靜地賞花多時。

定山溪、天狗山、小樽

一路北行，只見山巒白雪皚皚，路邊積雪累累，我們到定山溪過夜。這是一個山谷中的小鎮，一條小溪——豐平川穿城而過，到處都是有溫泉浴的旅舍。我們在這第三度領略日本泡湯的風味。

次晨我們去天狗山，搭纜車到山頂眺望小樽市，房舍街

道稠密、附近山巒起伏，海岸船行如梭。

這個札幌的外港，人口只有13萬，但有許多古色古香，且有歐洲風味的景色。小樽河畔有各種工藝品的小販，還有許多藝人在那作畫，河邊遊客絡繹不絕，河上還有滿載旅客的小舟。街道上有許多賣紀念品的商店，我們去了一家享負盛名的「北一硝子館」參觀精美的彩繪玻璃藝術品；還到一家有三千多種各式各樣音樂盒的博物館，最後去「銀之鐘咖啡館」品嚐美味的咖啡及點心，並帶回精緻的咖啡杯作為紀念。

當天的晚餐是螃蟹大餐，品嚐北海道的三種名蟹：長腳蟹、帝王蟹及毛蟹。 這是我們在北海道幾天來最豐盛的晚餐，三種螃蟹都美味可口，滋味不凡。這幾天吃了不少日本風味烹飪，其中生魚片、早餐小菜和這螃蟹大餐最令我難忘。

札幌

我們最後來到北海道的首府——札幌。札幌是個很大的城市，人口有190萬，占北海道總人口的35%，有許多農業集散、工業製造、食品加工、服務業等產業。在城市中心距我們旅館不遠有個長條的「大通公園」，其中有個仿法國埃菲爾鐵塔的高塔。導遊帶大家去「狸小路」及「RERA（三井）OUTLET MALL」購物。 從臺灣來的人大多在此購買電器、補品，可謂「瘋狂Shopping」。我們又去一所「白色戀人石屋工廠」參觀巧克力的製造與展覽。那裡的建築是童話故事的糖果房屋，庭院種植了許多豔麗的花朵。

北海道神宮──日本軍國主義的濫觴

　　我們去參觀了札幌的北海道神宮。這個神宮創始於明治維新開始的第二年──明治二年（1869年）。當時明治天皇為了有效統治北海道的愛努族（蝦夷）原住民，下詔將原在東京祀奉的大和族的大國魂神、大那牟遲神與及少彥名神的「開拓三神」移往北海道，讓愛努族供奉。其後於明治三年（1870年）在札幌建設了臨時神社。明治四年（1871年）便於神宮現址建設具規模的神社宮殿，並命名為「札幌神社」。昭和三十九年（1964年），神社中同時合祀明治天皇，並改名為現在的「北海道神宮」，日本全國宮會後來更承認北海道神宮是蝦夷國的新第一宮（社格最高的神社）。

　　導遊告訴我們，這神宮用的巨大木材都是由臺灣高山砍伐運來的，這令我感觸萬千，也瞭解到這神宮正代表了日本軍國主義的濫觴！

　　愛努人為北海道的原住民，14世紀時控制了整個北海道，他們主要以狩獵和漁業為生，風俗習慣和大和族大相逕庭。其後大和族人來到北海道南端定居，與愛努人展開貿易，但衝突日益激化。1457年，雙方爆發了坷相曼夷之戰；1669年，又爆發相庫相郢之戰，愛努人戰敗，從此淪為大和族的從屬。但愛努人的反抗並未停止，1789年，又爆發國後目梨之戰。這場戰爭之後，愛努人口開始大幅減少，愛努人逐漸由大和人的貿易對象轉變為被大和人僱傭的傭工，被融入大和人的經濟體系之中，傳統的愛努文化逐漸消失。

　　日本在倒幕維新的啟蒙時期，吉田松陰就提出：「開墾

蝦夷，奪取滿洲而逼俄，霸占朝鮮而窺清，控制南洋而襲印度，三者擇其易為者為之，是天下萬世可繼之業也。」當我參觀北海道神宮時，深深體驗到日本從明治維新起，以「霸道」執行軍國主義，摧殘其他民族文化、掠奪其資源的濫觴。以後奪琉球、臺灣、併朝鮮、占滿洲、侵中華、偷襲珍珠港、發動太平洋戰爭、攻東南亞、設諸偽政權，在各處立日本「神社」，推展「皇民化」，奴役異族人民，始肇於此。最終導致全盤崩潰，給東亞、世界帶來極大的殘害，也使其本國人民生靈塗炭。

中國自周代以來提倡「繼絕存亡、不滅人社稷」的「王道」思想，尊重少數民族及他國的文化、宗廟，這與日本近代表現的「滅人社稷、毀其文化」的「霸道」截然不同。至今日本當權者猶不能從歷史中汲取教訓、深自反省，仍然緬懷以往霸道擴張，發動戰爭蹂躪中國及東亞人民的舊事，為中國、東亞及日本本國的未來伏下隱憂！

尾聲

五天愉快的北海道之旅匆匆而過，我們搭機返回臺北。回思北海道清晰秀麗的山巒、滿園綻放的櫻花、風味十足的溫泉浴、湖山相映的洞爺湖、整潔有序的街市、可口的大蟹與生魚，還有那發人深省的神宮，一一在我腦海中縈迴！總的來說，日本社會重紀律、守法治，不失為一現代先進國家。但當政政客猶眷戀往昔軍國主義的橫霸，未能從歷史中尋取教訓，悲哉！

悲壯、光輝、多姿的騰衝

　　騰衝對一般人，包括我，乃是既熟悉卻又陌生之地。這裡乃是家喻戶曉的抗日遠征軍悲壯奮戰之地；但因其位處雲貴高原崇山峻嶺的西南邊陲，以往交通不便，與世隔絕，無人問津。近年來，騰衝對外的航空開通，當地的旅遊業隨之而興。初夏之際，我與老妻由北京飛往騰衝，流連四五日，始知騰衝的確可謂悲壯、光輝與多姿，風采不凡。

火山、地熱與蒼山秀水

　　我在前往騰衝的飛機上一直好奇地臨窗俯瞰，只見雲貴高原山嶺迤邐崢嶸。三千萬年前，地殼的印度板塊開始插入歐亞板塊，促成了喜馬拉雅山造山運動，青藏、雲貴高原逐漸隆起，也帶給騰衝地區多彩多姿的地貌。

　　雲貴高原曾經過長時期的火山噴發。位於騰衝縣城之北，海拔2614米，有「小富士」之稱的打鷹山，在明代曾噴發過。其附近有幾十座火山，如今雲南全境均為死火山和休止火山，但有多處地熱溫泉，高溫蒸氣與熱水不斷由地底湧出。

　　我們去參觀了「騰衝火山群國家公園」。那裡有一個火山博物館，解說這一帶火山的形成、變異，也陳列了許多火山岩石。其後有三座火山一字排開：黑空山、大空山、小空山。我們爬上拔高約一百米的小空山，沿火山口漫步一圈。這個火山口直徑近兩百米，火山坑深約五六十米，四處均長滿樹

叢、花草，可謂構造完整、景觀美麗。

我們又遊覽了城西南的「熱海公園」。那裡有幾十個熱泉，蒸汽噴湧，各顯奇秀。其中最壯觀的是「大滾鍋」，直徑三四米，池深一米半，噴出的水氣溫度高達攝氏97度，吸引了許多遊客。明末徐霞客曾到此，歎為奇景，寫下：「水與氣從中噴出，……噴若發機，聲如吼虎。」

騰衝附近山巒、溪谷交錯，風景極佳。流過騰衝縣城的疊水河清澈怡人，其中有一處幾十米高的瀑布，美麗壯觀！另外在瑞麗附近有一處原始森林，其中也有一個莫里瀑布。這個景點幽雅，靜謐，令人流連忘返！

翡翠寶玉與紅木巨雕

翡翠乃是硬玉，原產地主要在緬甸北部的霧露河流域，地質構造上處於印度板塊與歐亞板塊碰撞部位東側的低溫、高壓的榴輝岩——藍閃石變質岩帶。在猛拱附近的礦區曾發現一個重達3000噸的大玉石。

早在東漢時期，翡翠已開始由緬甸進口，在騰衝及滇西加工，轉輸到四川、中原。百聞不如一見，我們此次在騰衝、瑞麗、芒市見到各處大街小巷，到處都是賣翡翠的商店。各式各樣的翡翠首飾、雕刻；還有琥珀、瑪瑙、石化木、樹化玉及其他寶玉；也有販賣未琢磨，謂之「賭石」的礦石，琳琅滿目，令人眼花繚亂。這裡的翡翠產業較新疆和田玉市猶盛。

我們在騰衝及滇西見到很多紅木傢具及木雕的商店。紅木是花梨木、香枝木、酸枝木、雞翅木等硬木的統稱，宜於製

作上品的傢具。但最令我吃驚的乃是巨大無比的木雕。這些木雕乃是用紅木的根部製作，而且均是由一塊木頭雕刻，沒有拼湊。譬如我見到長六七米、高兩三米，栩栩如生的雄獅和猛牛，這是我見到過最壯觀的木雕。

導遊告訴我這些木材大多來自緬甸或老撾。雲南因過去砍伐過度，現原始森林已很少，政府也嚴禁砍伐。

西南絲道與民俗風情

騰衝最早有文字可考的史料出自《史記。西南夷列傳》，該地區被稱為「萬象之國」的「滇越」。漢武帝派張騫「鑿空」西域，發現在大夏（今阿富汗）有經身毒（今印度）運來的「蜀布」及「邛竹杖」。瞭解到在西域絲道開通之前，中國的產物已由四川經今日的雲南、緬甸輸往印度及中亞。是以古西南絲道較西域北絲道還要久遠。騰衝及滇西地區居西南絲道的咽喉要道，自西漢以來，歷經魏晉、南北朝、隋唐、南詔、大理到元代均為中國西南通往緬甸、印度的貿易重鎮，馬幫、商旅絡繹不絕。

及於明初，朱元璋派大軍下雲南、取大理、平緬甸。沐英奉命屯墾、留鎮雲南。原籍四川的寸、劉、李、尹、賈五姓以軍職屯守騰衝，築和順城，延續至今。是以騰衝是一個以漢族為主的城市。我們去和順古城觀賞，垂柳清溪、深潭碧水、古厝雅致。騰衝全縣人口約六十萬，縣城十萬多人，街道多為新建，寬闊整齊，高樓林立，市貌欣欣向榮！

騰衝地區盛產稻米，當地人用米做出有如米粉、河粉的「餌絲」與「餌塊」。我們在那裡吃了一道當地的「風味

菜」，叫做「大救駕」。原來是南明最後的永曆皇帝逃難經過騰衝，坎坷狼狽中吃了一次當地的蔬菜炒餌絲，飢餓難當之下感到可口無比，這道菜因此而得名。

騰衝附近的芒市、瑞麗均屬以傣、景頗、傈僳、阿昌、德昂等少數民族為主的「德宏傣族景頗族自治州」。瑞麗位於中緬邊界，市內瑞麗河之東的姐告邊境貿易區，與緬甸的木姐組合為經濟合作區，兩國貿易、商務發達。在芒市還有一個小村落，一溝之隔分為中國與緬甸，村民跨溝而過，通行無阻，謂之「一村兩國」。

悲壯、光輝的抗日

我曾讀過許多有關抗日遠征軍的書，也看過許多紀錄片。但當我來到騰衝及滇西，身歷當年硝煙烽火所在，感覺是無比的震撼與悲切！

抗日動脈——滇緬公路

1937年7月，日本發動七七事變，掀起我民族舉國抗戰。次（八）月，雲南省主席龍雲赴南京請纓抗日，在最高國防會議中向蔣介石提議修築滇緬公路，打通中國向印度洋港口的出路，立即得到蔣的同意。經勘定後的路線是從昆明經楚雄、下關、保山，於畹町出境到緬甸的臘戍，得以與臘戍——曼德勒——仰光的鐵路聯通。

滇緬公路全長1146公里，其中有187公里在緬甸境內。從臘戍到木姐原已有公路，英緬當局於1938年新建了一條18公里的公路連通木姐到中國邊境的畹町。在中國雲南境內的滇緬

公路總長為959公里，其中411公里由昆明到下關的一段原已有土路，後加工修整；而由下關至畹町的548公里全須新建。國民政府與雲南地方發動25萬民工，自帶口糧、工具，日曬雨淋、餐風宿露，翻山開路、深谷架橋，從1937年12月開始到次年8月，經過9個月的奮戰與三千多員工的犧牲，滇緬公路得以於1938年9月開始通車。

大批的軍火、石油、裝備等戰略物資以及民生所需的貿易，日夜不息地在這條血肉築成的大道上輸送。特別其後由越南通往廣西、香港進入內陸的通路被日軍切斷，而西北聯繫蘇聯的道路遙遠，滇緬公路成為抗日中期直到1942年5月日軍攻占緬甸、滇西前，中國對外的唯一國際通道，在全國的抗日戰爭中發揮了極重要的作用！

第一次遠征軍豪情悲壯

1941年12月，日本偷襲珍珠港，發動太平洋戰爭，隨即在東南亞攻占香港、菲律賓、印尼、馬來亞、泰國等地，接著集結重兵進攻緬甸，企圖切斷中國唯一的國際通道，同時威脅英屬印度。為了保衛滇緬公路，協同英軍保護緬甸，國府派遣第五軍、第六軍和第六十六軍，共十萬人組成由羅卓英、杜聿明指揮的「中國遠征軍第一路軍」，於1942年3月初從畹町出國作戰。

遠征軍士氣高昂，先後取得「東瓜大捷」、「棠吉大捷」及「仁安羌大捷」。特別是在「仁安羌大捷」中我第66軍第38師孫立人部以少勝多，擊敗日軍，解救七千被圍英軍將士，使日軍喪膽，震驚中外。只惜日軍不斷由泰國增援，而英

軍配合不當，中、英、美聯軍指揮系統零亂，終致兵敗野人山。其後在撤退中意見分歧，軍士犧牲慘重，僅四萬餘眾生還，退到印度和滇西。第200師師長戴安瀾將軍在向騰衝撤退時，不幸遇伏，壯烈犧牲！1942年5月，日軍侵入畹町、騰衝及德宏全境約三萬平方公里滇西國土，滇緬公路被切斷，國軍隔怒江與日寇對峙。

第二次遠征軍光輝勝利

緬甸作戰失利、滇西失手、滇緬公路斷絕後，中國對外的陸海運輸全被截斷，抗戰進入更艱難的階段。為繼續保證中國抗日的基本需要，中美盟軍開闢了從印度阿薩姆飛越喜馬拉雅山到達昆明的「駝峰航線」。大批的抗日物資沿此航線輸往中國，但因飛越高山困難，空運中損失飛機609架，犧牲人員1750人。

為了重新打通滇緬公路和收復緬甸，史迪威將軍在1942年7月即向蔣介石提出反攻緬甸的計劃。經中、美、英三方一年多的磋商，中國在滇西重新組編第二次遠征軍，由陳誠任總司令（不久由衛立煌接任）。總兵力為六個軍，加上陳納德的14航空隊，共16萬人。另外將撤退到印度的第一次遠征軍——新38師與新22師，加上由中國空運的增兵，組成中國駐印軍，下轄新一軍、新六軍，加上直屬部隊，共12萬人。

1943年10月，中國遠征軍、中國駐印軍與美、英聯盟軍發動滇西、緬北反攻戰役。我軍在滇西人民全力支援下，歷艱涉險、前赴後繼、浴血奮戰15個月，犧牲高達九萬餘眾，其中兩萬九千人長眠異國，終於在1945年1月收復滇西全部失土。

中國駐印遠征軍也與英、美聯軍將日軍全部擊潰。此役重新打通中國對外的路上國際通道，也成為中國抗戰中最先將日寇全部澈底殲滅，收復失土之戰，有利地支援中國內陸的對日戰鬥。當時日本發動豫、湘、桂、黔戰役，進軍直抵貴州獨山，重慶為之震驚。滇西、緬北的勝利鞏固了後方，遏止了日軍的猖狂。

血淚奇跡的史迪威──中印公路

當1942年5月滇緬公路被截斷時，史迪威將軍即計劃修建一條由印北阿薩姆邦德雷多經緬北密支那，連通中國和印度的公路。從1942年12月開始動工，越過橫貫山脈，歷經艱險；同時配合駐印遠征軍的反攻緬北及中國遠征軍收復滇西，這條定名為「史迪威公路」的中印公路終於在1945年1月正式通車。史迪威公路分南北兩線，分別由密支那經騰衝及畹町連接原有的滇緬公路，全長約1300公里，成為中國抗日最後階段的「輸血管」，對增強我軍戰鬥力，打敗日本侵略起了關鍵的作用！

永恆的緬懷──國殤墓園與滇西抗戰紀念館

我們在騰衝參觀了去年（2013年）於來鳳山下新建的滇西抗戰紀念館。館中展示了示許多珍貴的滇西、緬北抗日圖片與遺物，同時附有精闢的解說。其中包括血肉搶修滇緬公路、華僑捐助抗日救亡、第一路遠征軍浴血異國、孫立人、戴安瀾率部英勇奮戰、怒江對峙禦敵、滇西人民遊擊抗日、留散滇西緬北的老兵、史迪威、陳納德援華壯舉、緬北、滇西反攻勝利及日軍暴行。其中騰衝激戰，夷為廢墟，日軍自盡與被俘

解救的慰安婦，給我極大的震撼。根據日本厚生省於1952年公佈的資料，日本緬甸軍僅陸軍總兵力為30萬3千人，其中死難者高達18萬5千。可見日本軍國主義不但殘殺中國、東亞百姓，也帶給日本人民悲慘的命運。當今日本安培政府尚未能從歷史中吸取教訓，何其悲哉！

我登上位於紀念館後的「騰衝國殤墓園」。騰衝國殤墓園占地80餘畝，為一高聳的小山坡；始建於1945年1月，是騰衝人民為紀念中國遠征軍第二十集團軍攻克騰衝陣亡將士而建立的陵園。這裡長眠著為抗日而犧牲的八千英靈。山頂立有一座紀念碑，山坡四周佈滿烈士的墳塚，墓園遍植松、柏、竹，林下綠草如茵，環境清幽蕭穆。墓碑上刻有成仁官兵的姓名、級別。但也有署名「無名英雄」者；墓塚集密，極少全屍，可見當時戰況慘烈。

我獨自在山嶺叢墓中憑弔、追思良久，彷彿回到當年諸烈士正在不屈不饒、浴血奮戰的情景，感觸萬千！念及滇西、緬北兩次戰役，我軍犧牲達十五萬之巨，許多英魂遊散異鄉；我軍八年抗日，三千萬軍民獻身，壯烈地在歷史的洪流中為民族存亡做出了不可磨滅的貢獻！

尾聲

五日的騰衝、滇西之旅結束，我們從芒市搭機，經昆明轉飛臺北。回思滇西的叢山秀水、翡翠紅木、民俗風情，加之古往的西南絲路；最動人乃是我先民為民族圖存救亡、繼往開來在此浴血抗日。騰衝的確是個悲壯、光輝而又華彩的好地方！

探奇篇

蘇東坡曾說：「寄蜉蝣於天地，渺滄海之一粟。」如今人們知道：蒼穹之浩瀚趨於無窮，粒子之微細及於無極。此行觀極光深感雄偉太陽之萬能，與微小粒子之神妙，創造出這絢爛的極光，以及那美麗的宇宙！

冰島觀宇宙之奇——北極光

　　我曾見過世界上許多神奇美妙的景觀：譬如崢嶸雄偉的喜瑪拉雅山、山海綺麗的大溪地、千里冰封的南極、水勢生態旺盛的亞馬遜雨林，只惜以前一直沒能看到絢爛迷人的極光。經多方打聽、籌劃，我與老妻於隆冬之際前往冰島，試圖一覽嚮往已久的奇景！

前往冰島

　　我們幾年前就曾去過冰島，不過那次是在夏至時分，主要去觀賞火山與冰川，也駕車領略了冰島的青蔥綠野，同時飛往格林蘭體驗了那裡的北國風光。這次前往正逢冬至時節，與上次比起來可謂天壤之別。從美國去冰島很近，由東部的紐華克（Newark）飛到冰島首府雷克雅維克（Reykjavik），精打細算的冰島航空公司（Iceland Airline）居然連一頓飯都不供應，因為還不到五小時就到了。飛機上擠滿了旅客，大多是觀光的遊客，觀賞北極光乃是這冬季冰島之旅的最重要目的。

雷克雅維克一瞥

　　飛機抵達雷克雅維克是早上七點，出了機場到了旅館已近九點，但一路均是漆黑。這裡位於北緯64度多，距北極圈（66.52度）已不遠。早上11點太陽才升起，3點多就落地了；白晝只有四、五小時，見到路上的行人、旅客，還有趕去上

學的孩子們，都可謂「秉燭夜遊」。上次我們在2011年夏至時分來此，租了部車，日行七、八百公里，到下午11點多天猶通明。那時我就告訴老妻：「如果當年曹丕來此，就不必秉燭也可夜遊了！」這北國的夏、冬猶如兩個不同的世界。

冰島除了極光之外還有地熱、瀑布、火山、冰川、草原、海色等等美景。我們在上次來此時均一一遊賞。（見愚作《行遠無涯》，去冰島看火山）。這次也就只是在雷克雅維克城裡流覽。

雷克雅維克的冬季旅客很多，主要都是來看極光的。快到耶誕節了，街上掛滿彩燈，加上滿地白雪，這裡是貨真價實的「白色聖誕」（White Christmas）。海邊新建了一個音樂廳，建築新穎，成為雷克雅維克重要的一景。城中心有一座大教堂，設計美麗莊嚴，有電梯通到頂層。我早上起來，想去拍張日出的相片，在那裡等到11點15分，太陽應該在南方斜斜地升起了，只惜當時大風雪，但見四周茫茫。下午3點多，望見遠處落霞也沒能見到夕陽。

去過一個小山坡上的高樓，一走出陽臺就被大風吹倒在滑冰之上。所幸屁股先著地，但猶在冰上爬了一陣才「脫離險境」，令我領教了北風的威力。雷克雅維克的物價很貴，特別是買書。但吃飯還算公道，比美國稍貴。那裡的鱈魚十分可口。雷克雅維克的人都溫文有禮，因為整個冰島只有33萬人，加之嚴冬漫長、風雪難熬，人必須與天爭，人與人之間就無大可爭了。

大風雪與等候

來前一周，老妻不斷地上網看雷克雅維克的天氣預報，結果都不是好的。老妻猶豫地想取消此行。但我認為「矢在弦上、不得不發」，必須上路，希望天氣好轉，最糟也不過像蘇東坡一樣，出遊遇著風雨，也能自我尋樂，道：「誰怕？一蓑煙雨任平生……回首向來蕭瑟處，歸去，也無風雨也無晴！」我們也就上路了。

但出了機場，只見白雪遍地，天色陰暗，不久雪花紛飛。這一天整天都是大雪，這裡的雪景美麗而嚇人。古書上形容「白雪紛紛何所擬」？有「撒鹽空中差可擬」，或是「柳絮因風起」。但他們可能都沒領教過冰島的風雪，絕沒有「撒鹽」或「飄絮」那樣柔情，在這所見到的風雪都是像「萬箭齊發」似的水平橫向飛射。就這樣整整下了一天，當晚預定的觀賞極光節目只得取消了。第二天依然如故，第二個機會又泡湯了。

這次旅行社給我們的安排是從美東飛到冰島的來回加上三天的旅館。至於看極光是提供兩次機會。我們第一夜沒去成，第二夜也沒能成行，所以只剩了最後一個晚上。所幸我們預訂時多加了一天，增加一次看到極光的機會。

極光的傳奇

自古以來，世界上居於北方的人們多曾看到夜間天空呈現綠色、紅色等等，有如彩帶、窗簾及各式各樣的光彩。阿拉斯加的Athabaskan人認為那是死去者的靈魂（Sky dewellers）在看望或傳消息給他們；瑞典人認為那是天上的人在跳土風

舞，稱之為「Polkas」；芬蘭人謂之「fox fires」，是那些有五顏六色的狐狸在Lapland山上奔跑。中國人則認為這就是天上的龍。

　　1621年，法國科學家、作家Pierre Gassendi在其著作中首次稱極光為Aurora Borealis。Aurora是羅馬女夜神，Borealis則是北風神。18世紀末，探險家James Cook船長在其從夏威夷到阿拉斯加的航行中見到了北極光；其後他於1773年在尋找南極大陸的航行中見到與北極光相似的南極光，他稱之為Aurora Australis。如今人們均以Northern lights、Southern lights分稱北、南兩極光。

極光的形成

　　人們自古以來觀察極光，各以自己的意識解釋。直到20世紀，近代物理學取得重大突破，人們對極大的宇宙與極小的分子、原子、電子等粒子有了充分的瞭解，極光之謎遂迎刃而解。簡單的來說；極光乃是由太陽放射的高速粒子——Solar winds，plasma of electrons、protons、helium、Mg and Fe...etc.，在經過地球附近時受到地球磁場的影響，被吸入地球南北兩磁場上空的環帶，撞擊了在大氣層中的氣體，使其中的電子（electrons）暫短地激化（excited）；而當激化的電子歸還原狀時則發出光彩。

極光的顏色

　　極光的顏色因被太陽粒子撞擊的氣體種類及高度而不同。在離地100到150英里的高空，受撞擊的氧原子發出深紅色

光，而氮氣則發出粉紅色光；低一點到80至100英里高度時，受激的氧發出綠白、綠黃色的光，這也是最常見的極光，主要由於氧原子是最容易受激化（excitable）的氣體；在同樣的高度如遇到氮氣則發出藍和紫色的光，這種光在夜晚較難看清楚。再低一點到60至80英里高時，氧和氮發出粉紅色的光。其他的氣體如氖（neon）、氦（helium）、氫（hydrogen）和氬（argon）也在受撞擊時發出不同的顏色，但因大氣中含量很少，這些極光很少見到。

看極光最好的地方及時間

極光總是呈現在地球南北磁極的環形上空。但其明暗及環形的寬窄取決於太陽釋放出粒子的多少。當太陽中的黑子（Sunspots）增多時，釋放的粒子就增加，極光變得明亮、持久，同時使能見的區域增大。天氣和季節也很重要，陰雨天、白晝、月明之夜自然看不到，城市裡面燈光太亮也是看不到的。在北半球的北端，夏天為長晝，就很難看見，一般在九月到三月的夜晚是見到極光較多的時際。附圖中顯示南北兩極最常見到極光的環形地區。可見冰島、北加拿大、北阿拉斯加乃是最有可能見到極光的地區。但當太陽黑子增多時，在南加拿大、波斯頓、美國北部、英國都能看到極光；而南至美國德州、墨西哥、羅馬、希臘也都曾見到過極光。

曠野的夜晚觀極光

在冰島的第三天上午依然大雪紛飛，令我們十分失望，看樣子這晚又不行了。可是到下午三點天快黑時，雪停了，雲

也漸漸少了。八點鐘，我們搭巴士走了約一小時，一路只見白雪盈野，遠及天邊。到了一處曠野，四面都沒有住家，只有幾間木屋、一個小店，專門為接待觀賞極光的遊客而設。看極光的人可不少，有十來輛大巴士，曠野上站滿幾百近千人。

那夜裡沒有風，溫度大約是攝氏零下六、七度，但地下積滿雪，站久了腳底就感到冷凍難受。是夜天上有些雲霧，星辰稀疏。我們並沒有見到長久、連續、燦爛的光彩，但有如窗簾、雲彩、日光四射一般的各色極光曾出現多次，大家都驚讚不已，感到不虛此行。

事實上用相機拍出的光彩要比肉眼看見的要漂亮得多，因為相機的感光度加上較長時間的曝光較肉眼所能接收的光度要強列多倍。我前一天在市區內就發現對著北方的天空拍出的相片都是漫天通紅或粉紅，而肉眼看起來只是暗黑略帶微亮。可見高空的紅、粉紅色極光是滿布的。

那夜我們在寒凍的曠野裡站了三個小時，也拍了許多相片，近午夜時分大隊人馬紛紛返回城區旅館。

次日我們多留了一天，旅行社的服務人員知道我們前一晚雖看到極光，但並非最燦爛的，於是讓我們當夜再免費去觀賞一次。這一夜的天氣較前夜好得多，滿天星斗，北斗七星高掛，北極星幾乎就在頭頂。但我們等了很久，卻一直沒有見到顯著的光彩，較前夜差很多。但仔細察看，還是不時見到遠處雲端上發出的光彩，用相機照出來的許多圖片依然美麗動人。這夜我們也是不虛此行。

極光博物館

我們在城裡去參觀了一所極光博物館——Aurora Reykjavik
——The Northern Lights Center。這個博物館並不大，但裡面
把極光的成因，各地觀察的紀錄都說明得清清楚楚，這是我讀
到、見到的有關極光的最佳展覽及解說。最珍貴的乃是其中
放映了一個約二十分鐘的極光影片。那些在山邊、湖畔、原
野、海上、晴空、雲端，各種不同背景拍出的綠、藍、紅、
黃、白、紫五顏六色，如簾、如帶、如環、如日、如雲，綺麗
無比的極光，令人深覺宇宙之浩瀚、美麗！

尾聲

蘇東坡曾說：「寄蜉蝣於天地，渺滄海之一粟。」如今
人們知道：蒼穹之浩瀚趨於無窮，粒子之微細及於無極。此行
觀極光深感雄偉太陽之萬能與微小粒子之神妙，創造出這絢爛
的極光，以及那美麗的宇宙！

▎風情萬種的約旦

　　約旦（Jordan）文物豐富、古跡遍地，特別是佩特拉（Petra）被稱為世界七大奇景之一。初秋之際與老妻飛往阿曼（Amman），在約旦盡情地觀賞了這古代的文明，也領略了約旦當今的風情。

阿曼

　　我們夜間飛抵阿曼，這個城市坐落在海拔900到1100米的山丘地帶，氣候適中。約旦總人口約八百萬，其中三百萬都在阿曼大都市區內。全國總面積近九萬平方公里，從阿曼到任何地方最多只要四小時車程。

　　次晨我們到市內遊覽，城內有一座山峰，其上的古代城堡（Citadel）中有Hercules神廟、拜占庭（Byzantine）教堂、伊斯蘭Umayyad皇宮等廢墟，十分壯觀。山下有一座可容六千觀眾的古劇場（Theatre），如今還在使用。在山頂四處眺望，附近的山丘滿布白色的民房，遠處新城區則是新式的高樓大廈。這個城雜匯了最現代與古老的建築，在此令人有走入時空隧道之感。

　　1921年，阿曼被選為約旦大公國（Emirate of Transjordan）的首府，當時人煙稀少，直到1940年代還只有兩萬人。但第二次大戰後，約旦王國（Hashemite Kingdom of Jordan）成立，其後諸次以色列、阿拉伯戰爭中，大量巴勒斯坦難民湧入阿曼，

加上城市的發展，成為今日的龐大都會。

約旦古今

約旦地區（Transjordan）位於歐亞非三洲的十字路口，早在九萬年前的舊石器時代此地就有人群聚居。青銅器時期，此地為一些閃族（Semite）游牧民族棲息之所。根據《聖經》舊約，Edomites、Amonites等小王國曾先後在此興起；同時一部分的地區則被以色列人（Israelites）統治。其後約旦受到希臘──馬其頓（Greek-Macedon）及羅馬（Roman）的統治，影響頗深。當時Nabateans人盤踞約旦兩百多年（168BC-106AD），以佩特拉為首都發展貿易、運輸。羅馬、拜占庭衰亡後，阿拉伯伊斯蘭帝國在第七世紀開始統治約旦，13世紀被Mamluk Sultanate（Cairo）取代，到了第十六世紀土耳其奧圖曼（Ottoman）帝國征服了約旦。

第一次世界大戰中，在英國人的支援下，Abdullah I bin al-Hussein帶領約旦人反抗奧圖曼，於1921年建立了一個英國的保護國──約旦大公國（Emirate of Transjordan）。直到第二次世界大戰後，約旦於1946年獲得獨立，改稱約旦王國（Hashemite Kingdom of Jordan）。不久為巴勒斯坦問題與新興的以色列開火，其後又在1967年與以色列作戰，喪失了大片約旦河以西的領土（West Bank）。Abdullah I bin al-Hussein從1921年就位，直到1951年他在耶路撒冷被刺。他去世後，其長子Talal of Jordan即位，但因精神病旋即退位，由其孫Hussein Ibn Talal於1953年就位。

Hussein Ibn Talal在位的36年中勤政愛民，極力推行教育、

民主、促進經濟發展；同時改善與以色列、巴勒斯坦等周邊國家的關係，將約旦建設成一個在中東相對和平、穩定的國家，深得百姓的愛戴。他於1999年因癌症去世，其子Abdullah II掌政至今。

約旦沒有石油、天然氣，缺水，除了磷礦外，也沒有其他重要的物產。經濟主要來源為商業、貿易、運輸、磷礦等等，近年旅遊發展很快，特別是佩特拉給約旦帶來世界各地的大量遊客與外匯。我們在約旦遇到的大多百姓均和氣有禮，樂天知命。

約旦的食物十分可口，以烤肉及麵食為主。但他們不吃豬肉，我在中國旅行曾聽到好幾種回人、猶太人為什麼不吃豬肉的解釋。在約旦及以色列，我又問了這個問題，答案一致，非常簡單：「不知道。」我猜想，養豬始於中國的農業社會，而在中東早期的畜牧社會不可能驅豬以尋水草，也就沒有豬肉可吃，以致養成不吃豬肉的習慣。

傑拉什

傑拉什（Jerash）位於阿曼之北的丘陵地帶，我們由阿曼乘車很快就到了那裡，首先就見到莊嚴的一座三拱石門──Hadrian凱旋門。這個拱門是西元二世紀為羅馬皇帝Hadrian訪問此地而建。

遠在六七千年前，傑拉什就有人們的聚落。西元前331年，亞歷山大（Alexander the Great）在此築城屯兵。但傑拉什最輝煌的階段是羅馬統治時期，當時在此建有以一條小溪而分的東西兩部分的城市。其後拜占庭（Byzantine）及阿拉伯

均曾陸續統治該城。十字軍東征時，這裡已呈荒野，後整個城埋沒於沙土中。直到十九世紀人們再遷到附近，重新發現這座古城。上世紀開始有系統挖掘，恢復了西城區的大部分。

我們走過拱門，進入西城區，大家都為這宏偉的石磊建築讚歎不已。這是一座典型的希臘－羅馬（Graeco-Roman）城市，與義大利龐貝（Pompei）、以色列的beit She'an等羅馬古城十分相似，有石鋪的大道、莊嚴的寺廟、露天的劇場、競技場、寬闊的廣場、泉水池、洗澡房、排水道、妓院、高聳的石柱，加之四周的城牆與城門；當然也有在拜占庭統治時期的基督教堂及阿拉伯時期的回教建築。這個古城代表了西方二十多個世紀以來文化、建築、宗教的演化與風格。這與中國的文化、寺廟及土木建築呈顯著的區別。

聖山——尼波山（Mount Nebo）

我們出了阿曼，不久就到了尼波山。根據《聖經》舊約，摩西帶領猶太人出埃及，在西奈（Sina）及當今約旦南部的荒野畜牧、逐水草而居達40年。後上帝許諾猶太人到迦南（Canaan）定居。摩西在其臨終前登上尼波山頂，遠望約旦河谷、耶律哥（Jericho）、耶路撒冷（Jerusalem）、死海（Dead Sea）這一片「應許之地」（The Promised Land），其後他葬於此山。現在山頂建有一座莊嚴的教堂。我們在尼波山頂所看到的就正是摩西見到的以色列的群山、荒漠、河谷及稀疏的城鎮。這給我對猶太教的發展及猶太人走過來的歷程有了一個深刻的印象。

米底巴

米底巴（Madaba）離尼波山很近，這個城很古老，《聖經》舊約上有一些記載。我們在那裡休息，吃了一頓很豐盛的午餐，參觀了教堂裡古老的Mosaic圖案、地圖，以及西元前九世紀Moab國王留下的黑石刻字（Mesha Stone）。

死海

我們到死海之濱，在那裡度過一夜。此地的旅社十分豪華，特別提供大家下水去體會死海的奇特風味。我與老妻都下到水中，死海的水浮力非常大，但要游泳還不太容易。因為水苦鹹難嚥，我只嚐了一點水就受不了；只好「躺在水上」，用雙手划水移動，甚至還躺在水上看書閱報。我一生曾在世界各處不少的江海游泳，但這死海的確是我見到的最奇特的水域。

十字軍古城堡

我們一早離開旅社上路，在路中見到一座龐大的古城堡（Montreal、或The Castle of Ash-Shaubak）於荒禿的山崗上。這個古堡是1116年基督教十字軍東征到此時建築，用以防衛阿拉伯人的反攻。持續了七十多年，到1189年時終被Ayyudid Salah ed-Din率領的伊斯蘭軍隊攻占。這個古堡敘說了基督教與伊斯蘭教的衝突以及多次十字軍東征的舊事。

佩特拉

在所有約旦的古跡中，最為舉世稱道的乃是Nabataeans人留下的佩特拉古城。Nabataeans人是閃族（Semitic people）的一支，一直生活於阿拉伯半島北部介於土耳其與埃及之間的領域。他們雖然有文字，但留下的記載很少，如今對Nabataeans的歷史發展所知有限。但知道Nabataean王國是西元前168年建立，一直延續到西元106年才正式併入羅馬帝國。

Nabataean王國當時在一連串的砂岩山巒中建造都城——佩特拉，意為「岩石」。這裡是當時中東重要的商業集散及轉輸站，歐、亞、非各地的貿易多經此互通。其後拜占庭及十字軍東征時期，佩特拉逐漸沒落、荒廢，被遺忘。直到十九世紀初，瑞士旅行家Johann Ludwig Burckhardt到此群山之中，找到這個宏偉的廢墟，重新將之公諸於世。

我們於黃昏時分抵達一座山崗上的旅館。在此遠望環繞佩特拉的連綿山巒，美麗壯觀。在此觀日落，真是無限好的夕陽。次晨起早趕往佩特拉，到了進口處見到很多遊客，有的騎馬，有的乘車。我們步行，首先見到聳立的一個巨大的方石塊——Djin Blocks，是代表Nabataeans之神Dushara。走過一段山谷平路，穿過一道高聳的峽谷（Siq），又走了好一陣石子大道，再走過約三四百米的峽谷，又到了開闊的山谷平地。加上最裡面山巒上下的山嶺支路，總的算起來，這三道山巒加上兩道山谷平地，總共有兩公里的道路，可見當時這裡是一個很大的山城。

佩特拉最引人入勝的就是沿著砂岩山壁的石雕。大多都是

墳墓。譬如位於第二道峽谷中的Al Khasneh，是一個兩層各有六根石柱，內室寬大，具有希臘、羅馬風格的高聳雕屋，這也是佩特拉的招牌建築；其後的山頭有一處高崗祭臺（The High Place of sacrifice）。在峽谷中，兩旁都是高聳的岩壁，舉首只見一線天；兩旁還有古代留下的水道。我們見到殘破的拱門，想來當年在這峽谷防守可真是「一夫當關、萬夫莫敵」。建築物外牆，兩旁有多層高的墓群。再向前走為Street of Facades，剛出峽谷的北側山旁有一串Urn、Silk、Corinthian、Palace、Sextus Florentinus等石室墳墓，都是多層疊立。而在其南側為一可容5000人的劇場（The Theatre of Petra），據考證建於西元前8年到西元40年，Aretas IV王在位時期。

過了兩道峽谷的開闊山谷地區是當年佩特拉的中心及居民所在，現留下一條長廊大道及許多石柱，被稱為Colonnaded Street。其北側山上有一座石砌廟宇——Temple of Winged Lions。長廊大道的盡頭立著一個石門——The Nabataean Gate；其旁為一龐大的石砌Qasr al-Bint寺廟，乃是西元前一世紀Nabataean人為祭拜Dushara和El-Uzza兩個神而建的。

在最後的一道山上有一座寺廟、教堂（Ed-Deir），幾處墳墓，還有一些石室被作為博物館，陳列在此出土的古物。那裡現在有些商店及住家。烈日當空，令人勞累難受，我們在那休息一陣，再慢慢地走回進口。黃昏時分才回到旅社。

這佩特拉的石雕莊嚴、宏偉、奇特，同時表現了Nabataeans、羅馬、拜占庭、阿拉伯等各時期的建築、文化，無怪乎被稱為世界七大奇景之一。

瓦地倫

瓦地倫（Wadi Rum）位於佩特拉之南約八十英里。鎮中有一個泉水。我們經過一個小鎮Wadi Mousa，根據《聖經》舊約，摩西率領猶太民眾在荒漠中游牧四十年，走到米利巴和比珥兩個地方時眾人因缺水口渴而抱怨，摩西遂用杖擊石，泉水湧出解了大家口渴之急。Wadi Mousa的居民認為此泉水就是當年摩西擊杖而得的。我們到這「聖水之泉」參觀，見到清澈的泉水不斷從地底湧出，許多當地的居民到此取水，同時祭拜。我們出了山地，進入一望無際的荒漠。這一帶也就是當年摩西游牧的途徑，可想其艱苦之巨，也磨練了猶太民族不屈不饒的毅力。

顧名思義，瓦地倫是乾旱的荒漠，但有幾座隆起的花崗岩及砂岩的山丘。我們乘車或騎駱駝進入幾座山丘之中。那裡有一片山間陰涼之地，有少許的住家，也建了一些招攬旅客的設施、小店。據導遊說，這一帶原有一些游牧居民。能在這種乾旱、炎熱、寂靜之處生存，也真不簡單。

瓦地倫曾發現新石器時代人們留下的痕跡，其後Nabataeans人遷此，並作為從阿拉伯來往敘利亞、巴勒斯坦商旅的中轉站。近代最為有名的乃是第一次世界大戰時期，英國人T. E. Lawrence協同Faisal ben Hussien王子反抗土耳其奧圖曼帝國，爭取阿拉伯民族獨立的事蹟。其後在上世紀60年代，好萊塢將此事拍成巨作《阿拉伯的勞倫斯》（Lawrence of Arabia），轟動全球。

我們在那裡的岩石上見到當年刻下的勞倫斯的面容，使

人緬懷他過往的英雄事蹟，也體會到阿拉伯民族這一世紀來走過的崎嶇路途。

尾聲

約旦位於歐、亞、非三洲的十字路口，自古以來人們在此文化交流頻繁，也攻伐爭戰不已。阿曼的古代城堡、羅馬時期的傑拉什城、摩西瞭望「應許之地」的尼波山以及他游牧四十年的荒漠，與近代阿拉伯的勞倫斯協助阿拉伯人爭取獨立而戰鬥之處——瓦地倫，都是珍貴的古跡，也述說了此地的滄桑歲月。兩千多年前Nabataeans人留下的佩特拉古城最為舉世稱道，它是人類建築、藝術的一個奇葩。另外死海的確是世界的一個奇景。約旦雖為蕞爾小國，但總令人百看不厭、流連忘返！

風采非凡的客家土樓

　　久聞客家土樓建築獨特、源遠流長、風采非凡。近年
來書刊、影視報導不少。但百聞不如一見，還是自己去看看
吧。初秋之際，與老妻由臺北飛往金門，徜徉一日，搭快艇抵
達廈門已是夜分。

路途、地貌

　　次日清晨，我們一團乘坐一輛大巴士向福建西南的龍岩
市永定縣出發。車在廈門市區穿行好一陣。廈門市貌繁榮、商
業發達，近年臺海兩岸的貿易使廈門更顯得欣欣向榮。我們沿
九龍江而行，到了漳州。臺灣早期的移民很大一部分是來自於
此，這裡的稻田、果樹、房舍及百姓與臺灣很相像。車行約
兩小時後，進入了起伏較大的丘陵地帶。山巒連綿、道路曲
折、梯田遍山、黃花（油菜）盈野，美麗非凡。這就是閩西南
客家人棲息的地區。

客家形成及五次遷移

　　當巴士在山道曲折繞行時，令我追思起客家人南遷走過來
的路。事實上，客家的南遷顯示了中國幾個大動亂的時代。中
國歷史上每當政治失規、貪汙腐敗、民間困苦不堪時，總是農
民起義頻起，社會動盪；接著必然地引起少數民族入侵中原，
百姓流離、民生塗炭。西晉永嘉之亂及五胡亂華；唐末黃巢造

反及五代紛亂；北宋方臘起義及金人入侵、南宋昏君奸臣及蒙古入主神州；明末農民起義及滿清南下，近代清朝乾嘉始亂引發的太平天國、捻、回民起義；近代西方列強侵凌、軍閥混戰，這幾次巨大的社會動盪促使客家人幾度遷移。首先在永嘉之亂時，原居中原的人民遷移到江南避難，這時到閩贛粵交界的人尚少。到了唐末亂起，大量的中原家族湧入閩贛粵區，以寧化、石壁為中心的山地。金兵占領中原、蒙古入主中原時，閩贛區的客家人口暴增。明末，客家人向周邊及四川遷徙。近代清末、民國初年的動亂延及閩贛粵區，客家人大批向臺灣、雷州半島、海南島及海外遷徙。客家人不但在異鄉紮根發展，也將中原文化、技術傳播到各地。就以永定為例，現全縣人口為47萬，但在海外的親屬超過百萬。以前的萬金油大王胡文虎和前國民黨主席吳伯雄都是永定人。

近代永定革命歷史

中國近代自清朝乾嘉開始的大動盪時代，閩贛粵的客家居民受到極大的衝擊。太平天國早期在江西的征戰、石達開的脫離天王，孤軍遠征以及太平天國天京失陷後殘部猶在此處奮戰一兩年。國共鬥爭中，毛澤東先在贛西井岡山建立其「鄉村包圍城市」的根據地。後鑒於格局有限，遂向贛閩邊界發展，建立以瑞金、長汀為中心的中央蘇區。當時永定屬於蘇區的邊境，毛澤東曾率部由此附近南下攻占漳州，後毛在被貶落魄時也曾來此避難、省思，寫下了《星星之火，可以燎原》的革命巨作。中共建政後任人大副委員長的張鼎丞乃是由永定土樓走出的代表人物。永定和贛閩蘇區的百姓都為中共的革命做

出極大的犧牲，飽受反圍剿、長征的戰火洗禮，親友喪失、家園破損、生民塗炭！據統計，永定就有四千多名「烈士」長眠故土或魂遊異鄉。

土樓被誤為核武器而名揚四海

我們在旅途的村落，開始見到一些土樓，有圓的、正方的、長方的、多角形的、橢圓的，還有半圓的，形形色色，各顯奇特。永定縣的客家土樓共有兩萬三千多座，而其中大型的圓樓有360多座。據說上世紀80年代，美國中央情報局在分析衛星照相時，發現中國福建西南山區有幾千個奇特的建築物，其中許多呈巨型蘑菇狀，有似核武器裝置。情報人員認為事態嚴重，把報告打到雷根總統那裡。富於想像力的雷根大吃一驚，立刻下令徹查，派人假借遊覽攝影的名義前往閩西南山區。到那裡一見之下，才知哪來的核武器！總算鬆了一口氣；但也為這些奇特莊嚴的建築驚訝不已，永定土樓遂名揚四海。

土樓之王──承啟樓

時近正午，我們抵達了依山伴水、山巒錯落的高頭鎮高北村。這個村不太大，卻是擠滿了來訪的遊客。因為這裡有幾十座土樓，其中最吸引人的乃是有號稱「圓樓之王」的「承啟樓」。

我們跟著村裡的導遊由坐北朝南的承啟樓大門進入其內。據傳江氏族人於明崇禎年間為該樓破土奠基，經過三代的修建，直到清康熙四十八年（西元1709年）方才竣工。承啟樓直徑73米，外牆周長229米，高16.4米。全樓為三圈一中心。外圈四層，每層設72個房間；第二圈兩層，每層設40個房間；第三

圈為單層，設32個房間，三環主樓層層疊套，中心位置聳立著一座祖堂。全樓共有400個房間，三個大門，兩口水井，規模宏大、莊重壯觀、氣宇軒昂、諧和雅致、古色古香。

承啟樓曾有住戶高達800餘人，現尚有300餘人居住在裡面。我們在土樓裡攀梯而上，到了頂層，沿環形廊道而行，每間房舍都是住家，擺滿家私。在頂層俯瞰，整個土樓內部一目了然。外圈所有的房舍均為木造，木材多為杉木；而內圈則為磚屋，頂部均用灰、黑、土色磚瓦。為了防火，建有隔間設施。底層的居民販賣許多當地土產、紀念品及土樓圖冊，還有算命、說書的老者。土樓中有幾口水井，可見幾百年前選址建樓時，水源乃是重要考慮因素之一。成隊的遊客絡繹不絕，這土樓成了鬧市。

出了土樓後，我們圍繞四周走了一圈。見到土樓的外牆為夯土堆築，底部為石砌牆基。據說底層有一到兩米厚，上層漸薄。底層均為封閉、無窗。而上層則開有窗戶。這種經過壓實的黃土，摻加粘土，有的還加些白灰，則成為堅固、耐震、耐火、耐裂的上好土牆建材。導遊告訴我們，圓形的土樓乃是最好的防禦建築。客家人於亂世中離鄉遷此，面對兵災、械鬥、土匪，特別近代自清季太平天國開始，到民國時期國共長年爭戰於此，保家護口乃為其首要考慮。他指著土牆上的許多彈痕，告訴我們那都是當年蘇區紅軍與國民軍在反圍剿激戰中留下的歷史見證。

五雲樓、世澤樓、僑福樓

緊鄰承啟樓左側有一座長方形的世澤樓，兩樓相距不過

十多米之遙,樓頂屋簷相隔有限,形成奇特的一線天景觀。世澤樓建於明嘉靖四十四年(西元1565年),也是坐北朝南,長41.2米,寬40.8米;主牆厚1.6米;高四層,一、二層不開窗;一座大門,門上石刻楹聯為「世傳勿替家聲遠,澤本遺風椒衍長」。我們又去看百米之外的五雲樓。這個長方形的土樓建於明朝永樂年間(西元1403-1424年),已經歷了約六百年的滄桑歲月,是高頭鄉江氏家族中現存最古老的建築。這個土樓沒有石砌牆基,樓前牆體向內已傾斜1.5米,經過100多年卻穩而不倒,俗稱「不倒樓」。

最後我們去參觀位於承啟樓右側的僑福樓。該樓又被稱為「博士樓」,是一個比較「新」的圓形土樓。建於西元1962年,內部為環形廊式,其祖堂為中西合璧。原有住戶現已大多遷居海外。

土樓建築、風格、文化、內涵不凡

土樓是中原古代建築、文化的標誌。從西漢開始的「塢壁」(或稱塢堡、壁壘)原為軍事防禦的堡壘。到了東漢末年動亂時期成為民間自衛的建築。五胡十六國、南北朝時,北方游牧民族紛紛入侵中原,漢人多建塢壁以團結宗族,防禦胡人,並保持固有文化。客家人南遷,遂將塢壁的建築、風格、文化帶到新遷之地。換句話說,土樓乃是古代塢壁的演化。客家人建造土樓,不僅居住、禦敵,也保留了許多固有的風俗、文化。譬如幾世同堂群居的宗法社會、儒釋道宗教思想以及慎宗追遠的習俗。

土樓的建築技術淵起於中原傳統的「生土夯築」(或生

土版築）。由出土的西安半坡遺址可知生土夯築的技術在六千年前的新石器時代已在中原使用。其後商、周、秦、漢的建築都是夯土與木料配合，是以中國人稱建築為「土木」。這和西方建築主要為「石、磚」有明顯的區別。這個差別主要歸於「就地取材」，因為古埃及、兩河流域、以色列均缺乏森林，而有很好的岩石。古羅馬所在的義大利有很好的粘土，乃製磚的材料。中國的黃河流域為黃土沖積平原，岩石較少，也缺乏造好磚的粘土，倒是古代森林密佈。於是西方發展出巨石、細磚的建築工藝，而我們中國走上土木建築的道路。

永定的土樓就是引用了中原古代土木建築的方法，就地取材，用附近山上的黃土與杉木築成。在永定現存最老的土樓是湖雷鎮下寨村的馥馨樓，建成於唐代宗大曆四年（西元769年），已有1200多年歷史。是一座長方形土樓，現雖僅剩殘垣破壁，但可以看出其建築與漢長城、洛陽漢代遺址是相似的夯土建築。看過土樓才深感客家人保留中原古文化的真切。

尾聲

我們離開高北村，踏上回程。此行親見土樓，領略其非凡的建築、深厚的文化、獨特的風格，始知土樓真不愧為中華固有文化精華之一，而客家人走過來的艱辛歷程，顯示了我民族繼往開來、努力不懈的偉大精神。

┃阿拉斯加的北國風光

　　仲夏之際，老妻、我及友人組隊前往阿拉斯加。此行一方面是釣魚，另外也北行到北極圈之內觀賞。這雖是我第三度遊覽阿拉斯加，所見卻多新穎，不虛此行！

北上觀景

　　我們一行六人分別由各地飛往安克拉治（Anchorage），於夜間陸續抵達。次晨我們租了一輛Suburban越野車，北上向費爾班克斯（Fairbanks）而駛。這一程有三百六十英里，基本上都是對開的公路，有幾處路況較差，還碰到修路停車，著實走了七八個鐘頭。這一路少見人煙，路旁長滿粉紅的野花（Fireweeds），望眼盡是杉樹覆蓋的山巒，一片青蔥遠及天邊。屢過溪澗，我們在一條小溪旁的小店停車休息，只見溪水清晰，三文魚（Salmon）滿溪暢遊。溪中站立著幾位垂釣者，耐心地等候大魚上鉤。我們經過Denali國家公園，那一帶山巒壯觀，只惜雲霧彌漫，沒能見到幾十英里外的美國最高峰——麥坎利山（Mt. McKinley）。

費爾班克斯

　　約下午六點，我們抵達費爾班克斯。這個城是阿拉斯加的第二大城，但只有三萬二千多居民（大費爾班克斯都市區有八萬人）。Chena河蜿蜒流過市中心，整個城市十分清爽，沒

有任何喧囂。我們住在離阿拉斯加大學費爾班克斯分校不遠的一處度假村。這裡是阿拉斯加大學最早的校址。後發展出另外在安克拉治及朱諾（Juneau）的兩處分校，共有三萬多名學生，學術、研究水準都甚佳。

我們在學校附近吃了一頓日式的鐵板燒，也許是趕了大半天的路，大家都覺得這家餐館做的口味不同凡響！

費爾班克斯的興起有一段有趣的故事，原來在1901年有位商人E.T. Barnette駕著小輪船沿Yukon河的支流Chena河航行，不幸到了如今費爾班克斯所在的地方擱淺，無法繼續航行。他索性棄船，將貨物搬上岸，在荒野中開了個店，提供伙食給偶爾來此的捕獸者與探礦者。

卻是沒幾年後，阿拉斯加發現金礦，大批的淘金者來到此地，搭帳篷而居，此處成為一個「帳篷城」（Tent city），Barnette先生賺了不少錢，成為巨富。到了1908年，淘金熱達到最盛之時，費爾班克斯人口高達1萬8千5百人。但好景不長，淘金形勢急速下跌，1920年時此地只剩下1千1百人。直到珍珠港事件發生，日本發動太平洋戰爭，侵占了伊留申群島（Aleutian Islands）中的幾個前緣島嶼，美國開始在阿拉斯加建立了龐大的軍事基地，費爾班克斯經濟得以復甦，居民又逐漸增加。

上世紀70年代中期，宏偉的阿拉斯加油管（The Trans-Alaska Pipeline）開始施工，Fairbanks成為建築該管道的中樞地點，大批的工程、商務人員湧進該城，這裡的人口遽然暴增，呈現了有史以來最繁華的光景。

阿拉斯加油管

　　阿拉斯加八月初的白晝很長，下午十點多鐘天還沒黑，第二天凌晨四點多天又亮了。我們一早七點就出發，前往北極圈。一出費爾班克斯就在路邊見到阿拉斯加油管。百聞不如一見，這個油管的口徑大到48英寸，由阿拉斯加北海岸的Prudhoe Bay油田起到南海岸瓦爾迪茲（Valdez）港，全長為八百英里。因為越過的大地、山巒，許多地方地表下為永凍層，如果將管道埋在土中，將造成凍土溶化，地基與管道下陷、變形。為了保持地基與管道的穩固，全程一半的管道均架空在地表之上。另外輸送的石油由於原產地層熱度及管內高速摩擦，溫度高達約華氏200度，為了防止管道支架導熱造成凍土溶化，支架用當時非常先進的熱管（Heat Pipe）以便散熱。這些支架高幾十英尺，大部分埋在地底，其中充滿二氧化碳作為冷媒，由底部吸熱，對流到頂部用葉片散熱到空間。

　　Prudhoe Bay油田是 Atlantic Richfield Company（ARCO，其分公司ARCO Alaska後併入ConocoPhillips）於1968年3月發現。其總含油量（Original Oil In Place）估計為250億桶，為美國最大的常規油田，現主要為BP、ExxonMobil及ConocoPhillips三家石油公司經營。其後在北阿拉斯加又陸續發現一些中小型衛星油田。Prudhoe Bay油田發現數年後（1973年）正逢中東產油國家限產，造成全球石油價格暴漲。Alyeska Pipeline Service Company遂於1974年開始建造阿拉斯加油管。經過兩年多的工作，花費80億美金，管道於1977年完工。當年即開始試產，到年底即達到計劃的輸送量。這條管道最高的輸送量曾達到每天220萬桶，

經過37年的生產，現遞減到每天50萬桶。據2010年的資料，當時的累積輸送量已達160億桶（包括衛星油田生產量）。

我們這一整天幾乎都沿著管道而行，這管道爬山、涉水，有似一條巨蟒曲折地攀伏在地上，但也有許多段落是埋於地底，可謂「時起時落」，主要看該地段的凍土情況。我們經過一個加壓站（Pumping Station），在八百公里的管道中有11個加壓站，用以增加輸油的壓力，同時也提供清管及檢修（pigging）裝置的進出。

管道大多是沿著公路，也有一些部分離開公路不遠，幾乎都是荒無人煙，偶有幾處基地，提供食宿。在荒涼的管道旁，我們見到一棟豪宅及院落，想來當年建築管道時此處十分興隆，如今已空無一人。據導遊說這些房子早已在出售，但好多年來無人問津。搞房地產有大三大要領：「location、location、location。」（地段、地段、地段。）我看這棟豪宅是世界上地段最差的房地產，無怪乎無人問津！

親見阿拉斯加油管，才知道其工程之宏偉、技術之先進、環境之艱巨及風貌之不凡，這真是人類文明的一大奇觀！

北極圈之旅

我們北上的公路為Dalton Highway，這是在修建阿拉斯加油管及其後營運Prudhoe Bay產油業務所需而建造的公路，直到上世紀90年代才開放民用。但我們一路的確沒見到幾部車輛，頗有「前無古人、後無來者」之感。沿路均為長滿杉樹的山巒。因為基本上在地表之下四英寸即為凍土，樹根無法生長太深，是以這些杉木都不能長高，也不可為「成材之木」。另

外因凍土，路基不易保養，有許多部分是石子路，但也有局部
鋪柏油的路面。

　　我們經過Yukon河，這是一條十分寬闊的大河，源遠流
長，由加拿大發源向西流到Bering Sea，也是當年淘金年代
的主要航道。我們在河邊遊覽，見到阿拉斯加油管順大橋過
河，十分壯觀。歸途中我們在河邊的餐館晚餐，這裡是幾百
英里公路中少有的具有廁所及食宿的據點，有很多人在那歇
腳，非常熱鬧。

　　兩百五十英里的路程走了五個多小時，我們進入了北極
圈。所謂北極圈乃是指北緯66° 33' 44"。或 66.5622°）以北的地
方。北極圈定義的來源在於地球的赤道與繞太陽的黃道呈23.4°
的傾角（90°－66.5622°），北半球每年到夏至（約6月21日、
June Solstice）整個北極圈將是24小時的白晝；而到冬至（約12
月21日、December Solstice）整個北極圈將是24小時的夜晚。

　　北極圈內了無什物，近午時分溫度近華氏70度。我們
大家爭著攝影留念。那附近有一處被稱作指頭山（Finger
Mountain），乃是一塊岩石群，其中正好有一個岩石突出如指
頭。在萬綠樹木中獨有這一座岩丘，也別具風味。

　　我們原道而回，途中遇著大雨，可見阿拉斯加得雨水而
青蔥。夜分回到費爾班克斯。

南下荷馬釣魚

　　一大早我們就上路，今天要從費爾班克斯趕到荷馬
（Homer），這一程約有580英里，路況有好有壞，天氣也時
雨時晴。所幸我們數人輪流駕駛，不覺勞累。途中我們見到樹

叢裡的母熊盯著坐在路旁的兩隻初生的小黑熊。其中一隻還不到一英尺長，就像孩子的玩具一般，十分可愛。午後過了安克拉治，沿著海邊而行，大海、群山、冰川，這裡的風光美麗無比。過一小溪口，水中、河邊站滿了釣魚的人，想來正是三文魚回流產卵的時節。經過幾個小鎮，都是釣魚與旅遊的據點。清澈無比的溪水中，三三兩兩垂釣者挺立自得。黃昏時分抵達荷馬。

荷馬位於Kenai半島的南端，被稱作「路的盡頭」（The End of the Road）、「海濱廣闊的小村」（The Cosmic Hamlet by the Sea）。但最重要的乃是以「世界釣大比目魚之都」（Halibut Fishing Capital of the World）著稱，這當然也是我們來此最重要的目的。

荷馬是個只有五千多居民的小鎮，但占地開闊。我們住的度假村滿園鮮花，面對海灣及對岸的山巒與冰川，風景怡人。海灣內有一個延伸到海中7.2公里長，稱為Homer Spit的岬角（cape）。那裡的碼頭停泊了幾百艘大大小小的船隻，還有許多商店、餐館及出海釣魚的公司，乃是本城最吸引遊客的地方。

岬角邊有許多遊客露營、垂釣。其中有一個被稱為Fishing Hole的人工小海灣，許多人在那釣魚，只見三文魚不斷飛躍，但很少上鉤。原來這些魚在產卵、交配，顧不上進食吃餌了。

釣三文魚（Salmon Fishing）

我們花了一天去釣三文魚（Salmon，即為鮭魚）。一大早六點多鐘就趕到碼頭，船長駕的是自己的船，內艙可容六

個乘客，也就是六個釣魚客。離開港口後，小艇在大海中急
駛，大約走了一個多小時，船長停船下錨。替大家綁上五六英
寸的鯡魚（Herring）做餌，教大家將線放到約三十英尺深。
很快三文魚就紛紛上鉤，都是約三十英寸長的。

　　阿拉斯加有五種三文魚：Coho（Silver），Sockeye（Red），
Chum（Dog），Pink（Humback，Humpy）及Chinook（King）。
三文魚幼苗一般是在河溪上游成長，但其一生大多時間是在大
海中生活；最後回游到出生地產卵、交配後死亡。我們釣的都
是Coho（Silver）三文魚，但也釣到一條Pink Salmon。當天風
平浪靜，雖然那裡水深有180英尺，但三文魚都在30英尺或更
淺的水中活動。顯然船長是識途老馬，在汪洋大海中找到最好
的地方，大魚得以頻頻上鉤。本來計劃一天的行程，因為全船
的釣魚客在短短一兩小時就都釣到限量，大家就滿載而歸了。

　　阿拉斯加釣魚的規則因地而異，譬如在Seward，每人每
天限釣六條三文魚，而在Homer，每人每天只能釣三條。另外
釣King Salmon的限量也因地因時而異。

釣大比目魚（Halibut Fishing）

　　我們有兩天出海去釣大比目魚。第一次天氣很好，海上
風平浪靜。我們在海上航行了約一個半小時，在大海中找到一
塊窪陷，水深有兩百英尺。船長停船下錨，替大家裝上八爪
魚、大鯡魚或其他捕獲的新鮮魚做餌，鉛錘就有一磅半重。大
家把線一直放到兩百英尺深的海底，然後提升兩三英尺。不多
久大比目魚就紛紛上鉤。但拉起來非常吃力，一來是魚都是
十幾或幾十磅重，而且要從兩百英尺的水底拉上來，費時費

力，回家後手臂酸痛了好幾天。

阿拉斯加的大比目魚屬於Pacific Halibut，在600到1500英尺水深處產卵，當初生幼苗時，有一隻眼睛移到上方，是以兩眼朝上。幼苗被海潮帶到近海的淺水區，在那裡生活兩三年後再游到深水區，一般在海底活動，最後在深水產卵、交配。

這裡的規則是每人每天可拿兩條，一條是小於29英寸，另一條超過29英寸。大致兩小時後，大家都達到限度。另外還釣到些鱈魚（Cod）、鯊魚、Sculpins及Skates，但這些魚大多被丟回海裡，僅留了少量鱈魚，還有的小鱈魚切來做魚餌。下午一點，我們就回到港口。

但第二次，也就是最後一天，天氣不太好，烏雲滿布。船走了約半小時，船長找到一個較近的海域，水深達180英尺，大家開始垂釣。當時海上風浪不小，船搖晃得很凶，我們還見到附近海上鯨魚騰躍，浪花激起。天氣雖不理想，但大家還是幾乎釣到限度，時近中午就滿載而歸了。據報，當天較晚出海的遊客都沒能釣到太多的魚。可見天候乃是釣魚好壞的最重要因素之一。六人十分幸運，三天時光大家釣了三四百磅魚，可謂不虛此行。所獲鮮魚經真空包裝、冷凍後上飛機，自行攜帶（Carry-on baggage）或托運（Check-in baggage），抵家時猶冰凍如初。

雨中遊冰川（Portage Glacier）

這幾天遠望高山、冰川重重，當我們由荷馬返回安克拉治的路途中，進入支路到了Portage冰川的進口處。這個冰川海拔很低，而距安克拉治僅五十英里，是世界上少有的容易到

達、攀登的冰川。只惜當我們抵達時，正逢傾盆大雨，不便下車步行登冰川，只得在雨中遙望，並見雨中山洪，無數瀑布沿山傾瀉，壯觀美麗。

尾聲

返抵安克拉治，搭凌晨飛機返回休士頓。回思此次阿拉斯加之旅，冰川、莽原、千山、萬水、大海，景色不凡；北極圈之奇特、阿拉斯加油管之宏偉、釣大魚之開懷，令人回味不已！

▍萬物靜觀皆自得的亞馬遜雨林

　　亞馬遜河是世界最大的水系，也是世界生態最繁盛的地方。久想去那裡領略原始自然風光。夏秋之際，與老妻一起參加了一個旅行團。我們先飛往邁阿密，再轉機前往祕魯。

利馬──沒有雨傘的城市

　　由邁阿密飛利馬（Lima）約五小時半，抵達時已是深夜。這是我第三次來此，這裡因為由南極而來的寒冷海流造成的濕空氣難以達到飽和（氣溫高於露點），是以總是陰雲滿天，卻難得下雨。來前老妻見到天氣預報稱這幾天為雨天，於是囑我買了新雨衣，備上雨傘。一下飛機，從機場到旅館的路上的確是陰暗昏黑，經過海邊，只見濃霧茫茫。在利馬兩三天大多是此地所謂的「雨天」，地上見到了水跡。但這種「雨」如果稱之為「毛毛細雨」則是「言過其實」，頂多只是「牛毛潮露」。街上見不到一個人撐雨傘、也沒有人穿雨衣；利馬是個沒有雨傘的城市。

鳥瞰亞馬遜

　　第二天一早，我們趕去機場飛往伊基托斯（Iquitos）。飛機起飛，拔高到雲層之上，只見一望無際的雲海，無怪乎利馬總是不見天日。未久就見到雲端光禿的安第斯（Andes）山脈。稍許，天空呈現朵朵由東面亞馬遜熱帶雨林飄來的白

雲，山巒植被漸顯，山澗、溪流遍野，這也就是亞馬遜河上游的諸多支流。

從利馬向東北飛行近一小時，鳥瞰大地蒼茫、森林密佈；亞馬遜上游的主流Ucayali河如巨蟒盤伏，向東北蜿蜒而流；支流屢屢由遠處趨之匯流，Ucayali河水勢逐漸壯大，四周雨林蒼翠萬般、遠及天邊。屢見已成死水的牛軛湖（oxbow lake）舊河道及搶道（cut-off）的新流，聚合、分離，寫盡亞馬遜河的滄桑。又見另一巨流，應為Marañón河，由西而來與Ucayali河匯而為一，大江浩浩蕩蕩東去。

亞馬遜河（The Amazon River）是世界上水勢最大的河流，其每秒的流量高達20萬9千立方米，較尼羅（Nile）、長江、密西西比（Mississippi）、黃河、鄂畢（Ob）、葉尼塞（Yenisei）等六大水系流量的總和還要多；以長度而論，它是6436公里，略遜於6670公里的尼羅河，而居第二。1億3千萬年前，原本聯接為一的南美洲與非洲兩大洲開始分離，南美東部升起，當時的亞馬遜河是自東向西而流入太平洋。6千7百萬年前，地殼運動使得安第斯山脈逐漸隆起；直到1千6百萬年前，亞馬遜河開始改向東流入大西洋。數千公里高聳延綿的安第斯山遮擋了自東而來的雲霧，提供了充足的雨量，造成龐大無比的亞馬遜河水系。

亞馬遜河共有1100條支流，以The Ucayali-Apurímac河為其最遠、最主要的上游。這條河發源於祕魯Arequipa Region、安第斯山脈中Nevado Mismi山上海拔5597米的Carhuasanta冰川。冰川解凍的水流入Carhuasanta和Quebradas Apacheta 兩個小溪，再匯入The Río Apurímac河，在安地斯山中又流過

1070公里後匯入Ucayali河，進入了氾濫平原（Floodplain），這也就是亞馬遜熱帶雨林區（Amazon Rainforest）。Ucayali河向北而流約1600公里，與從西邊的厄瓜多及祕魯而來的Marañón河交匯，由此而下則被稱為亞馬遜主流（The Amazon proper）。

行舟五六日

　　飛行約一小時半後在伊基托斯降落。出了機場，我們一團22人隨著當地的導遊搭車從伊基托斯去瑙塔（Nauta）。這一條路是祕魯亞馬遜雨林中唯一的公路。進出這一帶都是循水路，或搭飛機到伊基托斯中轉。沿路均是森林，偶見村落，住屋簡陋、原始，多為吊腳離地的木房，屋頂覆蓋乾草。約一小時半，我們抵達位於Marañón河畔的瑙塔小鎮。首先見到遠及天邊、東流不息，河寬約半公里的大河，以及江中稀疏的行船。許多大小不一的船隻停泊岸邊，旅客、小販、船員及閒散的孩子們擠滿碼頭。我們分乘兩艘小艇走了幾百碼，登上一艘約150噸，吃水四米，高四層的遊覽船，開始了六日五夜的亞馬遜雨林探險。這段時光，我們均在Marañón、Ucayali與亞馬遜河三江交匯附近幾十公里的Reserva Nacional Pacaya-Samiria（森林保護區）航行、著陸。船上沒有電視、收音機、電話、手機，電郵（E-mail）不通，少遇人煙，遠離塵事紛擾，盡情地領略、享受大自然之美妙。

大地、雲雨、江水、森林、植被、物產

　　這裡沒有雨季與旱季之分，整年都有雨，只是從年底到

五月下雨頻繁，河水上漲，而五月到年底雨量較少，河水下
降。據導遊說，這一帶的水位升降一般為45英尺。九月初中秋
之際，我們遇上水位低的時分，往往在支流的航行中可見到出
水三四十英尺高的水淹樹幹的痕跡。導遊帶我們多次乘小艇沿
支流而行，或登岸穿越叢林、草叢、沼澤。

充足的雨水加之氾濫帶來的肥沃泥沙使得沿河兩岸植被
茂盛、草木叢生。百年以上、超過百英尺的大樹屢見不鮮，粗
藤、花草、浮萍望眼皆是。還見到直徑有兩三米、巨大的荷
葉，據說小孩坐在上面都不會下沉。河岸氾濫地段為當地人們
種植稻米的最佳良田，那裡的稻葉青蔥茂盛。

當地土著深深瞭解各種草木的特性，用為治病解毒的
良藥。這熱帶雨林中也是生產香蕉、木瓜、可可、土豆、玉
米、番茄、辣椒等水果、蔬菜的好地方，為人們提供良好的生
活所需。

日、月、星辰、時令、氣候

這一帶緯度為北緯3度左右，接近赤道，十分炎熱。這幾
天大多時間均是陽光普照，登岸徒步日曬難受，走到雨林中也
十分悶熱，汗流浹背。大家穿上長筒雨鞋，有一次許多人陷在
沼澤的泥裡，經久才被拖離泥沼。我們團裡有位94歲的老先生
總是行舟、上岸不落人後，為大家敬慕不已。這裡天氣變化很
快，可謂「朝輝夕陰、氣象萬千」，有時陰雲急來，也下過幾
次大雨。導遊說即使在雨季，總是間隙下雨，少有連日不斷的
黴雨。

這幾天月明星稀，大多時間看不到太多的星星，據說到

陰曆月底、月初可見到星斗滿天及明亮的銀河。這裡除了年底，其他時間看不到北極星，但年中幾個月可見南十字星。

魚、鳥、獸、蟲、蚊子

亞馬遜雨林是世界生態最茂盛、複雜的區域。以魚類來說就有三千多種，光是Cat Fish就有一千五百種。最大的一種魚是Paiche，有四百磅重。河裡有粉紅色及灰色兩種河豚（River Dolphins），每天都見到牠們出水跳躍，十分可愛。我們乘小艇去看河上捕魚的漁民，他們用網捕到整船的漁。夜間乘小艇，兩旁小魚見燈光飛躍不止，還落到船上不少。我們又去釣食人魚（Piranhas），這種魚不很大，但牙齒銳利。用牛肉做餌，一下鉤就被咬爛。大家釣了不少，小的都放生，五六英寸的拿回船上，晚餐時煎來吃，味道還不錯。

我們白天及夜晚多次乘小艇去觀賞兩岸的鳥類。這裡鳥的種類繁多，各種老鷹（Hawks）、禿鷹、Kingfisher以及各種五顏六色的鳥兒。最難見的是成百上千的白鷺鷥（Great Egrets）屹立岸邊、樹梢，或隨行船飛翔，迎來送往，美麗壯觀。夜航於小溪，四周漆黑，只見天上星月，卻是兩岸鳥鳴獸蹄不斷，令我們感到正在造訪牠們的家園。這裡陸上的野獸很多，見到樹梢的蜥蜴（Iguana）、樹獺（Sloth），猴子等等，以及地上美洲豹（Jaguar）的腳印。有一天夜裡，導遊抓到一條一英尺長的小鱷魚（Caiman Alligator），大家觀賞一陣就放牠回水裡。最有趣的乃是我們兩位導遊在一次雨林漫步中，赤手在淺水捉到一條長8英尺、重約15磅的蟒蛇（Green Anaconda），據估計，這條蛇只有一歲。他們毫無懼色，一

手握住蛇的頸部，將蛇纏在身上。團員們爭著與巨蟒合影，最後導遊又將牠安全送回水中。他們對此地大自然的瞭解與愛惜令人敬佩。

雨林中的昆蟲多不勝數，地上到處是大螞蟻，夜間聽到不停的蟲叫聲。這裡蚊子很多，船在航行中沒有蚊子，但靠岸停船時或登岸後總不免被咬。這裡的蚊子很高明，就像老手護士紮針一樣，不痛不癢，等看到已不知被牠吸了多少血了。我們此行也用了防瘧疾的藥，以防萬一。

大城、小鎮、原始村落、及離群獨居老人

在領略大自然之餘，我們也曾到過亞馬遜河畔的幾個城鎮與小村，還去拜訪了一位離群獨居的老人。

伊基托斯是一個擁有40萬人的大城市，乃是祕魯亞馬遜河區航空及水運進出的重鎮。早在十八世紀中葉就有傳教士到此。十九世紀中期，這裡生產的橡膠大量銷行歐洲，帶給伊基托斯大批移民與急速繁華。我們在回程中搭車在城中走馬看花，見到滿街的機動三輪車、繁華的市場、低地的居民、水上人家以及市中心的教堂與豪華旅館。

我們在瑙塔小鎮上逗留了幾個小時。這裡是近十多年來由旅遊業及石油作業發展的城鎮，現有三萬多人口。離碼頭不遠的市場非常熱鬧，魚、肉、水果、文具、日用品的攤子塞滿幾條街，還見到小孩抱著樹獺（Sloth）在兜售。城裡有一處公園，池水中有許多大魚與巨龜。我們全團搭十多輛機動三輪車，列成一長隊在鎮上大街小巷走了一圈，見到溪谷、坡地，正值水位低的時際，許多民船都擱淺在岸邊，居民的簡陋

木房及木橋顯示當地百姓生活艱苦。

　　我們又去訪問一個位於三江交口之處的Prado小村落。雖然距瑙塔只有十幾公里，但沒有公路連通，也沒有供電，飲水是山坡流下的溪水，住的是吊腳木房。全村只有150個人，屬於Kukama族，為母系社會。村上有一所12人的幼稚園及17人的小學。孩子們列隊歡迎我們，唱歌、說土話，非常親切。我們買了許多文具贈送給孩子們，他們很高興。這個小村代表了亞馬遜河雨林中許多與世隔絕的聚落。據說前幾年在亞馬遜河上游曾發現完全與世隔離的原始居民，他們還用弓箭射擊政府派來的直升機。

　　有一天早上，我們搭著小船進入支流，登岸走進一處樹上旅館（Tree House/Canopy）。乃是在高聳的樹叢上建築的木房，空中以索橋相連。建築別致、華麗。據說是一個美國富商營造的。只是沒有見到太多的旅客，的確是到此荒僻的溪流、森林也非易事。我們在那裡徜徉頗久，流連忘返。

　　最有意思的乃是我們去探望一位離群獨居的八十歲老人。他的家在一個舊河道的岸邊，自己一人種菜、捕魚為生。見到我們那麼多人非常高興，唱歌、吹笛，連跳帶蹦，開心十足。這位隱士心情開懷、身體硬朗，令我們羨慕不已。

萬物靜觀皆自得、四時佳興與人同

　　五天的亞馬遜探險結束，我們循原路由瑙塔搭車去伊基托斯，再飛利馬歸去。這五天裡，我們隔絕塵世，卻是見到了世界上生態最繁盛的環境。這裡的萬物叢生、和諧共處、江水長流、晝夜不息、星辰佈空、日月復起。這天、地、人、萬物

有序、自然可貴，誠如先賢所云：「萬物靜觀皆自得、四時佳興與人同」！

生態不凡的加拉巴哥群島

　　隸屬厄瓜多（Ecuador）的加拉巴哥（Galapagos）群島有許多特有的物種（endemic species）；地貌也十分獨特，奇岩怪崖、島礁和沙灘美麗壯觀；天氣四季宜人；加之達爾文曾來此考察而提出「進化論」（Theory of Evolution），使得這群島嶼名聞世界。

小遊輪

　　老妻與我先飛到厄瓜多的瓜亞基爾（Guayaquil）小停，再轉機飛一個多小時就抵達加拉巴哥群島的Baltra島。如今加拉巴哥只有兩個機場，另一個在San Cristobal島。但對外的民航機都在Baltra島起降。Baltra是個很小的島，美國人在第二次世界大戰時在此設立了一個軍事基地。這裡的機場很簡單，出了機場，我們團組二十多人搭巴士到碼頭，乘橡皮艇到停在海灣中的小遊輪。這艘船約150噸，最多可容九十名遊客。船上的水手、服務人員都十分熱忱、親切。特別是講解員大多是當地居民，而且具有博物學導遊的執照（Certified Naturalist Guide）。他們對加拉巴哥的山海、氣候、動物、植物與環保事宜都有深厚的研究，講解也十分精闢。我們在這船上愉快地度過四、五天，學到不少新知。

加拉巴哥群島

加拉巴哥群島地處東太平洋，跨過赤道南北，距最近的南美大陸的厄瓜多906公里；由13個主要島嶼、9個小島及100多個礁岩組成。群島總面積為7880平方公里。其中最大的島嶼——Isabela面積為5827平方公里，占全部的四分之三。這些島嶼和夏威夷群島相似，是在三到五百萬年前由地幔噴發（mantle plume）產生的火山。最老的島是東邊的San Cristobal島，再向東還有一串更老的島嶼，只是已下沉低於海平面。雖然位於赤道上，但由於從南而來的低溫海流——Humboldt Current，以及由西而來的太平洋深水海流——Cromwell Current，使得整年的海面氣溫為華氏70-80度，但內陸乾旱地區溫度較高。每隔幾年因受到從北南下的暖流El Niño，使得海面溫度上升。每年自6月到12月是乾燥（garua、dry）季節，貿易風從東南而來，天氣較涼爽，海面平均約71度；而從1月到5月為潮濕（wet）或熱季節，貿易風停止，氣溫較高，海面平均達到77度。我們去的時候是6月，不覺得很熱，但太陽照射還是令人難受。

由於這些島上沒有河流，缺乏淡水，島上沒有原住民。據出土文物可知很早就有南美大陸居民在航海中來到加拉巴哥群島，但沒有在此居留。西元1535年，西班牙人Fray Tomás de Berlanga從巴拿馬去祕魯航行途中意外漂流到這裡，發現了這群島嶼。因為在島上看到很多大烏龜，遂命名為「加拉巴哥」，也就是西班牙文的「烏龜」。但接著幾個世紀沒有人到此定居，此地成為海盜藏身之處，捕鯨者也來到這裡作為基地。海盜與捕鯨者為了覓食，大量地捕殺島上的大烏龜，同時

帶來羊、狗、豬等動物，嚴重地破壞了島上的生態。直到19世紀初，這裡才開始有居民。1832年，厄瓜多宣佈占領加拉巴哥群島。其後從厄瓜多、歐洲及世界各地的人遷此，現總共居民約三萬人，分佈在五個島上。

聖克魯茲島──海蜥蜴與紅螃蟹

上船稍作安排後，我們搭橡皮艇去附近的聖克魯茲島（Santa Cruz）島，只見岸邊的岩石都被鳥糞染白，可見此處鳥類繁多。十來分鐘就到了一個白色的沙灘。大家涉水登岸，導遊帶大家沿著海邊漫步。首先就見到海岸上數不盡的海蜥蜴（Marine Iguana），大多在那休息，看到人群也不躲避。偶爾也有幾隻在爬行。牠們呈深黑色，與海岸的火山岩難以分辨。一般約一英尺的身長和一英尺長的尾巴，樣子看起來可謂「猙獰可怕」，但十分溫和，不畏懼人，也不攻擊人。牠們不吃葷，只吃海裡的藻類，是兩棲動物，主要在海邊岸上活動，卻潛到海底尋找食物。每次潛五到十分鐘，最長可在水底一個小時，同時牠們能喝海水而排放鹽分。這是加拉巴哥的特有物種（Endemic Species），世界其他任何地方都沒有。據研究，原在南美洲大陸的陸生蜥蜴可能乘浮木過海來到此處，其後為了適應生存而向海裡覓食，約八百萬年前開始逐漸演化成這種海蜥蜴。這幾天，我們在距海邊較遠的內陸見到一些陸上蜥蜴（Land Iguana），牠們是陸生動物，不到水中尋找食物。在最大的Isabela島和其旁的Fernandina島上有許多陸上蜥蜴常在火山邊緣活動，有的體形頗大，可達六英尺長。

其次我們在岸邊看到許多紅色帶彩色斑點的螃蟹（Sally

Lightfoot Crab），到處都是。牠們的體形和美國的藍蟹（Blue Crab）差不多大。其後幾天我們到各個海岸都見到這種紅蟹，可見繁殖力驚人。牠們是一些鳥類的美食。我們在離海邊不遠的內湖看到一些紅鷺鷥（Flamingo），十分美麗，細長的腿約有兩英尺長，配上三、四英尺長的頸子，不停地在水中找東西吃。螃蟹乃是牠們最喜歡的食物。黃昏時分，我們返回遊輪。

聖地亞哥島——鳥、奇岩、黑沙灘

夜間，我們的遊輪慢慢地向東北方航行，到了聖地亞哥島（Santiago、San Salvador、San James Island）。這是一個無人島，夜間四處見不到一點燈光。次晨我們登上橡皮艇，先沿著Buccaneer Cove的海岸懸崖觀賞。這裡是多層的黑色火山岩。五六十米高的懸崖乃是鳥類的居所。我們見到許多鰹鳥（Boobies），有藍腳的（Blue-footed booby）、紅腳的（Red-footed booby），黃褐色的（Masked booby），一對對在懸崖壁上築巢。這些鳥是捕魚的好手，牠們經常跟隨海裡的海豚尋找魚群。一旦看到目標就垂直地向下俯衝，潛入水裡捕魚吞食。另外看到模仿鳥（Mockingbird）、鸕鶿（Cormorant）、海鷗（Gull）、信天翁（Albatross）和下巴很大的塘鵝（Pelican），還見到懸崖高處有一些老鷹（Hawks）。一些海獅（Sea Lion）懶洋洋地睡在岩石上，到處都是數不盡的紅螃蟹。海岸因受海水腐蝕，有許多溶洞。有兩個獨自聳立的岩石，一個稱作「主教」（Bishop），另一個謂「象岩」（Elephant Rock），都是依其形狀而得名，十分奇特。

下午，我們去一個名為Puerto Egas的黑色沙灘，乃是由火

山岩漿風化形成。許多團員在此游泳、潛游（snorkel）。隨後我們到內陸的小徑，見到很大的仙人掌以及其他許多奇特的樹木、花草、鳥雀（Finches）、小蜥蜴（Lava iguana）、蛇及啄木鳥。來到海邊，見到很多加拉巴哥特有的海狗（Fur Seal），這種海狗身上有絨毛，但並不屬於海豹科，而與海獅同科（Family）。

達爾文訪加拉巴哥

這幾天在不同的島上，我們看到許多雀類（Finches），像麻雀一類的小鳥。達爾文就是從觀察這些雀類而得到啟發，提出了「進化論」。達爾文出生於英國的一個世家，孕育了他畢生探求真理的志向。他從小就對生物有極大興趣，先學醫學，又轉學神學，原本傾向自然神學（Religious Natural Theology）。大學畢業後，他拋棄牧師的工作，搭上小獵犬（Beagle）號艦艇作了五年（1931-1936）的環球探險調查。他於1935年來到加拉巴哥，在此逗留了五個星期，一部分時間是搭船沿海岸觀察，另外登陸了四個島，取了許多動、植物的樣品。回到英國後，他仔細地分析了這些樣品，特別是雀類（Finches）。他發現各個島的雀類雖然相似，但其嘴形都有分別。經過多年的研究，他認為這些雀類原本同種，但為了在不同的環境中覓食逐漸演化而各自有別。是以物種是隨自然環境產生變化，而非如聖經所說的由上帝創造而永恆不變。但他一直不敢發表這個理論，以免受到教會和社會輿論攻擊。直到三十多年後（西元1859年），他才發表了「自然改變物種」（The Origin of Species by Means of Natural Selection, or The

Preservation of Favored Races in the Struggle for Life）論文。達爾文提出的「進化論」是科學上的重大突破，也對社會、宗教、政治幾個方面起了很大的影響。

拉維達島──紅色海灘

第三天我們航行到聖地亞哥島南面的一個小島──拉維達島（Rabida）。這個島的海岸峭壁多含鐵質，呈紅色。我們搭橡皮艇在紅色的沙灘登陸，許多人留此游泳或潛游（snorkel）。我們一小隊人步行登高，觀賞本島的一些陸地生物以及潟湖、山丘等綺麗風光。

巴多羅買島──加拉巴哥的招牌景點與小企鵝

下午我們航行到巴多羅買（Bartholomew）島，這個島有許多火山口，到處都是岩漿流過的痕跡，沒有太多植被。沿著木階梯爬上海拔114米的最高峰，整個島及四周海域盡收眼底，大小火山峰緊接，遠處海邊聳立著一柱尖頂巨岩（Pinnacle Rock），其背景是彎曲的海灣和遠處的幾座火山，景色壯觀、美麗。這乃是整個加拉巴哥群島的招牌景點。

我們下山後，搭小艇沿著海岸而行，見到了許多企鵝。這些企鵝比南極洲的企鵝小一些。企鵝原生於南極洲附近的寒帶。只有這種企鵝在千、萬年前順著寒冷的海流遷移到這赤道地區，在此落戶、繁衍。這是生物遷移的一個奇觀。

杰諾韋薩島──奇特的軍艦（Frigate）鳥

夜間遊輪向北越過赤道，到了一個馬蹄形的無人小島

——杰諾韋薩島（Genoresa）。這個島是鳥的「家園」。次日一早我們先在小艇上沿海岸觀賞各式各樣的鳥群。最後登陸爬上內陸一處隆起的高地——Prince Philip's Steps，看見散佈滿地的鳥巢。主要是鰹鳥（Boobies），有藍腳的、紅腳的及黃褐腳的。牠們在地上築巢，每季生兩個蛋，但一般只養活一個幼鳥。幼鳥羽毛是毛茸茸的純白色。最奇特的乃是軍艦鳥（Frigate），雄性的Frigate為了吸引母鳥，往往胸前鼓出一個鮮紅特大的氣包。我們看到許多這種有大紅包的Frigates築巢於樹上，非常醒目耀眼。接著我們去達爾文海灣（Darwin Bay）觀賞海獅、鯊魚及鳥類。

聖克里斯托巴爾島的大烏龜

最後一天我們去聖克里斯托巴爾島（San Cristobal）看大烏龜，這是加拉巴哥最富盛名的特有物種（Endemic Species）。這種烏龜真不小，長度有一米多，最大達1.8米。公的烏龜平均重300公斤，最重達400公斤。母的較小，也有150公斤。烏龜長壽，一般都活到100多歲，據說曾發現一隻170歲的老龜。這個烏龜園（Galapaguera Breeding Center）是將原在各島的烏龜遷此，圈地保護，同時撫養幼龜。幼龜從出生到三歲都在大型保育箱裡撫養，三歲到七歲放在有圍牆的露天園子裡，七歲以上就放到野地任其自由活動。據說加拉巴哥群島中原來有七個島都棲息了許多烏龜，在16世紀時總數約有25萬隻。但經過幾個世紀的捕殺，到1970年只剩下約三千隻。近年來極力保護，希望能亡羊補牢，使這些珍貴的大烏龜繼續繁衍，不致滅絕。我們見到園丁及一些暑期來此做義工的學生們送來很多

香蕉葉餵烏龜。院內烏龜還不少，大家都興致沖沖地與牠們合影。

環保

在加拉巴哥見到種種奇特地貌與特種生物，並聽聞到許多過去幾世紀人類殘殺動物、破環生態的故事，深深感到生態環保的迫切。人類自數萬年前的舊石器時代就開始不斷地殘殺、絕滅了無數的物種，大量地破壞自然生態。近世紀以來科學突飛猛進，卻是對自然生態的摧殘變本加厲。環保工作成為當今世界的重要問題之一。如今加拉巴哥的環保工作做得非常好，任何動物、草木、岩石都嚴禁捕取、破壞。以前外人帶到此地而繁殖的羊、狗、豬等動物對當地的生態產生嚴重的破壞，近年已被消除。每年來此的旅客數量也適當限制。

尾聲

離開烏龜園，我們結束了五天的加拉巴哥之遊。此次旅遊見到、瞭解了許多特有的物種（Endemic Species）；體驗了奇特的海流與氣候；領略了美麗壯觀的奇岩怪崖、島礁、沙灘；也聽到了很多古往今來的捕鯨者、海盜、探險家、隱士等的故事，以及達爾文在此度過的一段日子——啟發了他對真理執著地追逐，開啟了人類認識自然嶄新的篇章。誠望人們能保持這世間少有的淨土，留給後代永遠的讚歎與遐思。

生活風格類　PG1768　旅人系列6

山海探穹

作　　者／卜　一
責任編輯／杜國維
圖文排版／楊家齊
封面設計／葉力安

發 行 人／宋政坤
法律顧問／毛國樑　律師
出版發行／秀威資訊科技股份有限公司
　　　　　114台北市內湖區瑞光路76巷65號1樓
　　　　　電話：+886-2-2796-3638　傳真：+886-2-2796-1377
　　　　　http://www.showwe.com.tw
劃撥帳號／19563868　戶名：秀威資訊科技股份有限公司
　　　　　讀者服務信箱：service@showwe.com.tw
展售門市／國家書店（松江門市）
　　　　　104台北市中山區松江路209號1樓
　　　　　電話：+886-2-2518-0207　傳真：+886-2-2518-0778
網路訂購／秀威網路書店：http://www.bodbooks.com.tw
　　　　　國家網路書店：http://www.govbooks.com.tw

2017年7月　BOD一版
定價：480元
版權所有　翻印必究
本書如有缺頁、破損或裝訂錯誤，請寄回更換

國家圖書館出版品預行編目

山海探穹 / 卜一著. -- 一版. -- 臺北市：秀威
　資訊科技, 2017.07
　　面；　公分. -- (生活風格類；PG1768)(旅
人系列；6)
　　BOD版
　　ISBN 978-986-326-424-8(平裝)

　1. 旅遊　2. 世界地理

719　　　　　　　　　　　　　106005998

讀 者 回 函 卡

感謝您購買本書，為提升服務品質，請填妥以下資料，將讀者回函卡直接寄回或傳真本公司，收到您的寶貴意見後，我們會收藏記錄及檢討，謝謝！
如您需要了解本公司最新出版書目、購書優惠或企劃活動，歡迎您上網查詢或下載相關資料：http:// www.showwe.com.tw

您購買的書名：＿＿＿＿＿＿＿＿＿＿＿＿＿＿＿＿＿＿＿＿＿＿＿＿＿

出生日期：＿＿＿＿＿年＿＿＿＿＿月＿＿＿＿日

學歷：□高中 (含) 以下　　□大專　　□研究所 (含) 以上

職業：□製造業　□金融業　□資訊業　□軍警　□傳播業　□自由業
　　　□服務業　□公務員　□教職　　□學生　□家管　　□其它＿＿＿

購書地點：□網路書店　□實體書店　□書展　□郵購　□贈閱　□其他

您從何得知本書的消息？

　□網路書店　□實體書店　□網路搜尋　□電子報　□書訊　□雜誌
　□傳播媒體　□親友推薦　□網站推薦　□部落格　□其他＿＿＿＿＿＿

您對本書的評價：（請填代號　1.非常滿意　2.滿意　3.尚可　4.再改進）

　封面設計＿＿＿　版面編排＿＿＿　內容＿＿＿　文／譯筆＿＿＿　價格＿＿＿

讀完書後您覺得：

　□很有收穫　□有收穫　□收穫不多　□沒收穫

對我們的建議：＿＿＿＿＿＿＿＿＿＿＿＿＿＿＿＿＿＿＿＿＿＿＿＿＿

＿＿＿＿＿＿＿＿＿＿＿＿＿＿＿＿＿＿＿＿＿＿＿＿＿＿＿＿＿＿＿＿＿

＿＿＿＿＿＿＿＿＿＿＿＿＿＿＿＿＿＿＿＿＿＿＿＿＿＿＿＿＿＿＿＿＿

11466
台北市內湖區瑞光路 76 巷 65 號 1 樓

秀威資訊科技股份有限公司 　收

BOD 數位出版事業部

....

（請沿線對折寄回，謝謝！）

姓　　名：＿＿＿＿＿＿＿＿＿　年齡：＿＿＿＿　性別：□女　□男

郵遞區號：□□□□□

地　　址：＿＿＿＿＿＿＿＿＿＿＿＿＿＿＿＿＿＿＿＿＿

聯絡電話：(日)＿＿＿＿＿＿＿＿＿　(夜)＿＿＿＿＿＿＿＿＿

E-mail：＿＿＿＿＿＿＿＿＿＿＿＿＿＿＿＿＿＿＿＿＿